MOEWIG
ROMAN

Hans Herlin

Satan ist auf Gottes Seite

MOEWIG

Umschlagfoto: George Lebraud
Umschlagentwurf und -gestaltung: Franz Wöllzenmüller, München
Verkaufspreis inkl. gesetzl. Mehrwertsteuer
Auslieferung in Österreich:
Pressegroßvertrieb Salzburg, Niederalm 300, A-5081 Anif
Printed in Germany 1982
Druck und Bindung: Mohndruck Graphische Betriebe GmbH, Gütersloh
ISBN 3-8118-2237-3

Prolog

1

Er hatte eine schwierige Strecke durch dichtes Unterholz hinter sich und blieb einen Augenblick schweratmend stehen. Es war immer noch nicht hell. Vor ihm senkte sich der Waldboden, und er entdeckte ein Schimmern zwischen den Bäumen, die Windungen des kleinen Flusses, der hier die Grenze bildete. Im ersten Zwielicht des Morgens – und vielleicht auch, weil er nun seinem Ziel so nahe war – schien ihm der Fluß ein verlockendes silbernes Band zu sein, das jemand verloren hatte, der eilig durch den Wald gelaufen war.

Er kannte diesen Teil der Grenze seit seiner Kindheit. Die alte Kartentasche, die über seiner Schulter hing, war mehr zur Tarnung da, eine Erinnerung. Schon sein Vater, ein Zöllner, hatte immer nur seinen Tabak darin aufbewahrt, und er trug jetzt seinen Bericht in der Tasche mit sich. Er brauchte weder eine Karte noch einen Kompaß; es gab genug Anhaltspunkte, die sich ihm unauslöschlich eingeprägt hatten: Verschlungene Pfade, verlassene Hütten, das aufgegebene Graphitbergwerk – alle die Wege und Verstecke an der tschechisch-deutschen Grenze, wo sein Vater die Schmuggler gejagt hatte. Er hatte sogar einzelne Bäume wiederentdeckt, die noch Markierungen aus jener Zeit trugen. Und einmal hatte er wegen einer besonders niedrigen und kleinblättrigen Farnart angehalten – sein Vater hatte einmal lange für seine botanische Sammlung danach gesucht.

Er setzte seinen Weg fort. Abwärts ging es leichter in diesen dichten Wäldern, die niemand mehr ausforstete. Am Tag zuvor hatte es geregnet. Die Gerüche des Waldes waren frisch und neu. Es war Mitte September, ein kühler Morgen, aber er fühlte sich warm von dem langen Marsch und von der Aufregung über das bevorstehende Treffen mit seiner „Aufsicht“. Er, der „Läufer“, war stolz über den Bericht in seiner Kartentasche: Ein Glücksfall das Ganze, ihm plötzlich in den Schoß gefallen – aber das brauchte er dem Mann am Treffpunkt gegenüber nicht ausdrücklich zu erwähnen, oder?

Er hatte sorgfältig auf die Geräusche des Waldes geachtet: Zweige, die unter seinen Füßen knackten, ein Vogel, der aufflog, das Geräusch, das die Eichhörnchen mit ihren Krallen auf der Rinde der Fichten machten. Es gab nun einen anderen Laut, fremdartig in dieser Umgebung, ein entferntes Motorenbrummen – vermutlich der Wagen der „Aufsicht“. Auf der deutschen Seite lief ein schmaler Waldweg parallel zur Grenze, und er stellte sich vor, wie der Fahrer und die „Aufsicht“ – deren Namen er nicht kannte – gespannt nach irgendwelchen Zeichen ungewöhnlicher Regsamkeit Ausschau hielten.

Er selbst fühlte sich nicht in Gefahr; die lag hinter ihm. Natürlich, auf dem Weg zurück stand sie ihm erneut bevor: das Stück totes Land, die Wachtürme, die Patrouillen in ihren Jeeps. Aber in den Wäldern war er sicher; nach dem Treffen würde er den Tag dort verbringen und die Nacht für den Rückweg abwarten.

Das fremdartige Geräusch war verstummt. Es war immer noch zu dunkel, um drüben etwas zu erkennen. Aber jetzt blinkten Scheinwerfer auf, dreimal. Er sah auf die Uhr und stellte fest, daß er die Zeit genau eingehalten hatte.

2

Der offene Militärjeep auf der östlichen Seite der Grenze fuhr ohne Licht. Es war eine halbe Stunde später, als er in den Weg einbog, der in den Wald hineinführte. Der Mann am Steuer rechnete immer damit, daß ein entwurzelter Baum den Weg versperren könnte. Der Uniformierte im Sitz neben ihm schien zu schlafen. Er hielt ein Gewehr über den Knien; der Lauf ruhte in seiner Handfläche, während die andere Hand den glänzenden Holzschaft hielt. Beide waren junge Männer, nicht viel über zwanzig. Beide hatten denselben Militärrang, aber irgendwie war es klar, daß der Mann mit dem Gewehr das Kommando führte.

Der Weg war einmal dazu benützt worden, das Schnittholz abzuführen. An den Rändern gab es noch genug von den aufgestapelten Stößen, auseinanderbrechend jetzt, das Holz im Moder erstickt. Die beiden hatten bisher kein Wort miteinander gesprochen. Der Mann mit der Waffe sagte nun: „Das ist weit genug.“

Der Fahrer hielt an. Er ließ den Mann mit dem Gewehr aussteigen. Dann wendete er den Jeep und stellte den Motor ab. Den Zündschlüssel ließ er stecken. Der Gewehrschütze entfernte sich von dem Weg, tiefer in den Wald hinein. Der andere folgte ihm. Sie bewegten sich vorsichtig, ließen sich Zeit. Sie kamen an die Stelle, wo das bewaldete Gelände abzufallen begann, mit dem kleinen Flüßchen an dem tiefsten Punkt.

Ihre Bewegungen verlangsamten sich noch mehr. Es war ein kleiner Bereich von wenigen Metern, den der Gewehrschütze abschritt. Ein paarmal hob er die Waffe an die Schulter und richtete sie auf einen Punkt dort unten. Er schien nie zufrieden mit dem Standort, er schüttelte den Kopf, suchte weiter. Schließlich wählte er den Stamm einer entwurzelten Buche als Sitz. Er stieß einen Seufzer der Erleichterung aus, als ob damit das Schwerste getan sei.

Der Fahrer setzte sich neben ihn. Seine Hand ging an die Brusttasche. Der andere schüttelte den Kopf. Der Fahrer ließ das Paket mit Zigaretten bedauernd stecken. „Bist du sicher, daß er hier vorbeikommt?"

Wieder bewahrte der andere sein Schweigen. Er nahm eine einzelne Patrone aus der Tasche. Er wog sie in der Hand, und das Geschoß blinkte golden in der Dämmerung, als trüge er plötzlich einen Ehering. Er nahm das Gewehr und führte die Patrone ein und hielt es erneut an die Schulter, das Auge am aufgesetzten Zielfernrohr. Mit einem erneuten Seufzer ließ er die Waffe sinken. Er holte eine zweite Patrone hervor und gab sie dem Fahrer. „Für alle Fälle." Es war nur ein Flüstern.

„Warum wird das Treffen zugelassen?" versuchte der Fahrer, noch einmal zu fragen. Er bekam keine Antwort, und der Ausdruck auf dem Gesicht des anderen sagte ihm, daß er fortan nichts als Schweigen zu erwarten hatte.

Der Schütze saß von nun an fast wie erstarrt. Er achtete nur auf die Geräusche des Waldes. Jedes fallende Blatt schien den Ausdruck der Konzentration auf seinem Gesicht zu erhöhen. Das heller werdende Licht verstärkte das Blau in seinen Augen und das Blond in seinem Haar. Als er später sein Gewehr aus dem Schoß aufnahm und – unendlich langsam – an die Schulter hob, da achtete der Fahrer nicht einmal darauf. Das Echo des Schusses ließ ihn aufspringen, als ob das Geschoß ihn selbst getroffen habe.

3

Es blieb ihm unbegreiflich. Der Schmerz schlug gegen seine Brust, als sei er blindlings in einen Baum gelaufen, gegen den harten Stamm einer Esche, deren Alter niemand abzuschätzen vermochte. Nur daß daran niemand stirbt, und das verstand er – daß er sterben mußte.

Er fiel mit ausgestreckten Armen, sank auf das Bett aus dichtem Laub und faulenden Zweigen. Für einen kurzen Augenblick hatte er Hoffnung; das Wort war nicht richtig; seine Hoffnung war einfach ein animalischer Instinkt, der ihm einflüsterte, daß es noch eine Rettung für ihn gab, eine Linderung des Schmerzes in seiner Brust – in der Bewegung. Laufen, so weit und so lange wie möglich; in Bewegung bleiben, solange der Atem reicht, die Richtung des Laufens bestimmt vom gleichen Instinkt.

Es gab einen anderen Gedanken, den Teil eines Gedankens: Was war geschehen? Wie hatten sie von seinem Treffen erfahren? Er konnte den Gedanken nicht festhalten, er wurde davon nur gestreift, eine Frage, ein Verwundern in der großen Verwunderung des Sterbens.

Er sank tiefer in das Bett aus Blättern und Zweigen. Es war ihm, als würde dieses Hinabsinken nie aufhören, ein langsames Fallen ohne Ende. Das war nicht die Bewegung, die ihm Hoffnung gemacht hatte; dennoch war es wenigstens etwas. Seine Hände hatten im Fallen etwas berührt, und die Berührung signalisierte ihm ein Bild, eine niedrige und kleinblättrige Farnart. Es schien ihm bedeutsam, aber er konnte den Zusammenhang nicht herstellen. Seine Hände lösten sich von der rauhen gezackten Oberfläche.

Der Schmerz wuchs in seiner Brust, breitete sich aus, wucherte. Er glaubte, er höre Schritte näherkommen, den Hang hinunter, Schritte im Laub.

Vielleicht, dachte er, werden sie mich nie finden. Er hatte das Gefühl, der Waldboden habe ihn aufgesogen.

Erster Teil

I. Kapitel

1

Carow stand am Fenster seines Schlafzimmers und blickte hinunter auf den Swimming-pool. Er hielt eine Tasse mit warmer Milch in den Händen; der Arzt der Organisation hatte ihm die empfohlen. Carow nahm in der letzten Zeit zu viele Darvon gegen seine Nierenschmerzen, und jede Art von Übertreibung rief in seinem seltsamen Beruf sofort Mißtrauen hervor: zuviel Alkohol, zu viele Frauengeschichten, zu große Geldausgaben, zu viele Medikamente.

Eigentlich haßte Carow warme Milch, allein der Geruch konnte ihm Übelkeit verursachen; daß er sich dennoch seit Wochen an den Rat hielt, sagte viel über seinen Charakter aus, über die unbedingte Loyalität, die er gegenüber der „Organisation" empfand.

Er war noch im Pyjama und Morgenmantel, unentschlossen, ob er schwimmen gehen sollte oder nicht. Das Wasser des Pools war schon nicht mehr geheizt, und obwohl es in diesem Jahr einen besonders schönen und milden September gegeben hatte, waren die Nächte bereits kalt. Die Wassertemperatur würde nicht mehr als fünfzehn Grad betragen. Das war unangenehm kalt für einen Mann mit Nierenbeschwerden, mit leichtem Untergewicht, mit siebenundfünfzig Jahren.

Dennoch hatte er die vergangenen Tage noch seine Runden geschwommen. Es gehörte zu seinem Tagesablauf, und da Carow gern alles pedantisch plante, bedeutete ihm die tägliche Ordnung sehr viel; ging er nicht schwimmen, blieb eine halbe Stunde seines Tages unausgefüllt.

Ihm wurde klar, daß es Sonnabend war, das Wochenende. Wie jeder andere in leitender Stellung innerhalb der „Organisation", so hatte auch Carow einen anderen Namen angenommen. Am Wochenende war er Dr. Heiner Grapentin, der gutsituierte Vizedirektor einer Versicherung. Nur der Beamte vom Bereitschaftsdienst hatte die Berechtigung, sich an Wochenenden an die andere Persönlichkeit zu wenden, die der Mann dort am Fenster ebenfalls war: Carow, Direktor der Abteilung I, Beschaffung, zuständig für die Tätigkeit von Agenten in fremden Ländern. Aber daß Carow gestört wurde, geschah äußerst selten; früher war das einmal anders gewesen; jetzt hielten selbst Spione den Sonntag heilig.

Carow stellte das Glas ab, ohne von der Milch getrunken zu haben. Er putzte sich die Zähne. Den Waterpik, den ihm seine Frau zu seinem Geburtstag vor einem Monat geschenkt hatte, benützte er dazu nicht; in den letzten zehn Jahren hatte Isabelle keine allzu glückliche Hand mehr mit ihren Geschenken gehabt.

Er rasierte sich, naß. Das rührte noch aus der Zeit her, in der er selber aktiv als Agent gearbeitet hatte. Dann zog er sich für das Golfspiel an – Flanellhosen, Polohemd, gelber Kaschmirpullover. Er fühlte sich sogleich besser in dieser Kleidung. Während Dr. Grapentin ein Mann des Kammgarns, der weißen Hemden, der dunklen Krawatten und dunklen Socken war, war Carow ein Mann in Flanell und Tweed und blauen Hemden. Diese jahrelang geübte Tarnung war weit mehr als eine äußerliche Veränderung. Die Verwandlung setzte sich bis in sein Gesicht hinein fort: Grapentins war weich, glatt, das Gesicht eines Mannes mit der Fähigkeit, Zuversicht und Vertrauen zu erwecken. Erst wenn er sich in Carow verwandelte, bemerkte man das von einem mißglückten Fallschirmabsprung herrührende gebrochene Nasenbein. Plötzlich verlor das Gesicht seine Weichheit, man ahnte die Zähigkeit in Carows eher schwächlich wirkendem Körper und die inneren Konflikte, die er mit sich herumtrug.

Beide Männer hatten nur eines gemeinsam: beide waren früh gealtert. Mit fünfundvierzig waren sie bereits grau gewesen, so, als hätten sie es kaum erwarten können, zu altern, als verknüpften sie mit dem Alter die Hoffnung, daß es ein Stadium sein könnte, das ihnen besser lag als die Jugend.

Fertig angezogen ging er nach unten. Er blickte ins Wohnzimmer, das – wie das ganze Haus – nach Isabelles Geschmack eingerichtet war: weißer Teppichboden, weiße Couch und Sessel, ein schwarzlackierter „japanischer“ Tisch, die entsprechende Kommode. Überall standen Blumen, Ikebanaarangements.

Der Hund lag vor dem offenen Kamin auf seinem Lager aus einer alten Sauschwarte. In der Feuerstelle war noch etwas Glut vom Abend zuvor. Der Hund erhob sich, als Carow den Raum betrat, langsam und mühsam; noch bevor er stand, gaben die Beine unter ihm nach. Er war sechzehn Jahre alt, ein schwarz-weiß gefleckter Pointer. Die Gelenke an den Vorder- und Hinterläufen waren bedeckt mit Wunden von einem Hautkrebs; er wurde fortschreitend blind.

Der Hund war zwischen seiner Frau und ihm das Objekt eines langen, stummen Machtkampfes. Sie beide stimmten im Grunde überein, daß es das beste sein würde, ihn einzuschläfern. Aber jeder schob dem anderen die Entscheidung darüber zu. Und wenn Carow einmal soweit war, den Tierarzt zu rufen, dann stellte seine Frau sich plötzlich dagegen, klagte, daß nur ein Mann von seiner Kälte und Herzlosigkeit dazu fähig sei, ein hilfloses Tier zum Tode zu verurteilen, das als vier Wochen alter Welpe zu ihnen gekommen war. Und da Carow in diesen Diskussionen ihr gegenüber unterlegen war, so lebte der Hund immer noch.

Carow öffnete eine der Flügeltüren. Der Hund folgte ihm. Das Haus war das letzte in einer Sackgasse. Es lag in einer teuren Gegend, einer der bevorzugtesten Gemeinden im Süden Münchens. Das Grundstück fiel langsam ab und endete am See. Das alles war vom Geld seiner Frau gekauft worden; mit seinem Gehalt als Carow hätte er Schwierigkeiten gehabt, zu erklären, wie er zu so einem Besitz kam. Im Sommer sah man das Wasser kaum durch den dichten Baumbestand, aber wenn die Blätter abfielen, hatte man einen Blick auf die große Fläche bis hinüber auf das andere Ufer.

Es hatte während der Nacht geregnet, und der Himmel war behangen. Vielleicht würde es wieder zu regnen beginnen. Carow dachte mit Schrecken daran; das Golf würde ausfallen und den Ablauf des Tages noch mehr durcheinanderbringen.

2

Isabelle saß bereits beim Frühstück, als er zurückkehrte. Wie Carow war sie auch für den Golfplatz gekleidet, in Hosen und Twinset. Ein schmales Frotteeband hielt ihr hellblondes Haar zurück. Sie hatte eine alterslose Schönheit. Selbst mit neunundvierzig sah man ihr weder die zwei Kinder an – eine Tochter von einundzwanzig und einen Sohn, der in diesem Jahr sechsundzwanzig geworden wäre – noch irgendwelche Anzeichen von Resignation.

Er küßte sie pflichtgemäß auf beide Wangen, ehe er sich ihr gegenüber an den Tisch setzte. Das war ein Teil ihres Abkommens, es stand in dem ungeschriebenen Vertrag, den sie geschlossen hatten, nachdem er zu ihr nach einer einjährigen Trennung zurückgekehrt war: An den Wochenenden spielten sie das höfliche, aufmerksame Ehepaar.

„Es war sehr spät gestern abend."

„Da braut sich etwas zusammen", antwortete er. Es war eine der goldenen Regeln innerhalb der „Organisation": Je höher einer stieg, um so weniger waren die Frauen einzuweihen. Für sie beide hatte das nie gegolten. „Schwierigkeiten im Ostblock, nicht das Übliche. Möglich, daß die da drüben echte Probleme haben."

Isabelle hatte sich immer um seine Karriere gekümmert; er allein wäre nie so weit aufgestiegen bis zum Stellvertreter C.s, bis zu seinem möglichen Nachfolger. Es war Isabelles ganzer Ehrgeiz, die Rechtfertigung für ihre Ehe.

Als er seine Frau vor einem Jahr verlassen und um die Scheidung gebeten hatte, da hatte sie sich C. anvertraut. Carow war vor die Wahl gestellt worden: Entweder kehrte er zu seiner Frau zurück, oder er schrieb sein Rücktrittsgesuch. Im ersten Augenblick war Carow erleichtert gewesen, bereit, den Dienst zu quittieren – aber beide, C. und Isabelle, kannten ihn besser: Sie wußten, wo seine größte Schwäche lag – in seiner unbedingten Loyalität gegenüber der „Organisation" oder, einfacher: Sie hatten gewußt, wie sehr er sich vor der frühzeitigen Pensionierung ängstigte.

Während er ihre Fragen beantwortete, dachte er an den Abend zuvor, den er mit Anne verbracht hatte. Isabelle hatte niemals diese unbekümmerte, fast primitive Männlichkeit in ihm verstanden. Warum – warum eine Frau wie Anne? Er hatte Isabelle zum erstenmal sprachlos gesehen – Anne war fünfundzwanzig Jahre jünger, dunkelhaarig, schön; aber sie war übergewichtig, hatte eine Haut, die zeigte, daß sie zuviel rauchte, zuviel trank, einen Körper, der zu viele Liebhaber gehabt hatte; eine gewisse wilde Schönheit, die aber schon verblühte! Warum, Heiner?

Weil ich sie spüre, dachte er, während er über den Tisch hinweg in Isabelles makelloses Gesicht blickte, weil er Anne in diesem Augenblick unter sich spürte, wie sie ihm entgegenkam, das Gesäß und die Schenkel in Bewegung; weil er die leisen, amüsierten Lachstöße hörte, mit denen sie dem Höhepunkt entgegenstrebte, und ihr lautes, ungehemmtes Schreien am Ende... Darum – wegen deiner Bewegungslosigkeit und Stummheit. Das einzige Anzeichen, daß Isabelle je zum Höhepunkt kam, war der tiefe Schlaf, in den sie unmittelbar danach fiel...

„Das Telefon, Heiner..."

Er schob seinen Stuhl zurück, alarmiert von einem Gefühl des Außergewöhnlichen. Der Apparat mit der direkten Leitung zur „Organisation" stand in seinem Arbeitszimmer, einem Raum neben dem Wohnzimmer, den Isabelle für ihn eingerichtet hatte. Carow hatte keines der vielen Bücher in den Regalen je gelesen, und der Schreibtisch, der für den Versicherungsdirektor Grapentin wie geschaffen war, sah Carow selten an der Arbeit; es war verpönt, Akten mit nach Hause zu nehmen.

„Carow."

„Hier Ritter. Eine Meldung der Außenstation B/3. Dringend. Aufnahmezeit 9.05 Uhr."

Carow drückte den Knopf auf seiner Digitaluhr. Es waren nur drei Minuten vergangen.

„Geißler will Sie sprechen." Es war der diensthabende Beamte, der den Atem anhielt, als fürchte er sich vor Carows Reaktion. Wenn dieser etwas nicht vertrug, so waren es Unregelmäßigkeiten, und die Tatsache, daß der Leiter einer Außenstation sich direkt an die Leitung wandte, war mehr als das.

„Ich hoffe, er hat einen guten Grund." Carow spürte das Zögern des Sicherheitsbeamten, und wieder überkam ihn das Gefühl der Bedeutsamkeit.

„Er hat einen ‚Läufer' verloren..."

Es war die Ausdrucksweise der „Organisation". Die Bezeichnung für einen Agenten. Auch „verloren" war Jargon – und Carow war für einen Augenblick dankbar für die Vertuschung. Vor allen Dingen wunderte er sich: Zu Zeiten des kalten Krieges, noch in den frühen sechziger Jahren, waren Agenten im Ostblock guillotiniert worden. Aber die Zeiten waren vorbei, seitdem wurden Agenten ausgetauscht, gehandelt.

„Wann ist das geschehen?"

„Heute morgen, 6.58 Uhr... Ich hab' Geißler auf den Dienstweg verwiesen."

„Wo ist er im Augenblick?"

„Irgendwo auf der Autobahn Nürnberg-München. Ich konnte ihn nicht stoppen."

Carow blickte hinaus in den Garten; er sah Geißler vor sich, allein in seinem Wagen: Carow hatte nie vergessen, was es hieß, einen Agenten zu verlieren, den man geführt hatte, und so kannte er Geißlers augenblickliche Gefühle genau.

„Ich werde ab zehn Uhr auf dem Golfplatz sein. Dirigieren Sie ihn dorthin. Der ‚Läufer' – haben Sie seinen Code?"

„CS 910377."

„Besorgen Sie seine Personalakte, Curriculum vitae, alles, was sich über ihn findet. Halten Sie es bei sich unter Verschluß. Und, Ritter – unterrichten Sie C. über den Vorfall. Sagen Sie ihm, daß ich anschließend sofort ins Amt komme." Carow hatte plötzlich starke Schmerzen in der Nierengegend. Er wandte sich um. Isabelle kam durch die Schiebetür vom Wohnzimmer. Sie zog sie hinter sich zu.

„Irgend etwas nicht in Ordnung?"

Er erinnerte sich, wie er mit der Nachricht nach Hause gekommen war, daß ihr Sohn, ein Oberleutnant, bei einem Starfighterabsturz getötet worden war. Sie mußte es ihm angesehen haben, und dennoch hatte sie mit dem gleichen beherrschten Gesichtsausdruck dagestanden und hatte dieselbe Frage gestellt. Das war ihre Schwäche – und ihre Stärke natürlich – daß sie nie aus ihrer Verhärtung, aus dem von Kindheit an gewachsenen Panzer der Disziplin ausbrechen konnte.

„Wir haben einen Agenten verloren."

„Heißt das, du kommst nicht mit auf den Golfplatz?"

„Doch, wir können gehen. Aber es ist besser, du nimmst deinen eigenen Wagen. Ich muß nachher ins Amt."

Die Schmerzen verstärkten sich, und sein Körper verlangte nach dem Betäubungsmittel.

„Ines wollte mittags kommen. Du hattest ihr versprochen, mit ihr über das Apartment zu sprechen."

„Ich fürchte, ich muß das verschieben."

Er ging nach oben. Es war das ehemalige Zimmer seiner Tochter, das er als Schlafzimmer benutzte, seitdem er zurückgekommen war. Er nahm ein Darvon, ein zweites. Er hörte, wie seine Frau die Wagen aus der Garage fuhr, zuerst seinen alten Porsche und dann ihren BMW. Es regnete noch immer nicht, aber der Himmel war weiterhin grau und verhangen.

Der Pointer war auf seinen Platz vor dem Kamin zurückgekehrt, als Carow hinunterkam. Er rieb ihm die wunden Stellen mit der Salbe ein, die der Tierarzt verschrieben hatte. Das Schlimme war, daß es nichts nützte, daß die weißliche Paste irgendeinen Bestandteil enthalten mußte, der dem Tier besonders schmeckte; der Pointer begann, die Salbe sofort abzulecken, wenn sie aufgetragen war.

Später, auf der Fahrt zum Golfplatz, als Carow aus alter Gewohnheit die Waffe, die er immer bei sich trug, ins Handschuhfach des Porsche legte – da wußte er plötzlich, was falsch gewesen war an der Idee, den Hund einschläfern zu lassen. Die Vorstellung eines Behandlungsraumes, eines mit schwarzem Wachstuch bezogenen Tisches, die Vorstellung vor allem der langnadeligen Spritze in der Hand des Arztes – das war einfach eine zu schändliche, eine fast anstößige Art des Sterbens für einen Pointer, wie alt und schwach er auch immer war...

II. Kapitel

Sie waren trotz des leichten Sprühregens, der nach der ersten Runde eingesetzt hatte, auf dem Platz geblieben. Einer der Caddies hielt einen großen Regenschirm über Isabelle. Sie war im Club für jedermann nur „Isabelle“. Sie gehörte der Clubleitung an, war die beste Spielerin; sie würde sich nie Sorgen machen müssen, Caddies oder Partner zu finden, mit denen sie auf die Runde gehen konnte.

Ihr Handikap für den Platz war besser als seines. Carow hatte einen guten, weiten Drive, aber meist brachte er sich damit nur in Schwierigkeiten. Einmal auf dem Grün, wurde sein Spiel besser, dort kam seine ruhige, methodische Art zur Geltung.

An diesem Morgen spielte er besonders schlecht. Er lag in der ersten Runde bereits vier Schläge zurück. In der zweiten sah es nicht besser aus; Carow kam mit dem nassen Gras nicht zurecht, wählte oft den falschen Schläger, so daß der Ball irgendwie torkelnd durch die Luft flog.

Sie waren auf dem siebten Grün, als er Geißler auf der Terrasse des Clubhauses entdeckte. Isabelle hatte ihren Ball eingelocht, wartete. Carow schlug ziemlich achtlos, aber er sah zu seiner Überraschung, daß der Ball geradewegs auf die Fahne zusteuerte und im Loch verschwand. Sie füllten ihre Scorekarten aus; er war froh, als Isabelle mit dem Caddie allein weiterzog.

Geißler trug einen langen Lodenmantel, der fast die Farbe des Grases hatte. An seinem Filzhut steckten Plaketten und Abzeichen; sie erinnerten Carow daran, daß sie als Studenten zusammen im Elbsandsteingebirge geklettert waren. Sie beide hatten nie zu Ende studiert; Carow, Sohn eines Steinmetzen, war zum Militär gegangen; Geißler, um einige Jahre jünger, hatte den Hof des Vaters übernommen. In seinem Äußeren war noch immer etwas von einem Bauernjungen, selbst jetzt, wo sein großflächiges Gesicht unter der Krempe des Hutes bleich und müde aussah.

„Ich weiß, Heiner, ich...“

„Laß mich diesen Ball spielen.“ Carow unterbrach ihn mit Absicht. Was geschehen war, war geschehen. Geißler würde sich an dem Verlust des Agenten die Schuld geben. Das war nur natürlich, aber es führte zu nichts: Schuldgefühle, Gewissensskrupel – die waren in ihrem Beruf unbrauchbar, hinderten einen Mann nur daran, seine Pflicht zu tun.

„Du trägst einige Pfunde zuviel mit dir herum.“ Sie folgten dem Ball – Carow in weiten Schritten; Geißler atmete mühsam.

„Ich weiß. Wir haben uns lange nicht mehr gesehen.“

„Ich bin an meinem Schreibtisch festgenagelt.“

„Ist das Isabelle?“ Geißler deutete nach vorne. Sie näherten sich dem nächsten Grün. Der Regen hatte aufgehört, und der Schirm war verschwunden. Das Gras, über das sie gingen, war immer noch naß und schlüpfrig.

„Ich hab' gehört, du bist zu ihr zurückgekehrt?“

In der „Organisation“ hatte der Klatsch immer geblüht; wo so viel geheimzuhalten war, wurde immerzu über Privates geredet. Das meiste war harmlos, aber manchmal genügte ein unbedachtes Wort, um die Karriere eines Mannes zu zerstören.

„Du hast richtig gehört.“

Der Ball war in einem Bunker aus nassem, grobkörnigem Sand gelandet. Carow nahm den Sandwedge. Er schlug den Ball mit einer Kraft aus dem Sand heraus, die man seinem Körper nicht ansah.

„Also schön, Karl, beginnen wir!“

Geißler zog ein graues Papier aus seiner Brusttasche.

„Das ist die Meldung von CS 910377.“

Carow schüttelte den Kopf. „Background zuerst. Das, was ich im Moment wissen muß. Ich werde später alles über ihn nachlesen.“

„Du wirst nichts in euren Akten finden. Du hast ihn zwar verkartet, aber kein Curriculum vitae, kein Quellenbuch. Er war einfach nicht wichtig genug dafür.“

„Bis heute, nehme ich an!“ Carow hatte einmal den Posten des Verhörbeamten eingenommen, und man hatte ihm damals nachgesagt, daß er mit seiner sanften Art die Widerstandskraft auch des Schweigsamsten zermürbte.

„Ein gewisser Cichosz, einundvierzig Jahre alt, Tscheche. Eine Familie von der Grenze, heute Zöllner, morgen Schmuggler. Sehr wahrscheinlich habe ich da schon den entscheidenden Fehler gemacht, Heiner. Er hatte die Grenze im Blut, es war seine Vorstellung von Romantik…"

Plötzlich kam sein sächsischer Dialekt durch. Die meiste Zeit merkte man es Geißler kaum an. Er war 1950 in den Westen gekommen, nach der Bodenreform, als man den Hof enteignet hatte, und wie so viele Verpflanzte arbeitete er ständig an der Vervollkommnung seiner neuen Identität.

„Das muß nichts Schlechtes bedeuten", sagte Carow. „Es wird nur kritisch, wenn es sich nicht unter Kontrolle bringen läßt. Wie wurde er bezahlt?"

„Ich konnte ihn nicht dazu bringen, Geld zu nehmen."

„Ich glaube nicht, daß das gut war." Carows Stimme wurde einen Grad härter.

„Was soll ich tun, Heiner? Ich nehme, was ich kriege. Die Tage, da ich mir meine Agenten aussuchen konnte, sind vorbei! Ich muß froh sein, wenn ich überhaupt einen ‚Läufer' im Rennen habe, auf welchem Platz er auch immer landet."

Carow konnte ihn verstehen. Männer wie Geißler, die Leiter der Außenstationen, waren wichtige Figuren im Schachspiel der Spionage. Sie waren wie kleine Fürsten, führten die Agenten ihres Machtgebietes, wie sie es für richtig hielten. Die goldenen Zeiten waren für sie die des kalten Krieges gewesen, die Zeit vor dem Mauerbau in Berlin, der Abriegelung der Grenze zum Osten – aber seitdem hatte sich vieles verändert. Ein Großteil der Macht der Fürsten war dahin, so wie die „Organisation" insgesamt an Macht im Ostblock eingebüßt hatte.

„Was hat er bisher geliefert?" Carow führte das Gespräch auf den Ausgangspunkt zurück.

„Nichts Weltbewegendes, aber immer Glaubwürdiges. In seiner besten Zeit, vor 69, hat er sogar zwei Unteragenten geführt, russisches Personal, niedrige Dienstgrade. Wieder nichts Außergewöhnliches, aber alles, wenn immer wir es überprüfen konnten, mit der Note ‚glaubwürdig' oder zumindest ‚möglich'; ich hab' mir sein Arbeitsblatt daraufhin angesehen… warte! Vor einem Jahr habe ich ihn fallenlassen. Kein besonderer Grund, ich konnte nur sein romantisches Element nicht stabilisieren, wie du sagen würdest."

Sie waren auf dem achten Grün angelangt, wo der Caddie und Isabelle warteten. Isabelle spielte die Szene mit Perfektion: Ihr

Mann, der beim Golf mit einem wichtigen Versicherungskunden ein Gespräch führte. Nur für eine Sekunde kam Unmut in ihr Gesicht – und eine Spiegelung davon in etwas gröberer Form auf dem Gesicht des Caddies – als sie Geißlers halbhohe Stiefel bemerkte: Im Club waren Besucher verhaßt, die mit gewöhnlichen Schuhen das gepflegte Grün betraten.

Geißler sah ihr nach, als sie sich zum nächsten Abschlag begab. „Kann ich fortfahren – oder irritiert es dein Spiel?"

„Warum hast du CS 91 03 77 wieder aktiviert?" Carow benützte den Code, die anonymen Buchstaben, als ob er damit das Bild zurückdrängen konnte, das er sich von dem Agenten zu machen begann.

„Euer Projekt ‚Umarmung'. Kannst du mir sagen, wer sich diese Namen bei euch ausdenkt?"

Carow hatte dazu nichts zu sagen. Es gab Grenzen des Wissens, und sie waren eng gezogen innerhalb der „Organisation". Selbst ein Mann wie Geißler brauchte nicht alles zu wissen: In den letzten Wochen hatten sich die Anzeichen vermehrt, daß sich innerhalb der russischen Satellitenländer in der Bevölkerung Unruhen ausbreiteten. So war es zu dem Projekt gekommen: Eine Anweisung an alle Außenstationen, ihre Agenten im Block speziell darauf anzusetzen.

„Als ich eure Aufforderung bekam, hab' ich alles aktiviert, was da war..."

Der kleine Apparat in der Brusttasche von Carows Windjacke sandte Signale aus, ein leises Piepsen. Es war so intensiv, daß es für einen Augenblick alle anderen Geräusche auslöschte: das Schlagen eines Balles auf der benachbarten Bahn, einen Zuruf, den Lärm der Autokolonnen, die sich plötzlich auf der Straße hinter dem Platz bildeten, weil die Sonne herausgekommen war.

„Entschuldige." Carow schaltete das Signal ab, das seinen Rückruf im Hauptquartier forderte. Er steckte den Schläger in den Sack zurück und nahm den Ball auf.

„Vor zwei Tagen habe ich von CS 91 03 77 gehört. Wir hatten ein Abkommen, das ihm im Extremfall eine Flucht in den Westen garantierte. Du findest das alles in meinem schriftlichen Report. Das Ganze sollte heute morgen stattfinden."

Carow zog seinen Golfkarren hinter sich her. Jetzt, wo der Regen aufgehört hatte und die Sonne herausgekommen war, schien das Grün des Platzes zu leuchten.

„Das war mein zweiter Irrtum oder mein zweiter Fehler, wenn du so willst.“ Geißler nahm seinen Bericht wieder auf. „Er hat das Fluchtsignal gesendet, aber darum ging es ihm nicht! Er hatte etwas Wichtiges in Erfahrung gebracht – einen Glückstreffer gelandet, genau das Wort gebrauchte er.“

„Du hast dich ihm gezeigt?“ Carow konnte sein Erstaunen nicht unterdrücken.

„Das war es doch, was er wollte! Einmal aus der Anonymität heraustreten... kleiner ‚Läufer‘, der immer hinter dem Feld hergerannt ist. Und nun war er als erster ins Ziel gekommen und wollte dafür gelobt werden, nichts weiter, nur ein freundliches Schulterklopfen: Ein gutes Rennen bist du da gelaufen! – Heiner, ich hab' versucht, den Fehler zu korrigieren. Ich wollte ihn nicht zurückgehen lassen. Nicht, daß ich auch nur die leiseste Vermutung hatte, was geschehen würde. Er war auf die Minute pünktlich gewesen. Er kannte diese Wälder, die Grenze. Kein ungutes Vorgefühl, kein Warnsignal von meiner Seite. Und er hatte so etwas auch nicht, das kann ich bestimmt sagen, er war glücklich und stolz wie nur je ein ‚Läufer‘...“

„Wie ist es passiert?“

„Ein Schuß. Niemand zu sehen. Klang wie eine Jagdwaffe. Es war in ihrem Territorium. Kein Gedanke, etwa zu ihm vorzudringen...“

„Haben Sie ihn weggebracht?“

„Mit Sicherheit tot?“ Carow hob nicht einmal die Stimme.

„Nicht der geringste Zweifel. Ich habe ihn durch meinen Feldstecher gesehen.“

„Ich habe einen Mann zurückgelassen und seinen Bericht unterwegs bekommen: Sie haben über eine Stunde gewartet, zwei Mann, Militär, und ihn eigenhändig weggetragen. Sie hatten vermutlich ein Fahrzeug abgestellt...“

„Irgend etwas, was eine Verbindung zu uns herstellt?“

„Ich hab' mich vergewissert – er hatte nichts bei sich.“

„Kann ich die Meldung jetzt sehen? Nicht das Original, deinen dechiffrierten Text.“

Diesmal zögerte Geißler. „Ich weiß, Heiner, Agenten meinen immer, sie hätten einen Glückstreffer gelandet – aber es ist wirklich von Bedeutung, was er geliefert hat.“

Sein Sächsisch verstärkte sich; Carow verstand, daß Geißler gar nicht mehr von dem Agenten redete. Er selber brauchte nun ein freundliches Schulterklopfen, erwartete eine Geste der Sympathie. Da Carow den Zustand kannte, war er einen Augenblick in Versuchung, ihm zu geben, was er wollte. Grapentin hätte die Geste gemacht, nicht jedoch Carow.

„Die Meldung, bitte."

Schon beim ersten Überfliegen wurde Carow klar, daß CS 910377 wirklich auf eine Goldader gestoßen war. Die Nachricht selbst war schon außergewöhnlich genug: ein Treffen der Chefs der östlichen Geheimdienste, eine Arbeitssitzung in Prag!

Wann, versuchte sich Carow zu erinnern, war das zuletzt vorgekommen? Nur zu Zeiten der wichtigsten Krisen. 53 nach Stalins Tod. 56 Ungarnaufstand. Kubakrise 68, vor dem Einmarsch in die Tschechoslowakei. Aber der Hauptwert der Nachricht lag woanders – sie war das fehlende Stück zu einem Puzzle, das sie in der „Organisation" nicht hatten vollenden können.

Aber was Carow im Augenblick bewegte, war etwas fast Unwichtiges, jedenfalls etwas sehr Privates, Persönliches – ein Gefühl der Erleichterung: statt eines müßigen Wochenendes, das sich endlos lang hingezogen hätte, sah er nun zwei Tage voller Betriebsamkeit vor sich.

„Wie schätzt du persönlich die Meldung ein?"

„Glaubwürdig. Es ist also wichtig?"

Carow überhörte wieder den drängenden Ton. „Etwas irritiert mich! Ein Schuß, sagtest du?"

„Ja."

„Wieso, Karl? Wer wußte von eurem Treffen?"

Carow spürte, wie Geißler seine Fassung wiederfand, wie sich etwas in ihm versteifte; noch ehe er weitersprach, ahnte er, daß Geißler dabei war, den Spieß umzudrehen, die Verantwortung von sich weg in seine Richtung zu lenken.

„Ich hab' selbstverständlich deine Abteilung von dem bevorstehenden Treffen unterrichtet."

„Unterabteilung Tschechoslowakei?"

„Sie ist zuständig."

„Borchers gehört zur alten Schule!" Carow bedauerte seine Worte sofort. Sie bedeuteten bereits eine Stellungnahme, ein Eintreten für Borchers, und das war voreilig.

„Die Sicherheitsabteilung wird das überprüfen." Carow steckte den dechiffrierten Text und das Original ein.

Sie hatten den Parkplatz des Clubs erreicht. Der Porsche und der Wagen seiner Frau standen nebeneinander. Carow verstaute seinen Golfsack. „Wo steht dein Wagen?"

Geißler deutete auf einen grauen Mercedes-Diesel. „Ich bin seit aller Hergottsfrühe auf den Beinen. Etwas Warmes täte mir gut."

„Etwas wie Kognak?"

„Überprüft die Sicherheit meine Alkoholrechnungen?"

„Laß mich meinen Rückruf machen. C. mag es nicht, wenn man ihn warten läßt."

Geißler blickte Carow nach, bis er im Clubhaus verschwand. Er ging zu seinem Wagen. Auf dem Rücksitz lag eine Flasche Kognak in einer einfachen braunen Papiertüte. Aber er fühlte sich nicht danach, allein zu trinken.

Carow war der einzige innerhalb der „Organisation", den er einen Feund nennen konnte. Carow vertraute ihm. Was mehr konnte er erwarten? Diese Sache war noch nicht ausgestanden. Die Männer von der Sicherheitsabteilung standen ihm ins Haus. Er sah, wie sie mißtrauisch das Unterste zuoberst kehrten. Carow würde zu ihm stehen; er mochte ein Mann ohne Gefühle sein, aber er blieb ein Freund, wenn die Gewitter aufzogen.

„Ich muß ins Amt", war alles, was Carow sagte, als er zurückkehrte.

„Die Familie tritt zusammen?"

„Es sieht so aus, ja."

„Und wie geht es dem alten Mann?"

„Er ist weder alt – noch überhaupt ein menschliches Wesen. Er ist eine besondere Art Spezies, ein Überbleibsel – ein Saurier vielleicht." Sie sahen sich an, und beide fühlten, hier war sie, die Geste, das Zeichen der Zuneigung und Freundschaft, um das Geißler gebeten hatte und das Carow nicht hatte machen wollen.

Geißler reichte ihm die Hand. „Komm und laß dich wieder mal bei uns sehen."

Aber Carow war nicht bereit, mehr zu geben, als er gegeben hatte. „Ich bekomme einen schriftlichen Bericht?"

„Bis morgen."

„Detailliert! Füg alles bei, was die Glaubwürdigkeit dieser Meldung bestätigen kann."

„Kopie für die Akten an Borchers?“

Carows Antwort kam ohne Zögern. „Normales Verfahren bis zum Widerruf. Wir müssen natürlich CS 910377 unkenntlich machen.“

„Selbstverständlich.“

Carow wartete in seinem Porsche, bis er sicher war, daß Geißlers Mercedes einen genügend großen Vorsprung hatte. Auf dem Weg zum Amt hatte er ein Teilstück Autobahn, und Carow liebte es, die Schnelligkeit des Porsche voll auszufahren, aber irgendwie hätte er es nicht gern gesehen, wenn Geißler das beobachtet hätte.

III. Kapitel

Es regnete, als der Porsche vor dem Haupttor der Leitung der „Organisation“ vorfuhr. Die Wache kam aus ihrem Gebäude, und als der Mann Carow erkannte – den Direktor der Abteilung I – wollte er ihn schon hereinwinken, als er sich eines Besseren besann. Carow bestand darauf, daß man von ihm den Ausweis verlangte, und er konnte unangenehm reagieren, wenn man es vergaß.

An normalen Arbeitstagen passierte ein ständiger Strom von Wagen das Haupttor, vor allen Dingen zu den Stunden, wenn die Tages- und Nachtbesetzung sich ablöste. Jetzt begegnete Carow niemandem, als er auf das Gebäude zufuhr, in dem sich die Büros C.s und die seiner beiden Stellvertreter befanden. Auf dem reservierten Platz parkte nur ein einziger Wagen, die zerbeulte, blaue Dauphine der Chefsekretärin.

Für viele hatte das Hauptquartier der „Organisation“ etwas Unheimliches, vor allem für jene, die es nur von außen durch den hohen, elektrisch geladenen Zaun sahen, der das gesamte Gelände umgab. Man konnte die Gefühle der – seltenen – Besucher verstehen, mußten sie doch vorher durch einen friedlichen Vorort am Isarhang mit Einfamilienhäusern, gepflegten Gärten, stillen, baumbestandenen Straßen. Im Innern des Hauptquartiers empfing sie ein Sammelsurium von Gebäuden, von alten Baracken bis zum modernen Glaspalast. Beobachter, die sagten, das Ganze mache auf sie den düsteren, trostlosen Eindruck, den man gewöhnlich östlicher Architektur zuschrieb, hatten nicht unrecht. Als ob die Männer, die hier arbeiteten, hofften, sich leichter zu tun, ihren Hauptfeind in einer solchen Umgebung zu bekämpfen.

Für Carow, der jetzt an seinem Schreibtisch saß und sich von dem diensthabenden Beamten vortragen ließ – ein Vorgang, der ihn kaum in seinen Gedanken behinderte – hatte die ganze Atmosphäre etwas Klösterliches an sich, und wann immer er das Hauptquartier der „Organisation“ betrat, überkam ihn ein Gefühl – der Heiligkeit? – Carow war kein religiöser Mensch; jedenfalls sah er nicht so aus. Aber als er sich für die „Organisation“ anwerben ließ, hatte es sicher damit zu tun, daß er sich von der Atmosphäre einer geheimen Bruderschaft angezogen fühlte, von der Strenge des Lebens dort, den Glaubenssätzen...

Natürlich hatte sein Büro überhaupt nichts von einer Zelle. Carow wäre gut und gern mit weniger Raum ausgekommen – ein Schreibtisch, ein Safe und ein Aktenwolf hätten ihm genügt – aber Raum, vor allem die Anzahl der Fenster, waren das Kastenzeichen der „Organisation".

Er saß mit dem Rücken zu den drei Fenstern, die ihm zustanden. Da sein Büro im Erdgeschoß lag, würde er die ankommenden Wagen hören. Bis jetzt war noch niemand von der Familie eingetroffen. Das hatte Carow die Zeit gegeben, die Berichte durchzusehen, die während der Nacht eingetroffen waren und die seine Abteilung betrafen. Er hatte mit Ritter gesprochen, anschließend mit dem Sicherheitsbeamten.

Kurella laborierte seit Tagen an einer Grippe. Carow hatte ihn aus dem Krankenbett geholt. Mit geschwollenen Augen und leichtem Fieber war er aufgetaucht; die Ahnung all der Dinge, die mit der Untersuchung eines möglichen Lecks in der tschechoslowakischen Abteilung auf ihn zukamen, hatte seinen Zustand nicht verbessert. Aber im Augenblick brauchten sie beide keine Entscheidungen zu treffen, das war Sache C.s. Sie waren zusammen in Borchers Büro gegangen und hatten den Safe geöffnet. Geißlers Meldungen über CS 910377 hatten sich gefunden, ordentlich abgelegt!

Carow bereitete den Bericht über den Vorfall an der Grenze für die Sitzung vor. Geißler hatte recht gehabt: Von CS 910377 gab es kein Quellenbuch, kein Arbeitsblatt; nichts als eine Indexkarte, die ihm der Computer ausgedruckt hatte. Da niemand anders zur Verfügung stand, dem er die Reinschrift anvertrauen konnte, hatte Carow die Chefsekretärin darum gebeten. Die fünf Exemplare lagen jetzt vor Carow. Pauly hatte von sich aus die Deckel mit den Stempeln GEHEIM und VERSCHLUSSACHE versehen.

Carow blätterte in dem fertigen Bericht, dem das Original in der Handschrift von CS 910377 beigefügt war, ohne wirklich darin zu lesen. Seine Nieren schmerzten, sein Körper verlangte das Medikament. Aber er wußte, dies würde ein langer, anstrengender Tag werden, und er würde das Mittel später noch dringender brauchen. Dieser hohe Darvonkonsum begann ihn zu beunruhigen wie alles, was er nicht unter Kontrolle hatte.

Er stand von seinem Schreibtisch auf, öffnete den Safe. Er entnahm ihm die Studien über das Projekt „Umarmung". Sie hatten fast eine Woche lang in dem großen Konferenzraum daran gearbeitet. Alle Unterabteilungen für den Ostblock waren daran beteiligt gewesen, Borchers tschechoslowakische Abteilung eingeschlossen.

Während draußen die ersten Wagen vorfuhren, vertiefte Carow sich in das Material, um auf die Fragen vorbereitet zu sein, die in der bevorstehenden Sitzung auftauchen würden. Was lag wirklich vor? Wie gut waren ihre Erkenntnisse über die Unruhen in den Ostblockländern? Polen war betroffen, die Tschechoslowakei, vor allem aber die „Zone"; die Bezeichnung DDR war bei C. verpönt.

Es gab Meldungen von Truppenbewegungen in auffallender Stärke um Ost-Berlin und im Magdeburger Raum; besonders schwer zu deuten, weil auch die Herbstmanöver der Warschauer-Pakt-Staaten bevorstanden. Solche Berichte strömten tagtäglich herein, wurden verarbeitet, verwertet, gelesen, archiviert. Aber die Intensität war aufgefallen, die Eskalation in der letzten Woche. Manches kam von Agenten, das meiste aber war sogenanntes „offenes Material"; ausgewertete Zeitungen, abgehörte Radiostationen bis hin zu einem Ordner, der lediglich eine Auswahl von in den Zeitungen der Zone abgedruckten Leserbriefen der letzten vierzehn Tage enthielt. Aber das war immer eine große Stärke der „Organisation" gewesen: eine leistungsfähige Auswertung, das Erkennen der Vorgänge, das „Lesen" der Absichten des Feindes. Das war die Domäne Zieglers, des Direktors der Abteilung II, Auswertung, des anderen Stellvertreters neben Carow...

Für Ziegler war alles klar gewesen. Carow hatte seine Bedenken angemeldet: Keine Fakten! War es die ganz normale Konkurrenz, die Reibungen, die es natürlicherweise zwischen ihren beiden Abteilungen gab? Vielleicht auch eine gewisse persönliche Rivalität, Eifersucht sogar?

Aber Carow fand auch jetzt noch, daß sein Vorschlag nicht von irgendeiner Art Eifersucht bestimmt worden war, sondern den Gegebenheiten entsprach: Eine Überprüfung des vorliegenden Materials durch Agenten in allen Regionen, *in extenso*.

„Natürlich *in extenso*" hatte Ziegler in der letzten, entscheidenden Sitzung gespottet. „Einmal, Heiner, möchte ich es noch erleben, daß du zugibst, daß der Igel schneller da war als der Hase!"

Carow war kühl geblieben, und C. hatte sich seinem Vorschlag angeschlossen, aus Gründen, die Carow selbst in diesem Augenblick nicht ganz klar waren; C. war dem Herzen nach ein Mann der Akten, der Dossiers; er neigte dazu, Ziegler recht zu geben. Aber diesmal hatte er anders entschieden, und so waren die Befehle an die Außenstationen hinausgegangen. So hatten sie Geißler erreicht – und CS 910377.

In der Zwischenzeit waren weitere Wagen vorgefahren. Zwei Sekretärinnen aus dem Vorzimmer C.s. Zieglers Corvette stand da und der Wagen seines Babysitters. Blumenschein und sein Schatten würden mit dem Vorortzug kommen. C. und der Faun würden das für C. reservierte Tor weitab vom Haupteingang benützen, begleitet von zwei Fahrzeugen. Das Spiel mit Decknamen und Babysittern – persönlichen Bewachern – C. selbst stellte die Regeln dazu auf. Nur Carow hatte sich stets geweigert, auf Schritt und Tritt begleitet zu werden; er vertraute auf seine Waffe, die er immer bei sich trug.

Eines der Telefone auf dem Tisch begann zu läuten. Es war Isabelle, die ihn daran erinnerte, Ines anzurufen. Carow zögerte, hoffte, der Summer aus C.s Vorzimmer würde ihm zuvorkommen.

Seine Tochter lebte in einer Wohngemeinschaft. Wann immer er anrief, war da eine männliche Stimme, die herausfordernd wissen wollte: „Wer ist da?“ Carow fühlte sich unmöglich, wenn er sagte: „Ines’ Vater.“ Aber als er einmal geantwortet hatte: „Heiner“, kam er sich noch dümmer vor.

Er war einmal dort gewesen. Ein Raum mit Matratzen auf dem Boden – drei Mädchen, zwei Jungen – und so voller Instrumente und Abspielanlagen, daß er wie das Aufnahmestudio einer Plattenfirma wirkte; eine Küche mit den Nahrungsmitteln, die ihnen heilig waren, ein wahres Warenlager, als rechneten die fünf mit einem langen Belagerungszustand. Er hatte sich seltsamerweise dort ganz wohl gefühlt. Natürlich hatte er sich gefragt, wer mit wem schlief.

Er bekam Ines endlich an den Apparat. Er sagte ihr, daß ihre Verabredung ausfallen müsse. Die Unterhaltung war schwierig, weil „die anderen“ – wie sie ihm gesagt hatte – nicht unbedingt davon wissen mußten. Ines setzte sich ab!

Carow hatte es kommen sehen; sich ein „Meinungsbild gemacht“, wie Ziegler sagen würde: Ines’ Überzeugungen, die Leidenschaftlichkeit, mit der sie sich gegen ihre Eltern, gegen ihre Lehrer, gegen jedermann tatsächlich – „eure ganze verdammte Klasse“ – aufgelehnt hatte; ihre Aggressionen, die den Eltern so viel Sorgen bereitet hatten, die den Frieden des Hauses gestört hatten... Das Feuer brannte aus! Sie hatte der Zeit einmal einen Namen gegeben – *Tränengastage*. Und sie hatte gelacht. „Weißt du, einmal ist das einfach vorbei!"

Carow konnte sich über ihr Lachen nicht freuen. Es war, als fühle er selbst die tiefe Enttäuschung, die eigentlich sie hätte empfinden müssen. Er litt unter ihrer Resignation – schlimmer, darunter, daß sie keine zeigte. Es kam ihm wie Verrat vor: Die Ines, die da aus ihrer Larve schlüpfte, war nichts als eine zweite Isabelle.

Die andere Ines hatte er mehr geliebt. Ihre widerstrebende Härte, ihre innere Kompromißlosigkeit vor allem. Vielleicht, weil er darin Eigenschaften sah, die er an sie weitergereicht hatte. Aber so dachte er nur in guten Stunden. In einer Stunde wie dieser dachte er, daß er solche Eigenschaften selber vielleicht nie besessen hatte...

Während er noch immer versuchte, sich mit ihr über das Wann und Wo ihres Treffens zu einigen, bereute er es, daß er überhaupt angerufen hatte. Privates gehörte nicht in diesen Raum, diese Umgebung. Wäre seine Sekretärin da gewesen, wäre es gar nicht erst geschehen, denn sie hatte die strikte Anweisung, keine persönlichen Gespräche durchzustellen oder zu vermitteln.

Worüber redeten sie eigentlich? Carow sah plötzlich den Sinn des Gesprächs nicht mehr. Isabelle hielt ihm das oft vor, diese erstaunliche Ahnungslosigkeit und Unbekümmertheit, was die normalen Dinge des täglichen Lebens betraf. Hatte er überhaupt eine Vorstellung davon, was es kostete, ihren Lebensstandard aufrechtzuerhalten? Carow zeigte sich überrascht, ja empört, als er durch Zufall erfuhr, was seine Frau der Haushälterin zahlte oder wenn er auf eine Gärtnerrechnung stieß. Als er ein Paar neue Golfschuhe kaufen wollte, hatte er davon Abstand genommen, weil er feststellte, daß der Preis dafür doppelt so hoch war, wie er veranschlagt hatte. Und das bei einem Mann seines Wissens, einem Mann, der Dinge erfuhr, die anderen verschlossen blieben! Aber vielleicht ging es eben nicht zusammen – vielleicht ging das Spiel Grapentin und Carow doch nicht so leicht auf?

Sie hatten sich endlich über die Verabredung verständigt. Carow suchte nach einem Kalender, um den Termin einzutragen, damit seine Sekretärin ihn daran erinnern konnte. Aber ihr Schreibtisch war leer, selbst der Kalender nach Vorschrift weggeschlossen. Er suchte noch, als Paulys Stimme über die Sprechanlage kam.

IV. Kapitel

1

Die Manie, jedermann innerhalb der „Organisation“ mit Beinamen zu belegen, traf die Sekretärinnen besonders hart; sie waren schlicht und einfach die „Drachen“. Niemand machte Pauly den Titel des Hauptdrachen streitig. Sie war seit Urzeiten die Sekretärin C.s. Sie würde da sein, solange er da war, und es gab Leute, die nahmen Wetten darauf an, daß C. – seit drei Jahren Witwer – sie irgendwann einmal nach seiner Pensionierung heiraten würde.

Es gab drei Sekretärinnen in seinem Vorzimmer, und sie waren alle drei da an diesem Morgen. Eine der jüngeren war im Skidreß; Carow erinnerte sich, daß in den Morgennachrichten von Schneefällen auf der Zugspitze die Rede gewesen war. Sie war dabei, einen Bericht auf einer elektrischen Schreibmaschine zu tippen. Sie brauchte dazu Licht, denn draußen regnete es wieder aus einem dicht verhangenen Himmel. Die andere stand am Kopiergerät. Pauly selbst machte Eintragungen in einem der Kalender, die sie für C. führte.

In diesem Vorzimmer gab es kein Nägelpolieren, kein Kämmen, keine Zigaretten, die auf den Rändern von Aschenbechern dahinschwelten, keine private Unterhaltung. Pauly, ernst, humorlos, mit einer Maske von argwöhnischer Aufmerksamkeit, duldete lediglich, daß immer Kaffee bereitstand. Sie trank ihn selber – trotz eines chronisch schlechten Herzens – in Massen, schwarz, ohne Zucker, ohne Milch.

Ziegler und Blumenschein waren bereits da, beide warteten stehend, eine Tasse Kaffee in den Händen. Über dem Eingang zu den Räumen C.s brannte das rote Licht.

Blumenschein war ein kugeliger, fetter Mann, der es dazu noch liebte, sich auffallend zu kleiden. Er war einmal so etwas wie ein kommunistischer Wunderknabe gewesen: Jurist, ein Star in der Komintern, der kommunistischen Weltorganisation. Nachdem er seinen früheren Göttern abgeschworen hatte, hatte er auch sein Äußeres verwandelt, als ob es nicht genug sei, seinen Glauben zu wechseln. Aus einem schlanken, bis in die vierziger Jahre jünglinghaften Mann mit vollem, hellblondem Haar – „Fee“ hatten ihn die Genossen genannt – war er zu dem geworden, was er jetzt war.

Zieglers Blick war auf die Ordner unter Carows Arm gerichtet. „Ich höre, diese Sitzung verdanken wir dir.“

„Ich fürchte, ja.“

Alles an Ziegler war steif, aufrecht. Blumenschein beugte sich regelrecht über seinen Kaffee, Ziegler brachte die Tasse zu seinem Mund hoch, ohne seine Haltung zu ändern; die Art, wie er trank, ließ einen an den Gesetzen der Physik zweifeln.

„Habe ich dein Wochenende verdorben?“

„Ich war auf dem Weg nach Brüssel.“

„Aufklärungstechnik?“

„Nato. Satellitenüberwachung.“

„Himmelsspione“, warf Blumenschein ein. „Die laufen deinen Agenten den Rang ab, Heiner!“

Carow hatte mehr Sympathie für Ziegler als für den „Sterngukker“, wie man Blumenschein nannte. Der trug seinen Kopf immer in den Wolken. Carow fürchtete seine ausschweifende Phantasie, wenn es darum ging, die Politik der „Organisation“ zu bestimmen. Nicht so Ziegler. Ziegler blieb auf der Erde, sah die Realitäten. Mit Ziegler wußte man immer, woran man war. Tatsächlich arbeiteten sie normalerweise gut zusammen. Im Grunde hätten sie in den vielen Jahren Freunde werden müssen. Vielleicht hatten jene recht, die das Gerücht ausstreuten, nur die beiden Ehefrauen hinderten sie daran; jede mit dem Ehrgeiz, ihren Mann eines Tages als Nachfolger C.s zu sehen.

Sie warteten jetzt bereits über eine Viertelstunde. Dieses Warten im Vorzimmer war nicht zu verstehen, weil die einzige Verantwortlichkeit Paulys darin bestand, C.s Termine abzustimmen. Die jüngeren Ränge in der „Organisation“ nannten es den „Kotau“ oder „die chinesische Unsitte“; nicht, daß viele von ihnen die Chance hatten, bis ins Vorzimmer vorzudringen, geschweige denn je bis ins Chefzimmer selbst, den Thronraum.

Alle übersahen das grüne Licht, bemerkten es erst, als der Faun die Türe öffnete und sie mit einer Handbewegung einlud einzutreten. „Herein! Nur herein, Gentlemen!“ Seine Art erinnerte Carow immer daran, daß der Faun einmal Erster-Klasse-Steward auf einem großen Überseedampfer gewesen war. Er ging voraus in seiner etwas hüpfenden Art.

„Er steht in einer Minute zur Verfügung. Einen Drink? Irgendeine Erfrischung? Eine Cola? Saft – Orangen, Grapefruit, Tomaten?“ Er lächelte ihnen zu, fast ein Grimassenschneiden.

Der Faun war in ihrem Alter, Mitte Fünfzig. Er sah jünger aus wegen dieses ständigen Grinsens und Herumhüpfens. Es war natürlich nicht sehr spaßig, wenn man wußte, daß der Grund für sein Hinken – das er gut kaschierte – eine Polio war, die ihn als Kind befallen hatte.

Innerhalb der „Organisation“ bekleidete der Faun kein offizielles Amt, sah man davon ab, daß er der Babysitter C.s war. Niemand jedoch bezweifelte, daß er in der Hierarchie ganz oben stand, daß er dem „Inneren Kreis“, der „Königswache“, der Fünferbande angehörte – was immer für Namen man den fünf C. am nächsten stehenden Männern gab.

Wieder warteten die vier, stehend. Aus einem angrenzenden Raum, dessen Tür halb offenstand, hörten sie das Geräusch eines elektrischen Rasierapparates. „Er hatte noch keine Zeit“, flüsterte ihnen der Faun zu; es war, als gebe er ihnen Krümel vom Tisch des Königs. Carow fühlte sich unbehaglich. Vielleicht wegen der Golfkleidung, die in dieser Umgebung unpassend schien. Vielleicht war es der Raum selbst, das sterile Graugrün der Wände, das künstliche Licht; vor den Fenstern hingen weiße, geschlossene Plastiklamellen. An einer Wand hing die Vergrößerung eines Fotos der Berliner Mauer. Es stammte aus dem Jahre 1963 und zeigte John F. Kennedy, der von einem Podest aus über die Mauer in den Osten blickte.

„Wirklich niemand was zu trinken?“ Der Faun füllte ein Glas mit Eis. Sie alle wußten, daß die Maschine, ein glitzernder Apparat, der auf einen Hebeldruck hin einen ständigen Strom von Eiswürfeln ausspie, ein Geschenk der CIA an C. zu seinem 65. Geburtstag war. Während einer langen Konferenz machte der Faun den Weg oft; kein Raum konnte C. heiß genug sein, aber sein Inneres schien diese Gläser eiskalten Saftes zur Kühlung zu brauchen.

Endlich ging die Tür auf, und C. kam in den Raum. Er sah müde und bleich aus, nicht wie jemand, der sich gerade frisch gemacht hatte. Der dunkle, altmodische Zweireiher aus dickem, dunklem Tuch verstärkte den Eindruck. Die dunkle Krawatte auf dem weißen Hemd war verrutscht. Er sieht aus wie ein Priester mit einer nicht zu ordentlichen Haushälterin, dachte Carow nicht das erstemal.

„Eine lästige Sache, dieses tägliche Rasieren. Wird mir von Tag zu Tag lästiger." Er gab jedem von ihnen die Hand; Carow war es fast peinlich, diesen weichen, energielosen Händedruck zu erwidern.

„Warum hat niemand was zu trinken?"

„Sie wollten nichts."

In einer Ecke stand ein großer, runder Konferenztisch. Sie hatten ihre feste Sitzordnung, drei auf der einen Seite, C. und der Faun nebeneinander auf der anderen Seite. Der Faun stellte ein gefülltes Glas vor C. hin.

„Also, Heiner, du beginnst."

„Kein Stenogramm?" Ziegler dachte immer an das Erforderliche.

C. blickt in die Runde, als müsse er sich besinnen, wo er war. Seine Augen waren eigenartig farblos. Er schüttelte den Kopf. „Vielleicht später."

Carow verteilte die Ordner. Er hielt den Bericht über den Verdacht gegen Borchers, den Leiter der Unterabteilung CSSR, zurück. Ziegler, Blumenschein und der Faun begannen zu lesen. C. öffnete seinen Ordner nicht. Was war los mit ihm, war er zu müde, selbst einen Bericht von nur sieben Seiten zu studieren? Es irritierte Carow, C. in diesem Zustand zu sehen.

„Laß uns hören, was du zu sagen hast." Auch seine Stimme klang müde, angestrengt.

Es war Ziegler, der Carow über den toten Punkt hinweghalf, nachdem er den Bericht zu Ende gelesen hatte. „Dies bestätigt uns, oder? Ich meine, es bestätigt, was wir über die Unruhen im Block wußten. Wie glaubwürdig ist der Agent?"

„Zuerst hatte ich meine Zweifel. Es klang mir fast zu dramatisch – ein Treffen aller Geheimdienstchefs, Polen, Ostdeutschland, CSSR, Ungarn – und der Russe als Beobachter!"

„Nicht natürlich, wenn sie sehen, wie die Schleusen sich öffnen", warf Blumenschein ein.

„Die Details haben mich überzeugt. Seite drei, die Absicherung des Konferenzraumes gegen jedes mögliche Abhören; so erhielt CS 910377 seine Chance, das Ganze in Erfahrung zu bringen. Seite fünf, unten – für mich das überzeugendste Detail – sie haben sich auf Deutsch als Hauptsprache geeinigt. Bei einem Treffen in Prag! Das sieht ganz nach Zentner aus – ihr kennt seine Schwäche in Fremdsprachen."

C. schien plötzlich zu erwachen. Er nahm seine Brille; sie war alt, mit einem braunen Gestell, die Gläser nicht allzu sauber. Er begann zu lesen, und während er es tat, schien sein Gesicht noch blasser zu werden. Sie warteten auf ihn, dachten, er würde eine Bemerkung machen, aber er schob nur seine Brille auf die Stirn und saß dort, starrte an ihnen vorbei.

„Deine abschließende Meinung?" insistierte Ziegler.

„Es stimmt mit unseren anderen Daten überein, wie du selbst sagst. Sie müssen vor ernsthaften Schwierigkeiten stehen."

„Sie laufen wie auf einem heißen Rost! Das ist meine Meinung." Blumenschein unterstrich seine Worte mit heftigen Handbewegungen. „Sie können kleine, vereinzelte Feuer austreten, aber wenn einmal alles zusammenkommt..."

„Wir sollten uns noch mal ansehen, was wir haben", unterbrach Ziegler, „unter dem Aspekt dieses Berichtes." Seine Worte waren an C. gerichtet, aber der reagierte nicht, deutete nur an, sie sollten allein weitermachen.

Sie nahmen sich die Studie der letzten Woche vor. „Wir können ja alles offene Material über die Unruhen beiseite lassen, Heiner. Nehmen wir nur, was wir vom Abhördienst haben und von Agenten. Beginnen wir mit den Truppenbewegungen..." Ziegler übernahm es fortzufahren, in seiner sachlichen, methodischen Art.

Carow war der Bericht so vertraut, daß er sich erlauben konnte, mit den Gedanken abzuschweifen, ohne daß er versäumte, Zieglers Fragen zu beantworten. Carow konnte nicht anders, er blickte immer wieder zu C. hinüber und fragte sich: War ihm dies alles zuviel, entglitt ihm die Kontrolle?

C. wurde in diesem Jahr siebenundsechzig. Es gab niemand in seinem Beruf, der so lange wie er an der Spitze eines Geheimdienstes stand, praktisch seit dem Jahre 1943. Als er fünfundsechzig geworden war, das normale Pensionsalter, gab es nicht wenige, die gemeint hatten, er solle zurücktreten, in allen Ehren. Seitdem war die Kritik an ihm unüberhörbar geworden. Von außen war es vornehmlich der Vorwurf, die „Organisation" sei überaltert, überbesetzt und – schlimmer noch – uneffizient; daß sie vor allem die

Schlacht auf ihrem wichtigsten Kampfplatz verloren habe, dem Platz vor ihrer Haustüre, der „Zone"!

„Wenn ich zusammenfasse", kam Ziegler zu Ende, „dann haben wir starke Anzeichen, daß dem Ostblock in den kommenden Wochen alarmierende Schwierigkeiten bevorstehen, besonders in der Zone! Eine Situation, die sicher so ernst werden kann wie 61. Absolut explosiv. Wir müssen annehmen, daß diese Geheim-Konferenz dazu dient, Maßnahmen zu beschließen, die Sache zu entschärfen."

„Es ist eine Zeitbombe! Wenn sie den Zünder nicht rechtzeitig finden, dann haben sie das schönste Feuerwerk aller Zeiten." Der „Sterngucker" war voller Euphorie, wie immer ihnen weit vorauseilend in seiner Prognose; Ereignisse und Bilder heraufbeschwörend auf die Art, die ihm seinen Namen gegeben hatte.

Carow, von seiner hellen Stimme und dem Gehabe betroffen, dachte plötzlich: Ist er schwul? Blumenscheins persönliches Dossier lag im Panzerschrank von C., niemandem sonst zugänglich, aber es war unwahrscheinlich, daß er als Homosexueller so hoch gestiegen wäre. C. war ein Tugendwächter, der außereheliche Beziehungen schon für einen Entlassungsgrund hielt.

„Warum bringen wir nicht Sektion S ins Spiel?"

Die Sektion S, von der Blumenschein sprach, das waren die „Stinker", eine Abteilung, die sich in keinem Organisationsplan fand; sie beschäftigte sich mit der technischen Seite von aktiver Widerstandstätigkeit in Feindländern. Carow fand es an der Zeit, sich zu äußern.

„Starke Anzeichen, ja. Aber wir brauchen sehr viel mehr für eine Bestätigung. Unsere Annahme beruht auf unserer Auswertung und dem Bericht eines einzigen Agenten!"

Ziegler wandte sich an den Faun, der wieder einmal auf dem Weg war, C. mit frischem Eis zu versorgen. „Faun?"

Der Faun äußerte sich selten während dieser Sitzungen. Alle drei, wie sie da saßen, waren der Überzeugung, daß er seine Meinung bis zu dem Augenblick zurückhielt, wo er mit C. allein war, und daß es genau das war, was dem Faun in diesem Kreis sein Gewicht gab. So war jeder am Tisch überrascht, als er antwortete. Seine Stimme war ausdruckslos, leise, fast unhörbar für die anderen, als sei das, was er zu sagen habe, wirklich nur für die Ohren C.s bestimmt: „Es könnte Zentners Fall bedeuten..."

War das alles? Sie warteten, aber er fügte den Worten nichts hinzu. Er setzte sich an seinen Platz zurück. Sie blickten C. an. Was würde er entscheiden? Sie hatten die Symptome aufgezeigt, er würde die Diagnose stellen, die Art der Behandlung festlegen, so war es immer gewesen. Aber er saß dort, schläfrig, als hätte er nichts von allem mitbekommen. Er streckte die Hand nach dem Glas aus, aber er trank nicht. Er blickte Carow über den Tisch hinweg an, und es schien ihm selbst Mühe zu machen, den Kopf zu heben. Nichts in seinen farblosen Augen, fand Carow, drückte wirkliches Interesse aus, und als er sprach, klang seine Stimme eher unsicher.

„Es gibt ein Problem mit diesem Agenten CS 910377, oder nicht, Heiner? Warum versteckst du deine Karten im Ärmel?“

2

Erst später, als das Projekt eine Wendung nahm, die niemand in diesem Moment vorhersah, erst da stellte Carow sich die Frage, ob C. sie nicht alle in dieser Sitzung getäuscht hatte. Ob die von ihm so ausdrücklich zur Schau gestellte Müdigkeit, sein Schwanken und Zögern nicht nur Maske gewesen waren. Daß C. schon in diesem Augenblick „im Puppenstadium“, wie man die Anfänge einer Operation innerhalb der Organisation nannte – seinen Plan zurechtlegte.

Hatte C. bereits an diesem Morgen Martin im Auge, jetzt schon, als alles noch verpuppt war, verborgen im Kokon eines geheimen Dienstes? Spielte er tatsächlich schon mit dem Gedanken, Martin nach Prag zu senden; Martin, der fernab auf seiner Insel wohl nie mehr damit rechnete, noch einmal zurückgerufen zu werden? Und Zimra – spukte deren Dossier bereits in C.s Kopf herum…?

Damals war keine Zeit für solche Gedanken gewesen. Carow hatte die Ordner, die von ihm bisher zurückgehalten worden waren, reihum verteilt und seinen mündlichen Bericht gegeben.

Ein langes Schweigen folgte, eine plötzliche Anspannung. Die Eismaschine im Raum machte Geräusche, die man vorher nicht vernommen hatte. Carow fühlte, was die anderen dachten, was ihre erste Reaktion sein mußte – Unglauben! Es konnte einfach nicht möglich sein; denn das wußten alle an diesem Tisch natürlich, was die Tatsache einer undichten Stelle innerhalb der „Organisation“ bedeutete, wie so etwas ihre ganzen zukünftigen Aktionen lähmen konnte! Es war das, was jeder Geheimdienst am meisten zu fürchten hat – einen feindlichen Agenten, einen Verräter in den eigenen Reihen.

Carow wählte jedes seiner Worte mit Bedacht: „Der Tod von CS 910377 schließt den möglichen Verdacht ein, daß es in der tschechoslowakischen Abteilung ein Leck gibt – an der Spitze.“

„Borchers – unmöglich!“ Sie sahen sich an. Wer hatte das gesagt?

„Er ist nicht überprüft worden?“ wieder Ziegler.

Carow schlug eine Stelle in seinem Bericht nach. „Erst vor knapp zwei Jahren. Volle Unbedenklichkeit der Sicherheitsabteilung. Keine besonders hohen Geldausgaben, keine Gesundheitsprobleme. Pedantischer Mann, nicht allzu ehrgeizig, leistet trotzdem gute Arbeit.“

„Reisen ins Ausland?“ Diesmal fragte der Faun.

„Keine. Wie sollte er, mit seiner Mutter.“ Auch dem hatte Carow nichts hinzuzufügen: Sie wußten alle, daß Borchers eine an den Rollstuhl gefesselte Mutter versorgte, daß er mit ihr zusammenlebte.

„Vielleicht hohe Arztrechnungen, von denen wir nichts wissen?“ Blumenschein.

Carow schüttelte den Kopf. „Das Haus, in dem sie leben, gehört der Mutter. Außerdem hält sie Anteile an dem Familienunternehmen. Da läßt sich keine Erklärung finden.“

„Unwahrscheinlich das Ganze, in höchstem Grade unwahrscheinlich.“ Es war C., der sich plötzlich einschaltete. „CS 910377 hat vermutlich nicht an sich halten können, das ist alles.“

Wieder mußte Carow sich wundern. Sonst war es C., der ihnen immer wieder predigte, daß Sicherheit vor Ergebnissen zu gehen habe oder, wie er es mit einem Soldatenausdruck formulierte: „Deckung vor Wirkung.“ Das war einer der Gründe, warum C. sich so lange in diesem Metier gehalten hatte. Warum sah C. das Problem hier nicht? Warum wollte er es so schnell vom Tisch haben?

„Alles, was wir bisher gehört haben, Heiner, sind Vermutungen. Kurella ist unterrichtet. Ihr habt seinen Panzerschrank geöffnet. Er hat keine Beweise beiseite geschafft, sagst du. Hat er sonst seine

Kompetenzen überschritten? Seine Nase in Dinge gesteckt, die ihn nichts angehen?

„Bisher haben wir nichts Derartiges finden können."

„Wo also sind die Beweise?"

„Wir müssen suchen. Die Frage ist – wie weit gehen wir? Telefonüberwachung, persönliche Überwachung – das mußt du entscheiden."

„Ich weiß, was sie im Osten in einem solchen Fall tun würden", murmelte Blumenschein, aber auch das fand vor C. keine Gnade.

„Macht mir keine Pferde scheu!" In C.s Stimme lag Ungeduld. „Wollt ihr unbedingt Stunk? Berichte in der Presse? Am Ende eine öffentliche Gerichtsverhandlung? Im Moment würde uns das mehr schaden als das Leck selbst."

„Trotzdem", Ziegler richtete sich auf, „wir können nicht dasitzen und lediglich hoffen, daß nichts an der Sache dran ist."

„Wer sagt, daß wir das tun?" C. warf seinem Stellvertreter einen mißbilligenden Blick zu. „Wir werden eine Untersuchung einleiten. Auf leisen Sohlen! Meinetwegen persönliche Überwachung. Keine Telefonüberwachung, daran sind zu viele Leute beteiligt."

Der Faun hatte einen Vorschlag. „Wir könnten Borchers testen, ihm Material zuspielen."

„Wenn Borchers wirklich für sie arbeitet", Carow unterband den Gedanken, „dann muß er Qualitäten haben. Dann wird er nicht gleich nervös. Gezinkte Karten würde er sofort erkennen."

„Jedenfalls bringt es Probleme für unser Projekt", sagte Ziegler. „Das Treffen findet in Prag statt, betrifft also Borchers' Abteilung. Sie wäre normalerweise daran beteiligt. Lassen wir ab sofort nichts mehr über seinen Tisch gehen, wird er es sicher bemerken. Stoppen wir es nicht – wie können wir unser Projekt dann fortführen?"

Die Frage war gestellt. Sie alle wußten, eine Lösung zu finden würde nicht einfach sein. Wieder erst viel später kam Carow der Gedanke, daß C. die Lösung längst gefunden hatte, daß die Karten nur noch nicht richtig lagen, vor allem, daß niemand je sagen konnte, er selber habe sie gemischt und ausgeteilt...

Aber im Moment war C. nichts anzumerken. Er wandte sich an den Faun. „Wir unterbrechen." Er stand auf, um sich einen eisgekühlten Drink zu machen, während der Faun die anderen nach ihren Wünschen für das Mittagessen fragte.

V. Kapitel

1

Die jungen Drachen servierten das Essen, trugen die Reste ab, brachten Kaffee und – für Carow und C. – Tee. Ihre Gespräche drehten sich nicht mehr um Dinge der „Organisation“, sondern um Privates. Auch das Klima änderte sich. Hatte es zuvor Spannungen, Gereiztheiten zwischen den fünf Männern gegeben, so breitete sich jetzt ein Gefühl von wachsender Gemeinsamkeit aus. Es gab plötzlich leichte Bemerkungen, Lachen, selbst C. war davon angesteckt, sichtbar entspannt.

Das alles kam natürlich daher, weil sie schon oft durch solche Situationen gegangen waren. Sie hatten zusammengesessen – nicht in diesem Bau, der damals noch nicht existierte – als sie die Nachricht erhalten hatten, daß Briggi Stein guillotiniert worden war, die beste Agentin, die sie je in der Zone gehabt hatten, hoch plaziert im Apparat selbst. Sie waren zusammen, als die „Organisation“ innerhalb einer Woche in der Zone 78 Agenten verloren hatte, als sich Bitterkeit und Mutlosigkeit unter den Resten im Feld ausbreiteten, als die Mauer hochging, die Grenze sich immer mehr schloß, was den Strom der Agenten hinüber und herüber trockenlegte.

Sie waren nicht alle aufzuzählen, die Niederlagen, die sie eingesteckt hatten und deren Folge es auch war, daß der Vorhang, den C. um die „Organisation“ gezogen hatte, immer dichter geworden war, immer undurchlässiger. Das leichte Gespinst des Konkons verhärtete sich. Der Raum für die darin Eingepuppten wurde eng.

Zweifel? Die gab es auch. Selbst in diesem Augenblick empfand Carow sie. Die alte Frage: Warum und wofür? Gebrauchten sie ihre Macht richtig? Und die Frage nach den Motiven – seinen und denen der anderen. Aber dies war nicht der Moment für Zweifel. Es war der Moment, sich enger zusammenzuschließen. Irgendwie hatten sie ihre Niederlagen immer wieder überwunden.

„Fangen wir wieder an.“ C. hatte sich eine von Blumenscheins Zigarren genommen, was selten vorkam. „Was tun wir?“

„Warum haben *wir* keinen Agenten“, fragte Blumenschein aus

der veränderten Atmosphäre heraus, „direkt im ‚Apparat', unter Zentners Tisch?"

C. rang sich ein Lächeln ab. „Ja, Heiner, warum eigentlich nicht?" Diesmal lachte niemand. C. forderte sie auf: „Ich möchte eure Meinung hören. Jeder einen Satz. Du zuerst." Er deutete auf Blumenschein.

Für den „Sterngucker" gab es kein Zögern. „Die einzige Methode, einem kommunistischen Regime Schaden zuzufügen, ist Gewalt. Wir sollten die Unruhen schüren, das ist meine Meinung, Sektion S ins Spiel bringen. Die Zone explodieren lassen, bäng, bäng!"

Als Ziegler sprach, war es, als diktiere er seine Worte ins Protokoll: „Nach unserem Wissensstand steht der Block vor einer krisenhaften Situation. Wir sollten das Kanzleramt unterrichten, vielleicht die befreundeten Dienste. Wir können die Entwicklung weiter beobachten, unsere elektronische Überwachung verstärken."

„Heiner?"

„Wir brauchen mehr. Mehr Fakten. Nicht Eingemachtes, sondern rohes Fleisch. Wir sollten wirklich versuchen, jemanden unter Zentners Tisch zu schmuggeln."

„Einen Agenten auf das Treffen in Prag ansetzen?"

„Ja." Carow fragte sich selbst – hatte er recht? War es seine Überzeugung, die er aussprach, oder war es ganz einfach, daß er die Wichtigkeit seiner Abteilung gegenüber Ziegler beweisen wollte und damit seine eigene?

„Faun?"

Der strich sich durch die rötlichen Haare, sichtlich unbehaglich, angesprochen worden zu sein. „Hat die Abteilung Beschaffung die Möglichkeiten dazu?"

Diesmal ließ C. sie nicht auf seine Entscheidung warten. „Ich fürchte, ihr müßt auf euer Wochenende verzichten. Macht euch an die Arbeit. Seht euch das gesamte Material noch einmal an. Blumenschein geht ins Archiv; ich meine, wir haben da Berichte über die Treffen der Blockgeheimdienstchefs während der früheren Krisen." Er machte eine Pause. „Teilt euch die Arbeit auf. Rückfragen, wenn nötig... Ich möchte sichergehen, versteht ihr? Dies ist unsere große Chance..."

„Die Entscheidung?" beharrte Ziegler.

„Treffen wir morgen. Faun wird alles besorgen, was ihr für die Nacht braucht, die Drachen werden euch ernähren..."

Sie wußten, sie waren entlassen.

2

Für Carow wurde das Wochenende zu einem Alptraum. Er hatte Schmerzen, er schlief schlecht, und er erwachte am Sonntagmorgen mit einem Traum, den er früher oft gehabt hatte, aber nun schon lange nicht mehr: Sein erster Fallschirmabsprung hinter den feindlichen – russischen – Linien. Der Traum entsprang der Wirklichkeit, er stand in der offenen Tür der niedrig fliegenden Maschine, unter sich den Wald, die Bäume so nahe, daß sie nach ihm zu greifen schienen, und hinter ihm die Stimme, verzweifelt, zornig: „Spring, spring, verdammt, spring doch!"... Carow erwachte, nicht so sehr erschreckt als vielmehr mit dem Gefühl, das mit diesem Traum verbunden war: einem Gefühl des Versagens im entscheidenden Augenblick, so intensiv, daß ihm oft davon schlecht wurde, daß er sich manchmal wirklich erbrechen mußte.

Er rasierte sich im Waschraum auf seinem Flur. Dann frühstückte er mit den anderen im Konferenzraum und nahm seine Arbeit wieder auf: Akten und Ordner waren über seinen ganzen Schreibtisch verstreut. Allein schon das simple Lesen ermüdete Carow. Er fühlte sich überflüssig bei dem, was sie hier alle taten, ja, er fühlte, die Arbeit selbst war unnötig. Zieglers Vorschlag war der einzige vernünftige: Einen Report machen, und dann sollten die Politiker darüber entscheiden, welche Konsequenzen sie daraus zu ziehen gedachten. Dienstag war C.s Tag in Bonn, um den Regierungschef persönlich zu informieren.

Was sollte C.s letzter Satz: „Dies ist unsere große Chance"? Seine Stimme, plötzlich lebendig, hatte ihn verraten. C. liebte das Spiel hinter den Kulissen. Selber Politik machen – das war seine große Versuchung. Er liebte es, die Karten – sprich die Informationen, die die „Organisation" sammelte – so zu mischen, daß ein ganz bestimmtes Spiel dabei herauskam. Aber was, fragte Carow sich, gab es hier zu spielen?

Der Sonntag verging. Sie trafen sich einige Male im Konferenzraum, um sich abzustimmen. Zweimal wurden sie zu C. gerufen, um Fragen zu beantworten, und fanden den Thronraum wie ein unaufgeräumtes Archiv vor, voller Akten. Einmal wollte Carow C. sprechen, aber der hatte – zusammen mit dem Faun – das Gelände verlassen.

Sie hatten sich gerade zum Abendessen, wieder im großen Konferenzraum, niedergesetzt, als Paulys Stimme über die Sprechanlage kam: „Bei C. erscheinen."

Sie mußten vom dritten Stock heruntersteigen. Rot angemalte Eimer, mit Sand gefüllt, standen in den Gängen. Zusammen mit den Feuerleitern, die überall an den Gebäuden angebracht waren, erinnerten sie Carow an die Zeit unmittelbar nach dem Krieg, als die „Organisation" für die Amerikaner gearbeitet hatte. Auch das war ein Teil von C.s Legende: eine Geheimdienstorganisation, die für Hitler gearbeitet hatte, intakt über die Niederlage hinwegzuretten mit Geheimakten und Personal.

Sie waren nun im ersten Stockwerk. Der Gang, der zu C.s Vorzimmer führte, war mit Kameras ausgestattet, die jede Annäherung aufzeigten. C. selbst hatte die Möglichkeit, in seinem Büro einen Bildschirm einzuschalten. Ob er im Augenblick davorstand? C. hatte ein Faible für jene Art von technischem Spielzeug, das es in ihrem Metier so reichlich gab. Es waren die einzigen Abteilungen, die er außerhalb des Hauptquartiers besuchte: das chemische Laboratorium, die Fälscher, die Funkexperten.

Dieses Interesse erstreckte sich jedoch nicht auf Carows Abteilung. Im Grunde hatte C. keine hohe Meinung von Agenten. Manchmal glaubte Carow, bei ihm sogar eine gewisse Verachtung für sie festzustellen. Sie waren in seinem Weltbild eine *quantité négligeable.* Carow war überzeugt: Das Schicksal von CS 910377 berührte C. kaum. Er war ein Mann des Schreibtisches, ein Mann der Akten und Dossiers – sicher war er derjenige von ihnen, der das Wochenende am meisten genossen hatte; er hatte all die Informationen ohne Ermüdung in sich aufgesaugt wie ein Schwamm.

Als sie sein Büro betraten, war es leer und aufgeräumt. C. saß hinter seinem Schreibtisch, ohne Jackett, die zu langen Ärmel seines weißen Hemdes von breiten Gummis gehalten. Er hatte sich die ganze Zeit nicht rasiert. Die weißen Bartstoppeln machten sein Gesicht schmaler, und er sah noch mehr wie ein heruntergekommener Priester aus. Aber der Ausdruck auf seinem Gesicht war sehr verschieden von dem gestern, die Augen voller lebhafter Listigkeit. „Faun... Drinks!"

Noch ehe sein eigenes Glas vor ihm stand, begann C.: „Ich hatte eine lange Unterredung mit Kurella. Üble Grippe... erinnert mich dran; die Personalabteilung soll überwachen, daß jeder sich impfen läßt... Also, Kurella: Es hat sich ein weiterer Verdacht gegen Borchers ergeben. Die ‚Waschfrauen'" – er meinte die Abteilung der Abhörexperten – „haben alte Funksprüche in den Akten: Geburtstagsgrüße von drüben für einen W. B. Fünf Jahre alt, damals keine Anhaltspunkte, daß es sich um Borchers handeln könnte...“

C. fuhr fort, unterbreitete ihnen die Details ohne jede Notiz; darin war er ihnen allen überlegen, ein Gedächtnis, das auch in den scheinbar nebensächlichsten Dingen nie versagte. Er kam schließlich zum Schluß: „Alles zusammen deutet darauf hin – Borchers ist die undichte Stelle; jedoch kein endgültiger Beweis. Er selbst wird ihn uns nicht liefern, oder ist ein Geständnis zu erwarten, Heiner?“

„Mit Sicherheit nicht.“

„Also wird Kurellas Abteilung nach Beweisen suchen – leise. Nichts Offizielles, keine offene Untersuchung. Keine Telefonüberwachung. Die ‚Gerichtsvollzieher‘ werden ihn übernehmen. Das ist es für den Moment.“

Es war klar, er erwartete von ihnen keinen Kommentar, keine Zustimmung. Die „Gerichtsvollzieher“ waren die Leute von der Überwachungsabteilung. Ziegler sagte: „Das löst unser Problem nicht.“

„Moment, dazu kommen wir.“ C. schüttete den eiskalten Juice hinunter. „Blumenschein hat einen aufschlußreichen Agentenbericht ausgegraben. Die Woche vor dem Mauerbau. Dasselbe Treffen der Direktoren der Block-Geheimdienste. Dieselbe Besetzung. Zentner, der den Vorsitz führt und für einen harten Kurs eintritt. Selbst der Russe zögert damals, aber es ist Zentner, der auf seine Information pocht, der wissen will, daß die Amerikaner nichts riskieren werden...“

Während C. fortfuhr, ihnen wieder ohne jede Aufzeichnung andere Fakten und Erkenntnisse vortrug, blieb Carow nicht verborgen, wie C. immer wieder auf Zentner zurückkam; ja allein wie er den Namen aussprach, verriet innere Erregung. C. hatte eine Sprechweise, die deshalb so monoton und schleppend war, weil er dabei die Lippen kaum auseinanderbrachte; aber dieses eine Wort, Zentner, machte ihm den Mund weit wie von einer inneren Gärung, die in ihm hochstieg. Jedenfalls, das fühlte Carow, war etwas Persönliches bei dieser Sache im Spiel... Und als vor kurzem eine neue Fotografie von Zentner aufgetaucht war, hatte Carow mit Überraschung eine mit fortschreitendem Alter immer größere Ähnlichkeit zwischen den beiden festgestellt...

C. hatte eine Frage an ihn gerichtet. Carow mußte sie überhört haben. Jeder blickte ihn an, und er sah Verstimmung auf C.s Gesicht. Es war wieder einmal Ziegler, der ihm zu Hilfe kam.

„Die Frage ist, Heiner, wie gut sind deine Möglichkeiten?"

Hatten sie das Problem Borchers gelöst? Er wußte es nicht. Er wußte nicht einmal, war irgendeine Art Entscheidung gefallen? Er hätte zum Essen ein Darvon nehmen sollen, hatte es aber versäumt. „Kann ich etwas zu trinken haben?" Er wußte nicht, wie er die Tablette in den Mund schmuggeln sollte.

„Was ist, Heiner? Der Vorschlag stammt schließlich von dir." C. war wirklich irritiert. „Wir sind uns einig, wir brauchen rohes Fleisch. Was und wen schlägst du vor?"

Das war also die Frage gewesen. Die Entscheidung war gefallen. Er sollte es sein, Carow, seine Abteilung, seine Läufer! Das war die Lösung. Die uralte, herkömmliche Methode: ein Agent. So einfach. Dafür hatte er sich eingesetzt, vom ersten Tag an, als dieses Projekt begonnen hatte. Er hätte zufrieden sein müssen.

„Danke, Faun." Er trank, aber er verzichtete darauf, ein Darvon aus der Tasche zu holen. „Wir können niemand vor Ort benützen", er spielte auf Zeit, „abgesehen davon, daß wir augenblicklich keinen Mann in Prag haben, der gut genug dafür wäre."

„Heiner, das haben wir besprochen. Es ist klar, daß wir einen Mann von *draußen* brauchen, jemand aus der Kühltruhe, jemand, der im Moment keinerlei Verbindung zu uns hat... Was ist los mit dir?"

„Ich muß diese Nierensache in Ordnung bringen lassen." Nachdem er die Erklärung geliefert hatte, nahm er ungeniert das Darvon. „Wir haben den Zeitfaktor zu berücksichtigen. Wir brauchen einen Mann, der sich dort auskennt, der die Sprache beherrscht. Wir müssen ihn präparieren." Warum zögerte er, sperrte sich gegen den Gedanken? „Das Treffen in Prag beginnt bereits in – das waren acht Tage, nicht?"

„Ja, wenn wir CS 910377 Glauben schenken."

„Das gibt den Kopfjägern nicht sehr viel Zeit."

„Keine Kopfjäger!" protestierte C. „Das machst du selbst. Und wenn du den Richtigen gefunden hast, dann wirst du ihn selbst führen bei dieser Aktion. Selber rekrutieren und selber führen – von einer Außenstation aus."

Plötzlich war für Carow alles verändert; mit dieser einen Bemerkung – „du wirst ihn selber führen“ – hatte C. seine Angel ausgeworfen, und Carow wußte, daß er den Haken bereitwillig geschluckt hatte. Auch darin war C. ihnen allen überlegen, daß er sie soviel besser kannte, sie besser durchschaute als sie ihn.

„Ich möchte den Agenten gefunden haben, bevor ich nach Bonn gehe.“

Carow entfernte sich in Gedanken bereits wieder von den anderen. Er dachte an die Probleme, die auf ihn zukamen. Wer war der richtige Mann? Schon tauchten Namen in seinem Gedächtnis auf, sah er Gesichter an sich vorbeiziehen... Die fünf Männer in C.s Büro hatten noch weitere Beschlüsse zu fassen; Carow beteiligte sich daran, aber nur mehr halbherzig.

Was sollte in dem Wochenbericht für den Regierungschef stehen? Ziegler plädierte für einen umfassenden Report – alles, was sie hatten. Carow unterstützte ihn darin. Blumenschein und der Faun sprachen sich dagegen aus – zu früh! C. gab den Ausschlag: Sie würden damit warten, Bonn war ein Klatschnest, zu viele undichte Stellen. Sollte man die „Schwestern“ ins Bild setzen – die Leute vom CIA? Wieder mußte C. entscheiden: Noch nicht!

Das Treffen der fünf ging dem Ende zu. Es war nach neun Uhr. Sie waren jetzt dreiunddreißig Stunden zusammen. Die Lösung war gefunden. C. standen die letzten Worte zu:

„Von dem Augenblick an, wo ihr hier zur Türe rausgeht, setzt das große Schweigen ein! Der Betrieb läuft weiter wie normal, auch die Untersuchung gegen Borchers. Wenn unsere jungen Rebellen zu murren beginnen, daß wir Alten wieder einmal untätig und blind sind – laßt sie in dem Glauben. Und, Heiner, du solltest andeuten, daß du in den nächsten Tagen ins Krankenhaus gehst, um dich operieren zu lasssen. Bereite den Boden vor für die Tage, die du in der Außenstation verbringen wirst.“

Carow war froh, als er endlich nach so vielen Stunden wieder ins Freie konnte. Das Wetter war umgeschlagen, ohne daß er innerhalb des klimatisierten Gebäudes etwas davon gemerkt hätte. Es war sehr viel wärmer, selbst jetzt, am Abend.

Diese gute Wetterperiode gab es oft in der zweiten Septemberhälfte; Carow hoffte, daß die Veränderung anhalten würde: Es war aus vielen Gründen einfacher für den Agenten, einen solchen Auftrag bei gutem Wetter durchzuführen. Carow nahm sich vor, mit den Wetterexperten zu sprechen.

Später, in ein, zwei Stunden, würde er ins Hauptquartier zurückkehren und seine Suche nach dem Agenten beginnen. Das war eine Lektüre, die er nicht scheute: die Quellenbücher der Läufer. Ja, Carow liebte den lichtlosen, unterirdischen Raum – ein Teil des Archivs – in dem sie unter Verschluß gehalten wurden. Bis zum Morgen würde er seine Auswahl getroffen haben, und die Quellenbücher der möglichen „Kandidaten" würden dann im Panzerschrank in seinem Büro liegen...

Er ging zu seinem Wagen. Er trug immer noch seine Golfkleidung. Er hatte nicht die Absicht, nach Hause zu fahren und in die Rolle Grapentins zurückzuschlüpfen. Er öffnete den Wagen und legte die Waffe an ihren Platz im Handschuhfach. Er startete den Porsche, setzte zurück. Die anderen waren bereits weg. Ziegler hatte ihm zum Abschied die Hand gereicht. „Gratuliere!" Er traf genau den richtigen Ton – ein Mann, der anständig verlieren konnte.

Nachdem Carow die Hauptwache passiert hatte, schlug er die Straße Richtung Innenstadt ein. Er hielt an der nächsten öffentlichen Telefonzelle an. Er sehnte sich nach Entspannung, nach Abstand von dem Geschehenen, aber sein Anruf wurde nicht beantwortet. Natürlich hatte Anne keinen Grund, ihn heute zu erwarten, aber er fühlte Enttäuschung.

Er wählte die Nummer ein zweites Mal, ließ es läuten – und diesmal empfand er plötzliche Eifersucht, scharf und bitter. Er brauchte sie! Er brauchte sie dringend! Warum war sie nicht da? Was tat sie? War jemand anders bei ihr – einen Augenblick lang stellte Carow sich alles mögliche vor mit einer heftigen Eifersucht.

Er kehrte in den Wagen zurück. Er hatte Schlüssel zu der Wohnung Annes. Warum fuhr er nicht hin? Er konnte sich ausziehen, ein Bad nehmen, sich rasieren, in ihrem Bett warten... Er sah sich, auf ihrem Bett ausgestreckt... Er wendete den Wagen. Er würde zuerst seine Arbeit tun und es dann noch einmal versuchen. Aber als er dann im Archiv über den Quellenbüchern der Agenten saß, vergaß er Anne vollkommen.

VI. Kapitel

1

Borchers hatte nicht viele Freunde innerhalb der „Organisation“, aber auch keine Feinde. Er sah auf unscheinbare Art nett aus, und weder sein Äußeres noch sonst etwas an ihm ließ die Vorstellung aufkommen, er könne irgendeine Art dunkler Doppelexistenz führen. Das einzige, was seine Kollegen immer wieder irritierte, war, daß, wenn Borchers eine Unterschrift leistete oder ein Dokument quittierte, er dies mit der linken Hand tat; als sei die Tatsache, daß er ein Linkshänder war, eine Extravaganz, die ihm eigentlich nicht zustand. Die einzige wirkliche Ausgefallenheit an ihm – daß er sich die Freiheit nahm, jederzeit während der Dienststunden seinen Schreibtisch zu verlassen – eben darüber wunderte sich niemand. Noch neidete ihm irgendeiner diese Freiheit, wußten sie doch alle, daß er sich um seine Mutter zu kümmern hatte, die ohne ihn hilflos war.

Das „Lamm“ – wie Borchers von seinen Kollegen genannt wurde – hatte sich an diesem Montag seine Freizügigkeit zunutze gemacht und das Hauptquartier um 11.30 Uhr verlassen. Stunden später lag der Report der Gerichtsvollzieher auf Kurellas Schreibtisch: Borchers begibt sich direkt nach Hause. 12.30 Uhr: führt seine Mutter in den Nymphenburger Park. Bleiben eine Stunde, das „Lamm“ auf einer Bank, die Mutter im Rollstuhl (Lokalskizze anbei). Keine Kontakte mit einer anderen Person. Einchecken beim Haupttor: 14.05 Uhr. Seither an seinem Schreibtisch.

Die tschechoslowakische Abteilung war in einer der Holzbaracken untergebracht, die aus der Zeit stammten, als die Amerikaner das Lager benützt hatten. Borchers war noch um sieben Uhr an seinem Schreibtisch. Geißlers Bericht über den Vorfall an der Grenze, von Carow weitergeleitet, lag vor ihm; es war ganz natürlich, daß Borchers sich noch damit beschäftigte.

Es war ein Schock gewesen, als der Bericht in seine Hände gelangte. Nicht so sehr wegen der Konsequenzen, die sein letztes Signal für CS 910377 bedeutet hatte – damit mußte er sich später auseinandersetzen – sondern wegen des Verdachts, den der Bericht in ihm auslöste. Borchers hatte schon seit Tagen gespürt: Es lag etwas in der Luft. Aber er hatte sich zur Vorsicht gemahnt; Verdacht war ein Gefühl, mit dem er ständig lebte: Wann würde es soweit sein, daß man ihn entlarvte? Wann würden sie die Stückchen zusammengesetzt haben? Wie schnell? Wie langsam?

Er war nicht der Mann, sich unnötig Dinge vorzustellen. Er konnte warten, er war beharrlich, er überstürzte nichts – er war ein Mann mit viel Geduld. Natürlich hätte er gerne Bescheid gewußt. Aber seine eigenen Möglichkeiten, herauszufinden, was an seinem Gefühl richtig war oder nicht, waren gering.

Innerhalb des Hauptquartiers konnte er nicht viel tun; wachsam sein, auf der Hut, aufpassen, ob man seiner Abteilung etwas vorenthielt. Sich auf gezinkte Karten konzentrieren. Sich weiter vorzuwagen hatte keinen Sinn. Mit Neugier und Übereifer brachte man seinen Kopf nur in die Schlinge. Er konnte vorläufig nicht einmal seine „Freunde" von seinem Verdacht unterrichten. Er hatte sie nie mit Phantasiegebilden beliefert, sondern immer nur mit harten Fakten!

Einen Punkt indessen gab es, der die Sache für Borchers besonders schwierig machte: den Zeitpunkt, zu dem dieser Verdacht gegen ihn auftauchte. Etwas bereitete sich vor, hatte mit dem Projekt „Umarmung" begonnen. Borchers war zu lange „einer von ihnen", als daß er nicht die angespannte Atmosphäre im Hauptquartier bemerkt hätte. C.s dauernde Anwesenheit, alles Vorzeichen von bedeutsamen Aktionen. Daß ihm in einem solchen Moment die Hände gebunden waren, brachte Borchers in eine Zwickmühle: Auf der einen Seite stand seine Sicherheit, auf der anderen Seite aber die Angst, er könne etwas Wichtiges übersehen.

Draußen hatte Borchers mehr Möglichkeiten, seinen Verdacht zu überprüfen. Dem war auch die Idee entsprungen, seine Mutter spazierenzuschieben. Der Park mit seiner offenen Anlage, den großen Rasenflächen und schnurgeraden Wegen war schwer zu überwachen. Denn das war Borchers klar, wenn *er* keine Fehler machte, dann mußten *sie* Maßnahmen ergreifen.

Das Ergebnis war zwiespältig; Verdachtsmomente hatten sich

ergeben, daß die Gerichtsvollzieher auf ihn angesetzt waren. Sicher war er nicht. Er würde eine weitere Probe machen auf dem Weg nach Hause; auch deshalb saß er noch immer um diese Zeit so geduldig an seinem Schreibtisch: Bis um acht Uhr würde der Verkehr in die Stadt hinein nicht mehr so dicht sein und es ihm erleichtern, festzustellen, ob man ihm folgte.

2

Das Haus stand in einer ruhigen Straße, die an einem kleinen Kanal vorbeiführte. Die Bezeichnung Haus stimmte insofern nicht, als es eine Überbauung von mehreren flachgeschossigen Gebäuden war. Seine Mutter, eine rationelle Denkerin in diesen Dingen, hatte kurzentschlossen den Abriß der alten Villa bestimmt. Sie lebten in einer der Parterrewohnungen mit einem direkten Lift für den Rollstuhl in die Tiefgarage.

Als Borchers nach Hause kam, war er überzeugt, daß sein Verdacht unbegründet war, daß er sich von der allgemein nervösen Atmosphäre in der „Organisation“ hatte anstecken lassen. Er hatte alles nur mögliche getan. Die Wagen, die ihm folgten, beobachtet. Seinen eigenen in einer Werkstatt abgegeben. Die Straßenbahn benützt, den Rest des Weges zu Fuß zurückgelegt. Vor dem Haus parkten drei Wagen; auch die betrachtete Borchers sorgfältig. Aber es war auch dies nichts Außergewöhnliches; sobald das Wetter besser wurde, war es den Mietern zuviel, die Autos in die Garage zu fahren.

Schon in der Diele hörte er, daß eines der Bänder lief. Seine Mutter litt an einer fortschreitenden Arteriosklerose – das wenigstens sagten die Ärzte – und neben Lähmungserscheinungen waren Sehschwierigkeiten hinzugekommen. Sie konnte nicht mehr selber lesen, sondern sich nur auf Band gesprochene Bücher anhören, die sie der Musik vorzog.

Sie saß im Wohnzimmer in ihrem Rollstuhl. Sie war immer sehr sorgfältig gekleidet; sie liebte Seiden, weiche Farben, die sie auch für ihr Make-up benützte. Es war dieses Gesicht, das den Sohn immer wieder rührte: schmal, eine festgezogene Haut über den feinen Knochen, gab es ihr die bleiche Schönheit eines jungen Mädchens;

als ob ihr Körper sie damit für seine sonstige Zerstörung entschädigen wollte.

Das Band war zu Ende. „Wie hat es dir gefallen?"

„Nicht besonders."

„Es war ein Vorschlag der Bibliothekarin."

„‚Der Tod von Venedig?' Das wundert mich. Sie kennt doch meinen Geschmack."

„Ich werde es morgen auswechseln." Er stellte den Apparat ab. „Was willst du zum Abendessen?"

„Nicht viel." Sie klang einen Augenblick müde und hilflos, aber sie korrigierte den Eindruck sofort. „Tee, Toast. Es ist noch etwas Lachs da."

Er ging in die Küche. Es gab dort ein zweites Telefon. Er wählte eine Nummer, sprach für einige Minuten; das Gespräch selbst war belanglos. Er ließ den anderen einhängen, während er den Hörer ans Ohr gepreßt hielt und lauschte; er wußte natürlich, daß die Methoden des Abhörens so verbessert waren, daß er unmöglich feststellen konnte, ob die Nummer wirklich angezapft war.

Er rollte den Wagen ins Wohnzimmer, deckte auf. Dann schob er ihren Rollstuhl an den Tisch im Erker. Er selber setzte sich so, daß er die Straße im Auge behalten konnte. Das große Licht hatte er gelöscht. Die drei Wagen parkten unverändert vor dem Haus.

Einen Augenblick überlegte er, ob er seine Mutter fragen sollte, wie lange die Wagen dort bereits parkten. Er hatte manchmal diese Versuchung, ihr zu vertrauen, sie einzuweihen. Natürlich hatte er der Versuchung nie nachgegeben.

„Früher gingen wir um diese Zeit nach Venedig", hörte er seine Mutter sagen.

„Deshalb dachte ich, das Buch könnte dir gefallen."

„Es war also doch deine Idee... Was ist?"

Seine Ausdauer war belohnt worden. Er sah, was er im Grunde nicht mehr erwartet hatte: das kurze Aufflackern im mittleren der drei Wagen; jemand hatte sich eine Zigarette angezündet. War es nur Nachlässigkeit oder gab man den „Gerichtsvollziehern" wirklich Fahrzeuge ohne Zigarettenanzünder?

„Macht dir irgend etwas Sorgen?"

„Ich hab' zu lange gearbeitet." Im gewissen Sinne erleichterte es ihn, zu wissen, woran er war. Jetzt, wo er die Bestätigung hatte,

hatte er auch einen Grund, seine Freunde zu unterrichten. „Ich werde morgen zur Bibliothek gehen und die Bänder austauschen."

„Versuch, eine Vicky Baum zu bekommen; ‚Die Karriere der Doris Hart'."

„Hast du das nicht schon gehabt?"

„Oder ein anderes ihrer Bücher."

Einen Augenblick erlaubte Borchers es sich, vorauszudenken. Ob er nicht besser mit ihr redete? „Vielleicht brauche ich Ferien."

„Schwester Karin kann zwei oder drei Tage bei mir bleiben."

„Ich meine längere Ferien."

Allein? Sie brauchte es nicht auszusprechen, es genügte, daß sie ihren Sohn schweigend ansah. Dieses Schweigen war ihre stärkste Waffe; wenn immer er den Versuch gemacht hatte, sich ihrem Einfluß zu entziehen, hatte sie davon Gebrauch gemacht.

„Es könnten Umstände eintreten..."

„Eine Frau?"

Er hätte fast gelacht über das Mißverständnis. Es hatte Zeiten gegeben, da hatte er ihr noch Frauen vorgestellt. Eine hatte sogar den Mut gefunden, hier einzuziehen. Ihr Schweigen hatte genügt, sie zu vertreiben...

„Nein, keine Frau." Borchers hatte immer geglaubt, es bestehe im Leben keine tiefere Kluft als zwischen arm und reich. Inzwischen hatte er festgestellt, daß es eine tiefere gab: den Unterschied zwischen Kranken und Gesunden.

Er mußte lange warten, bis sie schlafen ging. Sie sprach von Venedig, von Reisen, die sie zusammen gemacht hatten; er baute auf ihren Wunsch hin den Projektionsapparat auf und führte ihr Dias vor. Es amüsierte ihn, sich vorzustellen, wie der Bericht seines heimlichen Beobachters ausfallen würde.

Als sie schließlich zu Bett gegangen war und schlief, kehrte er ins Wohnzimmer zurück. Er zog die Vorhänge zu.

Er suchte die auf Band gesprochenen Bücher zusammen, die er für seine Mutter ausgeliehen hatte. Das Band auf dem Wiedergabegerät spulte er zurück, hörte hinein, bis er eine bestimmte Stelle gefunden hatte. Dann schaltete er das Gerät auf Aufnahme, sprach seine Nachricht auf das Band, während er die entsprechende Stelle der Erzählung gleichzeitig löschte. Er legte alle Bänder für den nächsten Tag bereit. Er knipste das Licht aus und zog die Vorhänge wieder auf.

Es waren immer noch drei Wagen, aber der mittlere war eine andere Marke; die Ablösung vermutlich. Was für ein Aufwand! Im Grunde hieß es, daß sie nichts gegen ihn in der Hand hatten. Oder nicht genug.

Borchers war nicht in Eile; er würde keine Fehler machen. Ein überraschender Gedanke kam ihm: Wie hatte es eigentlich angefangen? Was war sein Motiv, daß er für „die anderen“ arbeitete? Es lag so weit zurück, daß er Mühe hatte, sich zu erinnern: England, 1944. Kriegsgefangenschaft. Das Lager. Wie alt war er gewesen? Knapp über zwanzig. Wie hatte man ihn eigentlich damals dazu gebracht, technische Dinge ihres U-Bootes zu verraten? Was hatten sie ihm dafür in Aussicht gestellt? An das Ende erinnerte er sich deutlicher: der plötzliche Aufbruch nach dem Ende des Krieges, der Nachtflug in die britische Zone; die Fahrt im Wagen; das einsam gelegene Haus: Zivilsachen, Entlassungspapiere, ein Judaslohn. Ohne Vorankündigung, ohne eine Erklärung. Entsprang dem sein Motiv? War er deshalb ein so williges Objekt der anderen geworden?

Es spielte längst keine Rolle mehr. Hatten Agenten überhaupt Motive? Agenten waren normale, gewöhnliche Menschen. Sicher handelten sie aus allen möglichen Motiven heraus. Aber war das wichtig? Je länger einer in dem Beruf arbeitete, um so weniger wichtig waren Motive. Männer wie Ziegler und Carow? Sie füllten einen Beruf aus – aber Motive?

Er jedenfalls, den sie das „Lamm“ nannten, er brauchte schon lange kein Motiv mehr. Oder: Sein Handwerk, das Handwerk des Spions war sein Motiv – seine Arbeit gut zu tun!

Borchers verließ seinen Platz am Fenster. Er steckte die Bänder in seine Aktentasche. Ein langer Tag lag hinter ihm, aber er fühlte sich nicht müde. Er war insgesamt mit dem Tag und mit sich zufrieden. Er hatte den Schock vom Morgen überwunden. Er war nicht länger nervös. Er würde fortfahren zu tun, was seine „Freunde“ von ihm erwarteten.

Die Ironie war, daß sie ihn innerhalb der „Organisation“ nicht beschatten konnten. Es erinnerte ihn noch einmal an den Mann draußen im Wagen, der das Haus beobachtete. Auch der versuchte nur, seine Arbeit gut zu tun. Wie aus einem Gefühl gemeinsamer Solidarität heraus machte Borchers alle Lichter im Raum an und ging zum Fenster, um sich seinem Bewacher noch einmal zu zeigen.

VII. Kapitel

C. hatte den Ort des Treffens vorgeschlagen, einen Wirtshausgarten nicht weit von dem Militärflughafen, von dem aus er mit einem Hubschrauber nach Bonn flog. C. wartete bereits auf ihn; er saß an einem der Tische unter den Kastanien im hinteren Teil des Gartens. Der Faun war ebenfalls da; einige Tische entfernt hielt er C.s Rücken frei.

Trotz der Wärme trug C. einen dunklen Stoffmantel mit pelzbesetztem Kragen. Vor ihm standen ein Glas und eine Coca-Cola; er hatte die Cola nicht angerührt, vermutlich, weil sie nicht kalt genug war. Sein Gesicht war bleich, und er sah übernächtigt aus; Carow wußte, wie sehr C. das Fliegen haßte.

Carow behielt die Aktentasche auf dem Schoß. „Ich habe drei Kandidaten."

„Gut, sehr gut." C. schien nicht in Eile zu sein. Er lächelte seinen Stellvertreter an. „Wenn diese Sache gut läuft, Heiner... danach könnte ich an meinen Rücktritt denken."

Carow hörte das seit zwei Jahren; er nahm es genausowenig ernst, wie wenn C. mal Ziegler, mal ihm Andeutungen machte, daß er sich genau *ihn* als seinen Nachfolger vorstellte.

„Es ist mir ernst damit. Ich bin lange genug im Amt. Es war nicht immer einfach. Diese verdammten Politiker – wenn es wirklich wichtig war, dann haben sie unser Wissen in den Wind geschlagen! Solltest du an meine Stelle treten, vergiß das nie – wenn *wir* nicht wären, dann säße der Feind vermutlich schon hier!"

Carow begann, sich unbehaglich zu fühlen, wie immer, wenn C. so zu reden begann. Vielleicht war es auch nur, weil Carows Enttäuschung über das Treffen mit seiner Tochter noch in ihm nachklang: Ines hatte ihn durch das Apartment geführt. Küßchen hier, Umarmung da – das, was Carow Süßholzraspeln nannte. War das alles nicht viel zu teuer? Oh, Mutter hatte bereits zugestimmt. Und sie würde es natürlich zurückzahlen. Wie? Sie war einem Job auf der Spur, „irre gut bezahlt". Was? Hatte er vergessen, daß sie drei Sprachen beherrschte? Sie hatte ein Angebot als Reisesekretärin...

Der Mann ihm gegenüber hatte nie Schwierigkeiten mit seinen Kindern gehabt, als wüßten sie, was sich für die Kinder eines Chefs eines Geheimdienstes gehörte. Alle waren inzwischen verheiratet, der Sohn in einem „sicheren Beruf“, wie C. es ausdrückte, die Töchter mit Beamten der „Organisation“ verheiratet. Carow hatte sie alle gekannt, auch C.s Frau – eine farblose, ihrem Mann ergebene Frau, an der sich Carow nichts eingeprägt hatte außer dieser Ergebenheit. Die Familie war Carow immer wie etwas erschienen, das C. sich lediglich zur Tarnung zugelegt hatte, ausgewählt und hineingesetzt in das Leben von Dr. Achternbusch, Konservator der Bayerischen Schlösser- und Seen-Verwaltung.

Carow entnahm seiner Tasche drei graue Akten. „Wie ich sagte, ich habe drei Kandidaten.“

„Laß sehen.“

„Der oberste ist meine erste Wahl.“

C. nahm die nicht sehr umfangreichen Dossiers. „Rosell... Ich dachte, daß du auf den kommen würdest. Pinkert? Ich weiß nicht, den habe ich eigentlich nicht gesehen.“ Er war bei dem dritten Dossier angelangt. Er blickte auf. „Wie kommt Martin unter die Kandidaten?“

„Er steht erst an dritter Stelle.“

„Trotzdem ist er dabei. Warum? Um mir einen Gefallen zu tun?“ Weil er ein Veteran ist, einer von der alten Schule? Und damit die anderen mehr herausstechen?“

„Martin war einer unserer Besten – zu seiner Zeit. Eine lange Zeit im Feld, drei Jahre Ost-Berlin, sechs Jahre Dresden, insgesamt siebzehn Jahre in der Zone. Ein ruhiger, ausgeglichener Charakter, dabei ehrgeizig. Immer die Nase vorn, ein ‚Läufer‘, wie er im Buch steht. Und immer besonders gut bei Einzelaufträgen, auf sich allein gestellt...“ Carow merkte, daß er prompt in die Falle gegangen war, die C. ihm gestellt hatte: einen Mann zu loben, den er eben noch als dritte Wahl bezeichnet hatte.

„Er ist fünfundvierzig zu uns gestoßen?“

Carow fand, er habe dazu nichts zu sagen. Es stand im Dossier, wenn auch nur mit einem Satz: Die Reste der „Organisation“ – ein Teil des Personals, die gesamten Akten, das Archiv – waren damals, Frühjahr 1945, auf dem Weg in vorbereitete Verstecke. C.s Plan war es, eine Zeitlang unterzutauchen, bis die Amerikaner zur Besinnung kamen und den Wert C.s und seines Wissens über den Gegner im Osten richtig einzuschätzen wußten. Die Akten gab es in zwei Ausfertigungen, und eine davon sollte in einem Alpensee versenkt werden. Da war Martin zu ihnen gestoßen als Taucher; jung, achtzehnjährig, der Kampfschwimmer einer Spezialeinheit...

„Du hast ihn später selber angeworben?"

„Es steht in der Akte."

„Es ist nicht dasselbe, als wenn ich es aus deinem Munde höre."

„Siebenundvierzig. Ich bin bei einer Anwerbungstournee in Dresden auf ihn gestoßen; ich hörte, daß er bei einer halbmilitärischen Einheit gelandet war, Leuten, die sich freiwillig gemeldet hatten, um die Gewässer von Minen zu säubern. Das ist ein Zug seines Charakters, der mir später manchmal Sorgen machte, diese Neigung, die Gefahr zu suchen."

„Sie kommen alle an den Punkt, früher oder später."

Carow ging nicht darauf ein. „Ich bat ihn damals um eine kleine, unwichtige Sache. So fing es an. Nach einer Probezeit ließen wir ihn frei laufen."

C. suchte etwas in dem Dossier. „Da war etwas mit seiner Frau?"

„Seite zwei, unten. Sie wurde getötet, bei einem Unfall; eine scheußliche Sache, ein Explosionsunglück in einem chemischen Werk. Die beiden waren noch nicht ein Jahr verheiratet."

„Irgendein Motiv dort?"

Auch diese Frage war überflüssig, aber von C. war sie zu erwarten. „Unwahrscheinlich. Er war für den Beruf eines Agenten bestimmt. Natürliche Begabung."

„Nie mehr geheiratet?"

„Nein."

„Frauenprobleme?"

„Keine, die uns bekannt wurden."

„Kein Anhang, glaube ich?"

„Beide Eltern sind tot. Seine Mutter war Tschechin, daher beherrscht er die Sprache."

C. beschäftigte sich ernsthaft mit Martins Dossier. Manchmal machte er eine Bemerkung zu sich selber: „Die elektronische Ausrüstung der MIG-15... Veränderte die gesamte Situation im Koreakrieg zugunsten der Amerikaner... Der Film über Training in Panzerstrategie... Niemand in Bonn wollte uns bis dahin glauben, daß die Zone dabei war, neue Streitkräfte aufzustellen..." C. sah auf. „Er war wirklich *gut*, Heiner!"

Carow fand es an der Zeit, deutlicher zu werden. „Das sagt nichts über seine gegenwärtige Verfassung. Dafür kann ich bei ihm nicht garantieren. Rosell und Pinkert gehören beide noch zu uns, sind nur momentan auf Eis gelegt. Martin hat vor sechs Jahren den Dienst quittiert. Unsere Zeit ist knapp, ich weiß nicht, ob die ausreichen würde, Martin zu präparieren." Carow schlug das Dossier von Rosell auf. „Er ist im Training. Er sitzt auf dem Sprung. Er erfüllt alle Voraussetzungen für diesen Auftrag. Da du gesagt hast, daß ich den Agenten führe..."

„Natürlich führst du ihn! Ganz klar, das habe ich gesagt. Und so ist es deine Entscheidung, letzten Endes. Es ist einfach, daß ich in dieser Sache ganz sichergehen will... Ich sehe in diesem Dossier nichts über die Gründe, warum Martin uns verlassen hat."

C.s Gedächtnis versagte selten, aber vielleicht ließ ihn in diesem Fall seine Erinnerung im Stich, weil er die Tatsache nicht akzeptieren konnte, daß ein der Sache ergebener Mann wie Martin die „Organisation" nach so vielen Jahren verließ – aus freien Stücken. Carow selbst war damals zutiefst enttäuscht gewesen. Als er im Archiv auf Martins Quellbuch gestoßen war, hatte Carow so etwas wie Neid empfunden; das war die stärkste Erinnerung an Martin: dessen eigensinniger Stolz; vielleicht hatte das sogar den Ausschlag gegeben, ihn unter die Kandidaten einzureihen.

„Die Gründe, Heiner..."

„Er war ein Opfer der Zentner-Offensive, 1964, wenn du dich erinnerst?" C. blickte auf seine Hände und sagte nichts, und so fuhr Carow fort. „Es war ein bitteres Jahr, wir wurden völlig ausgetrocknet in der Zone. Martin hielt sich bis zum Herbst, weil er allein arbeitete. Das Urteil lautete auf zwanzig Jahre. 68 tauchte sein Name auf der Liste auf, und wir konnten ihn austauschen..."

„Uns fehlten sechs Monate, war es so?"

„Ja. Für das letzte halbe Jahr gab es keine Zeugen – das hat uns neugierig gemacht."

„Er hat nichts zurückgehalten? Er hat sich gereinigt, oder? Er selber hat uns doch berichtet, sie hätten ihm angeboten, für den ‚Apparat' zu arbeiten?"

„Ja."

„Als er uns verließ, hatte er sein Unbedenklichkeitszeugnis? Er ging aus freien Stücken, war es so? Nicht, weil unsererseits irgendwelche Zweifel blieben?"

„Er ging vollkommen rein."

„Du hast damals die Verhöre geführt?"

„Ja. Kurella war natürlich beteiligt."

„Erinnere ich mich richtig, daß damals Klagen laut wurden über deine Methoden?"

„Die Methode war durchaus angebracht – unter den besonderen Umständen. Ich hatte das Gefühl, da war irgend etwas, mit dem er zurückhielt. Martin selber hat sich nie beklagt. Wir haben nie physische Gewalt angewendet, wenn du das andeuten willst..."

„Haben wir ihm angeboten zu bleiben?"

„Doch, eine Aufgabe im Kurierdienst mit der Aussicht, ihn später wieder zu aktivieren. Es war mehr oder weniger ein Abstellgleis – dafür war er nicht gemacht."

„Im Dossier steht nichts über eine finanzielle Abfindung."

„Er lehnte ab. Damals dachte ich, er hätte ein Angebot von den ‚Schwestern', für sie zu arbeiten. Soweit wir wissen, hat er jedoch das Metier aufgegeben – ich habe Bestätigung von den befreundeten Diensten angefordert."

Der Faun signalisierte von seinem Tisch aus, daß es Zeit für C. wurde aufzubrechen. „Der Faun wird ungeduldig", sagte Carow.

„Was war hinterher?" fuhr C. ungerührt fort.

„Er wurde Tauchlehrer, zuerst auf Elba, dann Kenia, Eilath am Roten Meer. Er besitzt jetzt eine eigene Taucherschule auf Ibiza... Du denkst nicht ernsthaft daran, daß er unser Mann sein könnte? Die Bedenken, die ich geäußert habe, bleiben bestehen."

„Eine Niederschrift von den Verhören damals – wird so etwas aufgehoben?"

„In diesem Fall bestand kein Anlaß dazu, weil er aus dem Dienst ausschied."

„Schade. Du sagtest, du hättest damals das Gefühl gehabt, er hielte mit irgend etwas zurück?"

„Es war ein Gefühl – am Ende unbegründet."

„Versuch dich genau zu erinnern. Ein Name, der in dem Zusammenhang aufgetaucht sein könnte – Steffin! Sagt dir das etwas?"

„Steffin? Nein. Mann oder Frau?"

„Zimra."

„Was ist das?"

„Ein weiblicher Vorname. Zimra Steffin.“

„Bestimmt nicht.“

„Ich möchte, daß du im Archiv nachforschst – mit aller Vorsicht.“

„Ich weiß nicht, was dir vorschwebt, aber ich wiederhole, ich denke, wir sollten Rosell nehmen. Martin ist jetzt neunundvierzig. Das ist sehr alt für die Arbeit im Feld.“

„In Ordnung, Heiner! Wie ich sagte, der Läufer, wer immer es sein wird, gehört dir für die Dauer des Auftrags. Du führst seine Bücher, du präparierst ihn, du läßt ihn laufen – also suchst du ihn auch aus.“ C.s Stimme bekam wieder den salbungsvollen, pfarrerhaften Ton. „Ihr beide, ihr seid die Vorhut. Wir hier stehen hinter euch. Es wird so sein wie in alten Zeiten.“

„Von wo aus führe ich ihn?“

„Deine Entscheidung. Bring alle Kandidaten hierher; benütz einen Vorwand. Laß vor allem Martin im dunklen.“

„Das hab' ich vorbereitet. Ist es wirklich nötig, daß wir alle drei in Quarantäne legen?“

„Von mir aus kannst du Pinkert ausscheiden. Die anderen beiden hätte ich mir gern angesehen. Du kannst nichts dagegen haben, daß ich sie mir *ansehe?*“

Was sollte er dazu sagen? Carow steckte die Ordner zurück. Daß Pinkert ausgeschieden war, vereinfachte die Sache. C.s Interesse für Martin blieb für Carow ein Rätsel; er fand keine einleuchtende Erklärung dafür.

C. erhob sich. Gefolgt von dem Faun, verließen sie den Garten, gingen zu den wartenden Wagen. „Du bereitest alles vor? Die Tarnung für diesen Auftrag, Signale, Codes, Ein- und Ausstiege?“

„Ich sitze bereits daran. Ich glaube, mir ist eine gute Idee gekommen.“

„Wann kannst du die beiden hier haben?“

„Rosell heute abend. Martin morgen abend – wenn er anbeißt. Da ich ihm nicht sagen kann, um was es geht, bleiben mir nicht viele Möglichkeiten. Irgend etwas Neues von Borchers?“

„Nein. Er verhält sich still.“

„Du kommst heute wieder von Bonn zurück?“

„Vielleicht bleibe ich bis morgen; könnte das Interesse ein bißchen von uns hier abziehen. Vergiß du nicht, deinen Rückzug einzunebeln! Geh zum Arzt, reservier ein Krankenbett in einer Klinik, so daß du mit deinem Läufer irgendwo in aller Stille niederkommen kannst..."

Er ist nie in einer solch guten Stimmung, wenn er nach Bonn geht, dachte Carow; erst später kam ihm der Gedanke, daß es ihn hätte warnen sollen.

Zweiter Teil

VIII. Kapitel

1

Das Mädchen in dem Schlauchboot wartete darauf, daß der Taucher die Wasseroberfläche durchbrach. Sie wußte nicht mehr, wie lange er schon unten war; sie hatte eine Stoppuhr an einer Schnur um den Hals hängen, aber sie war sich nicht mehr bewußt, daß die Uhr noch lief.

Er mußte zwischen dem verankerten Boot und dem felsigen Ufer der Insel Tagomago auftauchen. In ihrer Angst um ihn vergaß sie auch das. Sie suchte die Wasseroberfläche ab, sinnlos, überhastet. Sie verwechselte einzelne gekräuselte Wellen mit einem Körper. Dann verlor sie vollends die Beherrschung über Zeit und Richtung; was blieb, war einzig ihre wilde Panik.

O Gott, dachte sie, was soll ich tun? Soll ich nach ihm tauchen, soll ich seinen Körper heraufbringen, allein, erwartet man das von mir? Sie sah ihn bereits im Wasser vor sich, an einer bestimmten Stelle, die er ihr einmal gezeigt hatte, zwischen langen Strängen von Unterwassergras. Sie konnte ihn nicht dort unten lassen...

In diesem Augenblick teilte sich die Wasseroberfläche vor ihren Augen, keinen Meter vom Boot entfernt. Ein Kopf tauchte auf, bedeckt mit dunklen Haaren, die mit großer Sorgfalt gekämmt zu sein schienen. Dann sah sie seinen Mund, Lippen von einer überraschenden Farbe, fast violett, die schäumendes Wasser ausspruhten. Ein Arm kam heraus, umklammerte den Rand des Bootes, ein zweiter hob den Bleigürtel ins Boot. Er nahm die schwarze, tropfende Maske von den Augen, und sie sah das Blut aus seiner Nase kommen, zuerst nichts als ein zerlaufender, roter Farbfleck, dann ein Gerinnsel...

Er schien es nicht zu bemerken. Er spuckte noch mehr Wasser aus, und immer noch schwer atmend, fragte er: „Wie lange?"

Sie griff nach der Stoppuhr, um sie anzuhalten. Er hatte diesen Zeittick. In seinem Hause gab es keine einzige Uhr, jedenfalls hatte sie nie eine bemerkt, er trug auch nie eine. Aber draußen, auf dem Wasser, vor allem unter Wasser, ging es ihm um Zehntelsekunden.

Oder wenn sie über Land fuhren: Er hörte plötzlich zu atmen auf, maß die Zeit, die er den Atem anhalten konnte, an irgendwelchen Markierungen neben der Straße, die nur ihm etwas sagten.

„Du blutest! Verflucht, ich hasse es, wenn du mich so erschreckst!"

Er hob seine freie Hand an das Gesicht. Als er sie wegnahm und das Blut an seinen Fingern bemerkte, lächelte er. Plötzlich fühlte sie sich elend, wie zum Erbrechen. Es hatte nicht allein mit dem Blut zu tun. Es hatte damit zu tun, daß ihr plötzlich klar wurde, daß der Sommer zu Ende ging.

Er tauchte, kam hoch und schwang sich ins Boot. Das Wasser hatte das Blut weggewischt, und er blutete nicht mehr aus der Nase. Er nahm die Schwimmflossen ab und legte sie beiseite. Dasselbe tat er mit der Maske; achtete dabei darauf, daß sie so lag, daß das Glas nicht zerkratzen konnte. Das war das zweite, das einem an ihm auffiel, wenn man ihn länger kannte: die Sorgfalt, die er allen Dingen angedeihen ließ.

„Ich wünschte mir, du würdest dich um mich so sorgen wie um deine verdammte Ausrüstung!" Sie fühlte immer noch Angst, und sie hatte dieses andere Gefühl – aber darüber konnte sie nicht sprechen. „Du hast mich wirklich erschreckt." Sie warf ihm ein Handtuch zu, aber es war keine Geste der Zuneigung in diesem Augenblick.

Er trocknete sich ab, sehr gewissenhaft. Für einen Mann, der so viel Zeit im Freien verbrachte, war er eigenartig wenig gebräunt. Er war nicht sehr groß; hatte den Körperbau eines Schwimmers; er war da stark gebaut, wo es für ihn wichtig war. Und dennoch ließ er sich nicht so eindeutig auf diesen sportlichen Typ festlegen, wegen seines Gesichtes. Es war viel zu nachdenklich für einen Schwimmer.

„Wie tief bist du getaucht?"

„Nicht ganz bis zur Grotte. Ich denke, es waren 23 Meter."

Er nahm es immer genau mit seinen Antworten. Und er fügte selten etwas hinzu. Ein anderer Mann in seinem Alter hätte vielleicht gesagt: „Mehr schaffe ich nicht mehr, früher..." Aber das war nicht seine Art.

„Es tut mir leid, daß ich vergessen habe, die Zeit zu stoppen."

Er begab sich nach hinten, um den Motor zu starten. „Du hast früher niemals Angst gehabt."

„Ich weiß auch nicht, warum es heute anders war."

Sie stand vor ihm. Ihr Haar hing lang zu beiden Seiten ihres Kopfes herunter, es war von einem von der Sonne und dem Salzwasser ausgebleichten Blond. Ihr Körper war tief gebräunt, und da sie Bikinis in derselben Farbe trug, hatte man, wenn man sie von weitem am Strand sah, den Eindruck, daß sie nackt war. Im Grunde besaß sie zwei Körper, einen schmal, fast zierlich, und einen zweiten, von der Taille abwärts schwer, mit starken Hüften und Oberschenkeln. Sie gab während der Sommermonate Unterricht im Surfen. Die Schule gehörte zu dem Strandhotel, in dessen Nähe auch Martin seinen Tauchclub unterhielt. „Was hätte ich wirklich tun können?"

Er startete den Motor. Er sprang stockend an und lief dann ruhig. „Das Boot zurückbringen."

Sie versuchte zu lachen, aber sie brachte es nicht fertig. „Bin ich deinem Herzen je so nahe gestanden wie dein Boot?"

„Setz dich." Als sie auf dem Rand des Bootes saß und sich an den Laufleinen festhielt, fuhr er fort: „Ein Boot, das ist etwas anderes."

„Du meinst, ein Boot sei wichtiger?"

Er hatte diesen Ausdruck der Nachdenklichkeit auf seinem Gesicht, so, als bereite es ihm Mühe, die Frage zu beantworten. „Ein Boot ist nur so gut, wie du es pflegst. Oder Taucherausrüstungen. Was ich meine, ist, daß man sich um Dinge kümmern kann."

„Nicht um Menschen?"

„Leichter kümmern kann."

Er saß neben dem Motor. Mit der einen Hand hielt er das Tau umklammert, mit der anderen das Ruder. Sie hatten die Insel umfahren, und die See wurde rauher. Er erhöhte die Geschwindigkeit; sie schwiegen, als das Boot in der See sprang. Vor ihnen lagen die weite offene Bucht und die Küste aus steilen Felsen, der obere Teil grün bewaldet mit vereinzelt eingestreuten weißen Häusern.

Im Westen von ihnen lag der Strand mit den drei hochgeschossigen Hotels. Unten, auf dem schmalen Streifen weißen Sandes zwischen Fels und Wasser, waren Männer dabei, Sonnenschirme und Liegestühle aufzustellen. Es waren noch keine Boote draußen und keine Schwimmer, dafür war es noch zu früh am Morgen. Es würden auch tagsüber nicht mehr viele werden. Die Hauptsaison war vorüber. In zehn Tagen schlossen die Hotels und der Club.

Martin führte das Boot in einem weiten Kreis von der Bucht und dem Strand weg. Sie passierten eine schmale Enge aus zerfressenem Vulkangestein, kamen in eine andere Bucht. Das Wasser änderte sich, wurde ruhig und blau wie ausgelaufene Tinte.

Er stellte den Motor ab, ließ das Boot treiben. Während er nach vorne ging, nahm sie das Ruder. Es geschah wortlos; man spürte, sie hatten dies Manöver oft zusammen ausgeführt.

Er befestigte das Schlauchboot an der im Wasser verankerten Boje. Er hob den Motor aus dem Wasser. Er blickte zum Himmel – nachdenklich – dann stieg er ins Wasser, das ihm hier nur bis an die Brust ging. Sie reichte ihm seine Taucherausrüstung und folgte ihm zum Ufer. Das Wasser war so klar, daß man jede Rille Sand auf dem Grund sah.

Am Strand standen ein Wagen, sein alter, zerbeulter Seat, und ihr gelbes Mofa. Ihre Kleider lagen im Heck des Wagens, ein dreiviertellanger Rock und Sandalen von ihr und Jeans und ein T-Shirt von ihm. Wieder konnte sie beobachten, mit welcher Sorgfalt er seine Ausrüstung im Wagen unterbrachte. Sie spürte fast so etwas wie Eifersucht, und sie wußte, das erste, was er tun würde, wenn er nach Hause kam, war, daß er alles in die Badewanne legte und Wasser darüber laufen ließ, damit das Salz abgewaschen wurde. Erst dann würde er selber unter die Dusche gehen.

Er war ein eigenartiger Mann, ihr auch nach zwei Monaten noch fremd. Er hatte ihr nie vorgespielt, daß er sich in sie verliebt hatte; er hätte es unbedenklich tun können, da es immer klar gewesen war, daß sie am Ende des Sommers aus seinem Leben verschwinden würde. In Straßburg hatte sie nie Affären – es gab da nur einen verheirateten Mann, auf dessen Scheidung sie seit vier Jahren wartete und wohl auch weiter warten würde. Hier gehörten Männer zu ihrem Sommer, waren sozusagen frei wie Hotel und Unterkunft.

Sie saß auf dem Mofa, die Füße auf dem Boden. „Sehe ich dich nachher am Strand?“ Sie ließ den Motor an.

Wieder blickte er zum Himmel. „Kann sein, daß ich das Boot reinhole.“

„Du meinst, es wird regnen?“

„Möglich; komm, wenn du fertig bist. Zufrieden mit Fisch heute abend?“

Sie ließ die Lenkstange los, nahm seinen Kopf zwischen ihre

Hände und küßte ihn. Sie wandte sich ab und legte den Gang ein. Das Mofa machte einen Sprung, einen Augenblick nur auf dem Hinterrad. Dann griffen beide Räder, und die Erde und die Steine spritzten zur Seite, als sie in halsbrecherischer Geschwindigkeit den schmalen Pfad entlangfuhr.

Ihr langes Haar flatterte im Wind, stand fast waagerecht ab. Sie hob eine Hand und winkte, aber sie mußte sich auf den felsigen Pfad konzentrieren; er brachte sie zum Strand, zu den hochgeschossigen Hotels, zu den in der Erde verankerten Surfbrettern, auf denen sie ihren Schülern als erstes beibrachte, wie man die Balance zu halten hatte.

Wenn ich meine Gefühle nur halb so gut beherrschen könnte, dachte sie.

2

Martin hatte die Straße, die vom Meer weg ins Innere des Landes führte, genommen. Es war nur ein schmaler, in vielen Kurven sich windender Weg, rotbraun und schlammig bei Regen, jetzt beintrocken mit vielen Schlaglöchern und Steinen. Man sah es dem Seat an, wie oft er den Weg über diese Straße gemacht haben mußte.

Das Geräusch, das vom Meer kam, war verstummt, und das Geräusch der Zikaden trat an seine Stelle. Je höher er in die Hügel kam, um so größer wurde die Hitze. Sie tat ihm gut nach der Kälte des Wassers. Im letzten Jahr hat es dir nichts ausgemacht, bei diesen Temperaturen zu tauchen, dachte er.

Er konnte es immer noch nicht verstehen – er hatte wirklich Angst gehabt! Kein momentanes Erschrecken, sondern tiefe, lähmende Angst. Er war ohne Flasche zu tief getaucht, war in echten Schwierigkeiten gewesen. Es war nicht das erste Mal, aber nie zuvor hatte er unter Wasser ein Gefühl gehabt, das im entferntesten mit Angst zu tun hatte. Angst und Wasser, das waren zwei Elemente, die einfach nicht zusammengingen.

Der einzige Platz, wo er sich immer sicher gefühlt hatte, war das Wasser! Als Kind, wenn sein Vater vom Dienst kam und fragte, wo er sei, dann hatte seine Mutter meist geantwortet: „Er ist am Wasser." Das bedeutete die vielen, veräderten Arme der Moldauniederung, und in der Art, wie es seine Mutter sagte, bedeutete es gleichzeitig: Er ist glücklich und sicher. Das war auch der Grund, weshalb Martin sich entschieden hatte, an das Wasser zurückzukehren, als er vor sechs Jahren an dem tiefsten Punkt in seinem Leben angekommen war und das einzige, was er gesucht hatte, Sicherheit war...

Er war nun weit in dem hügeligen Tal. Am Anfang war er noch an vereinzelten Häusern vorbeigekommen. Jetzt gab es nichts mehr als die Hitze, die ausgetrocknete Erde und ein paar Johannisbrotbäume. Die dunklen Früchte waren abgefallen und bildeten schwarze, runde Flächen um die Stämme. Niemand würde sich die Mühe machen, sie zu ernten.

Alte Terassenverbauungen und ausgetrocknete Brunnen zeigten, daß das Land einmal bebaut worden war. Eines der verlassenen Bauernhäuser hatte er vor vier Jahren gekauft. Es kam nun in Sicht, auf einem abgeflachten Hügel, unter einer Gruppe von Olivenbäumen. Es war nicht weiß gestrichen wie die meisten Häuser, sondern hatte steinerne Außenmauern; so hatte das Haus aus der Ferne etwas Festungsartiges.

Es gab eine zweite Zufahrt, einen Weg, der zur Hauptstraße nach San Juan Bautista führte, dem nächstgelegenen Ort. Eine Wolke von Staub hing über dem Verbindungsstück. Als er in den Hof einfuhr, sah er den geparkten Wagen des Doktors. Méray saß im Schatten der Veranda. Er war einer der Ärzte in Ibiza-Stadt.

„Was, um Gottes willen, bringt Sie um diese Zeit hierher?“

Er war ganz in Weiß, zerbeulte Hosen, Hemd, Schuhe; selbst sein rundes Gesicht und seine Haare waren hell bis auf einen tiefschwarzen Schnurrbart.

Er war Ungar, 1956 aus dem Land vertrieben. Zwei Jahre später hatte er sich auf der Insel niedergelassen. Er sprach Spanisch immer noch mit einem starken Akzent. „Es ist ein langer Weg bis hierher.“

Das war seine Art, um einen Drink zu bitten. Martin ging ins Haus. Es gab einen großen Raum, eine Küche und einen rechtwinkligen, angebauten Schlafraum mit Bad. Alles machte den Eindruck von Aufgeräumtheit, es gab kaum persönliche Dinge, Sachen, die sich gewöhnlich nach vier Jahren ansammeln. Ein einziges Regal enthielt ein paar Fachbücher über Brückenbau. In einer anderen Welt, bei anderen Zeitabläufen wäre Martin vielleicht ein

Mann geworden, der Brücken und Dämme baute. Auf einem runden, schweren Tisch lag ein Kartenspiel.

Er legte die Flossen, die Maske und den Schnorchel in die Badewanne und drehte den Hahn auf. Das Wasser kam nur in einem dünnen Strahl aus der Leitung. Er nahm die Flasche Herbas und trug sie hinaus auf die Veranda.

Méray füllte sein Glas. „Wenn ich etwas hasse, dann ist es, jemandem schlechte Nachrichten überbringen zu müssen." Er trank zögernd von dem Kräuterlikör.

Martin hatte früher oft das Gefühl gehabt, daß ihn irgendwann seine Vergangenheit einholen würde. Es war zum erstenmal seit langem wieder da, dieses Gefühl, undeutlich noch wegen der Umgebung, wegen der tiefen Ruhe dieses Morgens.

„Sie erinnern sich an den Bluttest? Man gibt sich alle Mühe, paßt auf, und irgendeiner in Barcelona verwechselt die Proben und schickt mir den falschen Report." Er holte ein weißes Taschentuch hervor, trocknete sich den Schweiß von der Stirne. „Sie haben eine beginnende Verstopfung der Kapillaren festgestellt."

„Die Symptome sind in der letzten Zeit zurückgegangen."

„Das kommt vor! Es sagt nichts. Sie müssen aufhören, Sie sind nicht mehr jung genug für diese Art von Tauchen..."

„Méray, hören Sie! Was ist wirklich los?"

„Ich hatte einen Kollegen in Buda, ein ungeheurer Esser! Essen bedeutete alles für ihn. Er aß nicht, er schlang ungeheure Mengen in sich hinein. Ich prophezeite ihm, eines Tages würde er am Essen ersticken. Er lachte, und wissen Sie, was er sagte? ‚Lieber am Essen ersticken als verhungern!' Sie erinnern mich an ihn, nur daß es bei Ihnen das Tauchen ist. Sie müssen sich eingehend untersuchen lassen."

Das alles ergab keinen Sinn: War Méray wirklich deshalb hergekommen, hatte den weiten Weg gemacht, um ihm das zu sagen? Er blickte den Arzt an. „Sie wollen, daß ich nach Barcelona gehe?"

Méray ließ sich in den Korbsessel zurücksinken. Er war nicht fähig, seine Erleichterung zu verbergen. „Sie müssen den Test wiederholen. Um sicherzugehen, um Maßnahmen ergreifen zu können. Ich kann das hier nicht. In Barcelona haben sie Spezialisten..."

Vielleicht war es das Wort – Spezialisten – daß es für Martin plötzlich keine Zweifel mehr gab. Er stand auf. Sein Stuhl kippte hintenüber, und sie wurden beide überrascht vom lauten Geräusch. Dann wurde es wieder still, die Stille des Tales, kein Wind, kein Vogel. Aus der Ferne kam das Echo einzelner Gewehrschüsse; seit dem letzten Sonntag war die Kaninchenjagd offen. Das Geräusch der Pumpe setzte ein, die das Wasser aus der Zisterne in den Behälter auf dem Dach hinaufbrachte.

„Wer hat Sie hergeschickt, Méray?"

Auf der Stirn des Arztes standen Schweißperlen. „Was meinen Sie damit?"

„Wer, Méray? Mit was für einem Auftrag?"

Wie andere Agenten vor ihm, so hatte auch Martin gewußt, daß ihn nach seinem Rücktritt bestenfalls eine ruhige, unbedeutende Existenz im Schatten eines fremden Namens erwartete. Als Carow ihm den Kurierdienst angeboten hatte, wußte Martin, was es bedeutete, abzulehnen. Er hatte einen besonderen Grund gehabt, Zimra. Dennoch war es ihm nicht leichtgefallen. Er war stolz darauf gewesen, daß er es fertiggebracht hatte, und in gewisser Weise war er es heute noch. Er hatte schließlich diesen Ort gefunden, der besser war als irgendein Ort seit seiner Kindheit. Er war hier glücklich gewesen und in Sicherheit. Seine Alpträume hatten aufgehört. Aber das Gefühl hatte sich abgenützt. Glück und Sicherheit waren eines – das Fieber des Berufes ein anderes.

Er konnte nicht genau sagen, wann es begonnen hatte. Ja, er hatte es sich selber nie eingestanden, daß es so war, daß der Virus der Krankheit noch immer in ihm steckte. Manchmal hatte er vermißt, was er zuvor getan hatte, hatte die Jahre in Furcht vermißt, selbst die Träume, die ihn nachts zitternd aufwachen ließen... Er wußte, daß er auf diesen Augenblick gewartet hatte...

„Sie haben mich unter Druck gesetzt, Martin. Mit einer uralten Sache. Ich hasse es wirklich, dies zu tun, Martin!"

„Was sollen Sie mir vorschlagen?"

Méray blickte auf, plötzlich hoffnungsvoll. „Was ich gesagt habe. Nach Barcelona fliegen."

„Mit welcher Maschine?"

„Iberia. Morgen früh, 9.30 Uhr. Wer sind die, Martin?"

„Heißt das, Sie wissen es nicht?" Martin mußte plötzlich lachen.

„Sie haben mir gedroht, meine Zulassung einzuziehen. Was hätte ich tun sollen? Sie haben nicht mehr verlangt, als daß ich Sie unter diesem Vorwand nach Barcelona schicke."

„Deutsche?"

„Ein Deutscher und ein Spanier. Sie werden also fliegen?"

Die beiden Männer tranken den Herbas. Es war das einzige, was Martin je trank außer einem Glas rotem Wein zum Essen. Beides kam von dem Bauern, der sein nächster Nachbar war. Vermutlich war er es, der mit seinen Hunden draußen war und Kaninchen schoß.

„Sagen Sie, Méray – der Test, was hat der wirklich ergeben?"

„Ein klarer Fall von Chaissonkrankheit. Bildet sich zurück, aber die Symptome werden wieder auftreten, juckende Haut, Gelenkschmerzen, allenfalls Ohnmacht, Lähmungen. Sie müssen das Tauchen aufgeben, am besten vollständig. Ich hatte mir vorgenommen, es Ihnen zu sagen – am Ende der Saison."

„War das nicht ein bißchen unverantwortlich?"

„Man kann es so und so ansehen." Er erhob sich. „Ich habe noch ein paar Besuche in der Gegend zu machen."

Martin blickte dem Wagen lange nach. Es gab einiges zu erledigen, aber er hatte reichlich Zeit dafür. Das Schlauchboot würde am meisten Arbeit machen; es ablassen, an Land bringen, über den Weg hierher, es von Salz säubern, einölen, wieder aufblasen. Den Motor würde er zur Überholung wegbringen; sein Nachbar konnte ihn später holen. Er mußte zur Schule, regeln, wer ihn für den Rest der Saison vertrat.

Das Haus bereitete keine Mühe. Er hatte gern darin gelebt, aber er hatte daran keine festen Bindungen; jedenfalls hatte er nie die vielen Dinge zusammengetragen, die dann Bindungen darstellten; es waren ein Haus und ein Ort, die man jederzeit verlassen konnte.

Der Wagen des Arztes war verschwunden. Eine lange Staubschlange zog sich durch das Tal.

Diese einsame, verlassene Landschaft hatte in Martins Augen etwas von der Erde vor dem Sündenfall. Aber in diesem Augenblick kam ihm sein Leben in diesem Paradies wie ein langes Fegefeuer vor, durch das er gegangen war.

Er wußte nicht, was sie mit ihm vorhatten. Er hatte sogar ein Gefühl, das ihn warnte, das ihn seine Situation und sich selber klar sehen ließ: Er, Martin, der zurückgetretene, der alternde Agent, dem man noch eine Chance gab! Warum griff er so bedenkenlos danach? Um was zu beweisen? Daß er immer noch gut war? Daß er sein Handwerk nicht verlernt hatte?

Er wußte für einen Augenblick, als er dort stand und in das Tal hinunterblickte, daß er der Versuchung widerstehen sollte. Aber er wußte auch, daß es dafür bereits zu spät war. Ich kann immer hierher zurück, dachte er. Eine gute Rückzugslinie, auf die man zurückfallen kann! Aber auch das war nicht die Wahrheit; er ahnte, daß – wenn er ging – er nicht mehr an diesen Ort zurückkehren würde.

IX. Kapitel

1

Er erwachte in der Nacht von einem seiner alten Alpträume. Sie hatten vor zwei oder drei Jahren aufgehört; er wußte es nicht mehr genau. Sie handelten alle von seinen Jahren im Osten, und auch jetzt wieder kam der Gerichtssaal vor: Auf einem Tisch vor ihm lagen das Funkgerät, die Minikamera, Filme, Geld in verschiedenen Währungen. Und da war plötzlich Zentners Gesicht, schwer, müde, unrasiert, angestrengt von dem langen Verhör. Und er selber, seine Angst, daß die Dämme, die er aufgebaut hatte, brechen könnten, daß er ganz nahe an dem Punkt war, wo es ihn selbst danach verlangte, zu reden, reden, reden...

„Wach auf, Martin!... Was hast du? Martin!“

Ein anderer Teil des Traumes, undeutlicher, zog sich bereits zurück, gestört von der Stimme: Ein anderes Verhör, an einem anderen Ort. Wegen der Helligkeit der Lampe, die in seine Augen stach, sah er den Mann nicht, aber an der Stimme erkannte er Carow: „Zimra Steffin – warum haben Sie nicht zugegeben, daß Sie sie kannten? Warum nicht, Martin? Warum? Die Wahrheit, Martin!“

„Martin, bitte... Ich kann dich nicht verstehen. Bitte... Verdammt! Mußt du mich immer wieder erschrecken!“

„Es regnet, nicht wahr?“ sagte er. Er glaubte, durch das offenstehende Fenster zu hören, wie Regen auf die Steine der Terrasse niederging.

„Was war es? Hast du geträumt?“

Arme hielten ihn, ein Körper, der Hitze ausstrahlte. Er war jetzt sicher; Regen fiel, beendete eine lange Zeit der Trockenheit. Er richtete sich auf, wollte die Lampe neben dem Bett anzünden, bemerkte, daß sie ihm direkt ins Gesicht schien; auch der letzte Rest seines Traumes blendete aus.

„Du mußt geträumt haben.“

„Ich kann mich nicht erinnern...“ Wirklich befreite er sich meist schnell von dem Druck solcher Träume, ja, auf eine verrückte, unnatürliche Weise genoß er sie sogar.

Einmal, als er schweißgebadet und zitternd in Zimras Armen erwacht war, hatte sie gesagt: „Deine Träume sind vermutlich der Preis, den du dafür bezahlst, daß du den Teufel sehen willst." Erst später war ihm die Bedeutung der Worte klargeworden: die Faszination des Bösen, des Gefährlichen; der Teufel, nicht als Geist, sondern als etwas sehr Reales, Existierendes – dieser Anziehungskraft hatte Martin nie widerstehen können...

Er stand auf, ging in den Wohnraum. Er öffnete die Haustür. Es regnete in Strömen; der Weg durch das Tal würde von Schlamm und Geröll überschwemmt sein.

Er kehrte in den Schlafraum zurück. Er blickte auf die Armbanduhr, die sie auf dem Nachttisch abgelegt hatte. Es war kurz nach ein Uhr. Er mußte lächeln, denn das war präzise die Zeit seiner Träume von früher.

Es war heiß im Schlafraum; die Kälte, die der Regen mit sich brachte, hatte die Steine noch nicht durchdringen können. Sie saß aufrecht im Bett.

Er überlegte, daß er wenige Frauen gekannt hatte, die so ungeniert wie sie im Bett gesessen hätten, ohne den Versuch zu machen, ihre Nacktheit zu verbergen.

„Du hast Glück mit deinen Brüsten", sagte er.

„Mögen Männer nicht lieber große Busen?"

Er antwortete nicht, und sie sagte: „Hast du viele Frauen gehabt?"

„Was sind viele?"

„Ich weiß nicht. Es ist auch nicht wichtig... Komm..."

Er fühlte ihren Körper, jenen anderen Teil von der Taille abwärts, der so verschieden war; sie hatte im Bett gesessen wie eine Statue, aber der andere Teil war voller Lebhaftigkeit und Unruhe.

„Warst du jemals verheiratet?" fragte sie.

„Ja."

„Kinder?"

„Nein." Liebe stellte in seinem Beruf – Martin hatte es immer für einen Beruf gehalten – das totale Risiko dar. Er war nie bereit gewesen, es einzugehen. Bis auf das eine Mal, bis auf Zimra. „Ich muß weg", sagte er. „Mit der Maschine um 9.30 Uhr nach Barcelona." Er hatte es ihr gegenüber bisher noch nicht erwähnt.

Sie zögerte kaum. „Ich kann dich zum Flughafen fahren und den Wagen zurückbringen."

„Das hatte ich gehofft."

„Du kommst zurück – bevor ich weg bin?"

„Möglich, aber nicht sicher."

„Muß ich... hier ausziehen?"

„Wenn ich nicht rechtzeitig zurückkomme, schließt du das Haus. Kein Problem; nur den Eisschrank abtauen, alle Stecker rausziehen..."

„Und der Schlüssel?"

„Ich kann dir das alles morgen früh zeigen."

„Es wäre jetzt Zeitverschwendung, ja?" Sie lachte, ein eigenartiges, häppchenweise über ihre Lippen kommendes Lachen, fast amüsiert und kindlich. „Küß mich..." Ihre Hände ergriffen seinen Kopf und zeigten ihm, was sie meinte.

Er war überrascht, aber er kroch herunter, bis seine Lippen ihre Schamhaare berührten. Sie waren dunkler als ihr Haar und erstaunlich fest. Nach einer Weile spürte er, wie sie ihn zu sich heraufzog. „Komm, komm schnell!"

Ihre Augen waren geschlossen, ihr Kopf auf dem Kissen war weit zurückgebeugt. Es war, als distanziere sich der ruhige Teil ihres Körpers von dem anderen, der sich unter Martin bewegte. Selbst ihre Arme, die ihn zuerst noch gehalten hatten, lagen jetzt über ihren Kopf gekreuzt, weit entfernt von ihm, unbeteiligt. Erst als sie kam, nahm sie wieder ganz daran teil mit ihrem Lachen, dann mit Worten: „Nein... Bleib dort! Bitte... Laß uns so schlafen."

Er erwachte von dem hellen Tageslicht. Sie schlief noch tief, auf dem Rücken liegend, den Kopf auf ihren gekreuzten Armen, das helle Haar über das Kissen ausgebreitet...

Später, auf dem Weg zum Flughafen, sprachen sie kaum. Martin versuchte sich vorzustellen, wie es sein würde, wenn er eines Tages zurückkommen würde. Aber er konnte es nicht, und er erinnerte sich nur an das Haus seiner Eltern: Seine Mutter hatte es, viele Jahre später, noch einmal sehen wollen. Sie waren nach Prag geflogen, hatten am anderen Morgen den Zug genommen. Von der letzten Station hatten sie laufen müssen. Es war ein heißer Sommertag gewesen. Sie hatten die Entfernung unterschätzt; überhaupt sich keine Gedanken darüber gemacht, daß es Grenzgebiet war, daß sich vieles geändert haben könnte.

Er erinnerte sich noch an den Schock, als sie schließlich ans Ziel gekommen waren: Kein Dorf, die Andeutung von Straßen, flachgewalzt von Bulldozern. Stöße von mörtelverkrusteten Ziegeln, überwuchert von Unkraut und Gras; größere Ziegelhaufen hatten die Form des Hauses bewahrt. Seine Mutter, sich hilflos in alle Richtungen wendend; ihre Stimme, zweifelnd: „Ist es hier?" In der Ferne Wälder, Schneisen für die Wachttürme, der Fluß eine graue Ader.

Sie waren den langen Weg zurückgegangen, ohne zu sprechen, in der heißen Julisonne.

2

In Barcelona war es heiß, heißer als auf der Insel. Martin war froh über den Anzug aus verwaschenem, dünnem Khakistoff, den er an dem Tag gekauft hatte, als er Israel verlassen hatte. Sein einziges Gepäck bestand aus einer El-Al-Flugtasche.

Nichts geschah, als er in der tristen Haupthalle des Flughafens stand. Er hatte die anderen Passagiere von dem Moment an beobachtet, als man ihm sein Ticket am Iberia-Schalter auf Ibiza ausgehändigt hatte: Niemand glich einem Babysitter, den sie auf ihn angesetzt haben könnten. Und während er in der Halle wartete und immer noch nichts geschah, kam ihm für einen Augenblick der Gedanke, daß alles nur in seiner – und Mérays – Phantasie existiert hatte.

Er nahm seine Tasche auf und trat an die Tafel mit den Abflugzeiten. Es gingen keine Maschinen in den nächsten zwei Stunden außer den innerspanischen. Erst gegen zwölf starteten die ersten ins Ausland, Paris, London, Frankfurt, München... Er überhörte fast den Aufruf seines Namens. Er machte sich auf den Weg zur Information.

„Sénor Martin?"

Er hatte nur Augen für das Kuvert, das der Mann vor ihn hinlegte. Es war ein neutrales gelbes Kuvert, zu klein, um irgend etwas daraus abzulesen.

„Kann ich Ihren Paß sehen? Sie kommen von Ibiza? Es regnet dort; man sieht es immer an den Regenschirmen der Passagiere..."

Es klang gestelzt, und Martin wurde plötzlich klar, daß er besser daran tat aufzupassen. Er sah sich den Mann eingehend an, versuchte, sich alles einzuprägen, Alter, Kleidung, die Sprechweise, selbst die Worte – man würde ihn danach fragen.

„Bitte quittieren Sie hier." Der Mann überreichte ihm das Kuvert. „Ausgang A 18. Sie brauchen sich nicht zu beeilen."

Martin steckte das Kuvert ein. Es mußte mehr enthalten als nur ein Flugticket. Das werde ich vermutlich finden, dachte er: ein Flugticket, eine Adresse, mit der Maschine getippt, die Schlüssel zu einem „sicheren Haus". Er hielt sich zurück, das Kuvert sofort zu öffnen; wenn jemand ihn beobachtete, dann würde sein Beschatter jede Einzelheit berichten – und eines wollte Martin vor allem anderen vermeiden: daß sie wußten, wie *hungrig* er war...

Er kaufte eine Zeitung, trank einen Kaffee. Es ist immer noch *meine* Entscheidung, dachte er, solange ich die Paß- und Zollkontrolle nicht passiert habe. Er holte das Paket Karten aus seiner Flugtasche, ein Spiel von zweiunddreißig Karten, abgestoßen, abgenutzt, die Bilder verblaßt.

Zwei Karten. Eine für mich und die Insel. Eine für sie und den Auftrag. Die höhere gewinnt. Meine zuerst. Er zog eine Karte und legte sie offen vor sich hin. Ein Bube. Nur drei Karten waren höher im Wert, und die Wahrscheinlichkeit, daß er sie zog, sprach dagegen. Er deckte eine weitere Karte auf; als er den König sah, lächelte er. Er steckte das Spiel ein, trank seinen Kaffee zu Ende und holte das Kuvert hervor...

X. Kapitel

1

Carow war dabei, seinen Aufenthalt im Krankenhaus vorzubereiten. Er hatte die Sachen auf seinem Bett bereitgelegt; der Gedanke, mit einer Tasche auskommen zu müssen, gefiel ihm; er verließ das Zimmer, um danach zu suchen.

An diesem Nachmittag hatte er einen Kandidaten überprüft. Er war sehr zufrieden mit dem Ergebnis; Rosell hatte seinen Erwartungen entsprochen. Über Martin hatte Carow zwei Berichte erhalten, ein langes Telegramm aus Barceolona und den telefonischen Report des Mannes, der Martin beschattete, seitdem dieser in München gelandet war. Entgegen den Gepflogenheiten hatte Martin sich nicht sofort in sein Quartier begeben; er hatte sich in der Stadt einen Mantel und eine Uhr gekauft. Vielleicht brauchte er beides; trotzdem war es ein Minuspunkt. Er wartete jetzt seit vier Stunden in dem angemieteten Apartment. Carow hatte es nicht eilig; je länger er Martin schwitzen ließ, um so besser.

Morgen früh – die Zeit war von C. festgelegt worden – würde Carow seine beiden Kandidaten vorführen. Danach ging der Agent ganz in seine Hände über. Carow fühlte sich gut. Er hatte eine Menge Vorarbeit geleistet in den letzten vierundzwanzig Stunden, aber er spürte keinerlei Müdigkeit. Ihm wurde klar, daß er seit dem letzten Treffen mit C. kein Darvon mehr genommen hatte...

Er suchte eine bestimmte Tasche. Er hörte jemand in der Eingangshalle. Isabelle war aus der Stadt zurück; er sah sie vom Treppenabsatz aus, noch in ihrem Mantel. Am Abend wurde es kühl, aber der Tag war sonnig und trocken gewesen; die Metereologen hatten Carow versichert, daß das schöne Herbstwetter die nächsten zehn Tage anhalte. Alles schien unter einem guten Stern zu stehen.

„Ich kann die karierte Tasche nicht finden."

„Wenn du mir erlaubst, daß ich zuerst meinen Mantel ausziehe."

Andere Frauen, dachte Carow, brauchen für ihr Wohlbefinden eine Stunde Gymnastik, den Gang zum Friseur, das Legen einer Patience; Isabelle brauchte eine tägliche Kostprobe ihrer Macht. Früher hatte er sich mit seinen Kindern darein geteilt, jetzt bekam er sie allein zu spüren.

„Ich habe überall nachgesehen.“ Seit wann ist unsere Ehe so, überlegte er. Zehn Jahre, fünfzehn? In einem Anflug von Humor – sonst nicht gerade seine Stärke und nur mit seiner guten Stimmung zu erklären – entschied Carow sich für ein bestimmtes Datum, zehn Jahre: Mit dem Ende der großen Spione war auch das Ende seiner Ehe gekommen!

Sie kam die Treppe herauf. Sie polierte ihren Ehering an dem Ärmel ihres Wollkleides; wahrscheinlich war es eine Angewohnheit, die sie gar nicht mehr bemerkte.

„Findest du je irgend etwas allein?“

„Das letztemal war sie hier.“ Er öffnete einen der Schränke auf dem Korridor. Im Grunde, so glaubte Carow mit der Zeit herausgefunden zu haben, haßte Isabelle alle Männer. Und weil sie dennoch nicht ohne ihre Anerkennung, ohne ihre ständige Bewunderung leben konnte, haßte sie sie vielleicht besonders tief.

„Und das?“ Sie zog die karierte Tasche hinter einigen Kleidern hervor.

„Tut mir leid.“

„Du mußt weg? Wohin?“

„Wiesbaden. Für eine Woche, zehn Tage. Wegen dieser Nierengeschichte. Dr. Reile bestand darauf, es nicht länger aufzuschieben.“

Sie folgte ihm bis zu seinem Schlafzimmer. Sie blieb unter der Tür stehen, beobachtete, wie er die Sachen in die Tasche räumte. „Etwas Ernsthaftes?“

„Wir werden sehen.“

„Möglicherweise eine Operation?“

„Nicht unbedingt. Ich lasse es dich wissen.“ Es war unüblich, daß er sie belog. „Ich hinterlasse die Adresse, die Telefonnummer, den Namen des Arztes.“ Der Anschluß würde Tag und Nacht von einem ihrer Leute besetzt sein.

„Du fährst noch heute?“

„Morgen.“

Sie fragte nicht, warum er denn jetzt schon packe. Ihre Stimmung schien umzuschlagen, besser zu werden. „Ich hatte halb und halb selber eine Reise geplant.“

Er wandte sich um. Nein, es war keine Einbildung. Sie war verändert. Oder vielmehr, dachte er, sie war im Grunde immer dieselbe geblieben: das reiche Mädchen aus einer reichen Familie, erzogen in Schulen der Reichen, Mitglied in den Clubs der Reichen.

„Wohin?"

„Johannesburg. Der Neun-Nationen-Cup. Natürlich, wenn du meinst, es sei ein ungünstiger Zeitpunkt..."

Was immer er darauf sagte, es konnte genau das Falsche sein, und so antwortete er, was ihm in den Sinn kam: „Flieg um Himmels willen!"

„Wenn du mich brauchst..."

„Wirklich nicht."

„Und der Hund?"

„Wie lange bleibst du weg?"

„Nur für das Turnier. Drei Tage, vielleicht hänge ich einen oder zwei an."

„Wo ist da ein Problem? Kann die Haushälterin nicht solange auf ihn aufpassen?"

„Ich werde sie darum bitten."

Er packte zu Ende. Sie blieb guter Stimmung, freundlich, gelöst, bis er das Haus verließ. Er bemerkte, als er sie küßte, daß sie ein anderes Parfüm benützte.

2

Martins Quartier befand sich in einem achtzehnstöckigen Hochhaus in einem Außenbezirk der Stadt unmittelbar am Beginn der Schnellstraße, die zum Flughafen führte. Es war ein Apartmenthaus mit viel Wechsel, keiner kümmerte sich hier um den anderen. Die „Organisation" hatte dort mehrere Apartments angemietet unter dem Namen einer der vielen Scheinfirmen, die ihr unterstanden.

Carow hatte einen weiteren Bericht erhalten, bevor er das Haus verlassen hatte. Der Mann an Ort und Stelle meldete nichts Neues. Objekt – er kannte Martins Namen nicht – hat das Apartment nicht verlassen. Keine Gespräche von seinem Telefon. Er benimmt sich jetzt musterhaft, dachte er.

Carow hatte sich die Verhöre von vor sechs Jahren in dem „sicheren Haus" an dem oberbayerischen See noch einmal durch den

Kopf gehen lassen. Kooperativ, aber immer auf der Hut! So ließ sich das Ergebnis seiner Überlegungen zusammenfassen. Ernsthaft hatte Carow nie daran geglaubt, daß Martin vom „Apparat" „umgedreht" worden sein könnte. Es entsprach nicht seinem Charakter; er war kein Mann, der die Seiten wechselte. Er würde seine Überzeugung nie verraten – weil er keine besaß, vermutete Carow. Ein Mann wie Martin verkörperte den idealen Agenten – den Fachmann, den Spezialisten; bei ihnen konnte man die Überzeugungen vergessen, etwas, das C. nie begreifen würde!

Carow befand sich mit seinem Porsche auf der äußeren Ringstraße. Zu seiner Linken hatte er die Lichter der Stadt, der Widerschein am Himmel verdunkelt von dem Smog. Er mochte die Stadt in der Nacht noch am liebsten, dann spiegelte sie eine Größe, eine Ausdehnung vor, die sie am Tag nicht besaß.

Er war froh, aus der Stadt wegzukommen, aufs Land hinaus. Er hatte sich für Geißlers Außenstation entschieden; dort konnte er während der Vorbereitungszeit mit Martin lange Spaziergänge unternehmen.

Carow liebte weites Land, ausgedehnte, unendliche Flächen; er hatte sich oft gefragt – nicht in letzter Zeit allerdings – was aus ihm geworden wäre, wenn er 1946 in Amerika geblieben wäre. Immerhin war er damals erst neunundzwanzig gewesen. Vielleicht hätte er es geschafft mit den Jahren, eine Farm zu besitzen. Er sah es vor sich: Weizenfelder, soweit das Auge reichte, unter einer brennenden Sonne, einen Himmel voller Kumuluswolken; dieselben Felder im Winter: eine weite, verschneite Fläche, der Schnee fast bläulich...

Er war dabei gewesen, C. seinen Entschluß mitzuteilen – der handelte damals seinen Vertrag mit den Amerikanern aus – als Isabelles telegrammartiger Brief eingetroffen war: Sofort zurückkommen, Hochzeit für den 15. März vorgesehen. Von Heirat war bis dahin zwischen ihnen nie die Rede gewesen. Es stellte sich heraus, daß sie schwanger war. Das hatte seinen Entschluß, in Amerika zu bleiben, im Grund nur verstärkt; er hatte sie gebeten, *zu ihm* zu kommen.

Die Antwort kam nicht von ihr. Es war C., der Carow zitierte, an sein „Verantwortungsgefühl" appelierte, dann unverhüllt auf die „Konsequenzen" hinwies. Es stellte sich heraus, daß sein Schwiegervater in spe sich direkt an C. gewandt hatte... Vielleicht haßte Carow die Reichen deshalb – für die Art, wie sie die Macht ausnützten, die ihnen ihr Reichtum gab.

Der Porsche hatte die Ringstraße verlassen. Annes Wohnung lag in der Nähe von Martins Quartier. Carow stellte den Wagen wie immer einige Häuser weiter entfernt ab. Er nahm seine Tasche an sich und seine Waffe. Die dreistöckigen Häuser waren um einen inneren Hof mit Rasenflächen herum gebaut. Anne bekam Geld von dem verheirateten Vater ihres Kindes, eines Mädchens von elf Jahren, Carow bezahlte die Miete der Wohnung. Er wartete nicht auf den Lift, sondern stieg in den zweiten Stock hinauf. Er steckte den Schlüssel ins Schloß. Er ließ sich nicht bewegen. Ein anderer Schlüssel steckte innen.

Die Schmerzen in der Nierengegend kehrten zurück. Er starrte argwöhnisch auf die Tür. Hinter ihm ging das Licht im Treppenhaus aus. Er wartete in der Dunkelheit, lauschte. Anne hatte andere Männer, seitdem Carow zu seiner Frau zurückgekehrt war. Aber sie hatten ein unausgesprochenes Abkommen: Sie würde keinen dieser Männer hierherbringen!

Er drückte auf die Klingel. Er haßte sich dafür, aber er wollte sicher sein, wollte, daß sie ihm öffnete! Alles andere war ihm in diesem Augenblick egal, selbst der Mann, der bei ihr war. Er würde ihn schweigend an sich vorbeigehen lassen. Er würde ihr keine Vorwürfe machen. Ja, er wußte, es würde in ihrem Bett enden, demselben, in dem der andere gelegen hatte.

„Mach auf! Ich weiß, daß du da bist!“ Er hätte in seinem Zorn die Tür aufbrechen können; nur die Selbstverachtung, die er plötzlich spürte, ließ ihn aufhören, als könne er sich plötzlich selber sehen, ein alter Mann, der um Liebe bettelte...

Es war dies, das ihn schließlich umkehren ließ. Seine Eifersucht ließ nicht nach, wurde nur größer. Vom Hof aus blickte er zu ihren Fenstern hinauf. Er sah kein Licht; er war sicher, daß eines der Fenster beleuchtet gewesen war, als er kam. Vielleicht stand sie dort hinter dem Vorhang, nackt, nur einen Bademantel um die Schultern; vielleicht standen beide dort, der Mann flüsterte ihr etwas zu, vielleicht lachten sie, amüsierten sich über die Gestalt dort unten...

Es gab eine Telefonzelle in der Nähe seines geparkten Wagens. Aber er widerstand der Versuchung, ihre Nummer zu wählen.

XI. Kapitel

1

Martin stand am Fenster des im sechzehnten Stockwerk gelegenen Apartments. Er hatte einen Blick über die ganze Stadt. Sie erschien ihm wie ein großes Raumschiff, das aus dem Nichts gekommen und dort gelandet war; die leise, sterile Musik, die in den Raum strömte, verstärkte diesen Eindruck. Tief unten, unmittelbar unter ihm, führten zwei breite Schnellstraßen vorbei. Dunkle, metallisch glänzende Körper, denen weiße und rote Lichter ein käferhaftes Leben gaben, bewegten sich geräuschlos darüber hin. Hin und wieder scherte einer der Wagen aus und floh unter das weit vorspringende Vordach des Hauses.

Das Apartment bestand aus Schlafzimmer, Wohnraum, Bad und Kochnische. Die Einrichtung hatte den anonymen, hotelmäßigen Stil, und zuerst hatte Martin sich dort unbehaglich gefühlt: ein Fenster, das sich nicht öffnen ließ; ein Ventilationssystem, das ihm in den Nacken blies; der Atem einer Maschine mit riesigem Brustkorb, stellte er sich vor.

Er hatte sich gezwungen, sich hinzulegen, und er hatte wirklich zwei Stunden traumlos geschlafen. Er hatte nachher wieder alles in den alten Zustand gebracht, das Bett gemacht, sein Waschzeug in die Tasche zurückgelegt. Er war hungrig aufgewacht, aber Martin hatte sich vorgenommen, nichts in dem Kühlschrank anzurühren.

Sein Unbehagen und seine Ungeduld hatten sich mit der Zeit verloren. Er wußte, im Moment lagen alle Vorteile auf *ihrer* Seite: Sie waren vermutlich über jeden seiner Schritte unterrichtet. Allein die Tatsache, daß er nach der Fliege geschnappt hatte, die sie ausgeworfen hatten, bedeutete – sie schauten bis in sein Herz. Aber natürlich – auch sie mußten einen Grund haben! Auch sie mußten etwas von *ihm* wollen. Welches von beidem am Ende schwerer wog? Martin hatte keine Möglichkeit, das abzuschätzen, und so beschäftigte er sich nicht weiter damit.

Er beobachtete noch immer die unter dem Vordach hinein- und hinausschlüpfenden Käfer, als die Wohnungstüre sich öffnete. Als

Martin sah, daß es Carow selber war, mußte er seine Überraschung beherrschen; bei normaler Abwicklung wäre Carow erst in einem späteren Stadium auf der Bildfläche erschienen. Ein kleines Gewicht wechselte auf seinen Teil der Waage über. Martin registrierte noch etwas anderes, eine gewisse Starrheit, Unsicherheit, als ob Carow einen Augenblick zweifelte, ob er in dem richtigen Apartment sei. Ja, als seien ihre Rollen vertauscht: als sei Martin es, der hier wartete, um Carow zu prüfen.

In den ersten Augenblicken sprach keiner von ihnen. Da waren die Jahre, die vergangen waren; vielleicht war es auch nur die Tatsache, daß jeder von ihnen wußte, daß der Raum angezapft war, daß in der Nähe sich ein Tonband einschalten würde, sobald einer von ihnen zu sprechen begann.

„Hattest du einen guten Flug?" Carow war noch nicht ganz über seinen Schock hinweg. Seine Eifersucht war verschwunden, nicht aber dieses Gefühl von Selbstverachtung; er wußte nur zu gut, daß dies ein Handikap für ihn war: Persönliche, bittere Gedanken verminderten die Leistung desjenigen, der ein Verhör führte.

„Ja, danke. Es ist nur ein Katzensprung."

„Alles zufriedenstellend?" Carow blickte sich im Raum um. Er bemerkte ein Kartenspiel auf dem Tisch, die unausgepackte Tasche. Er ging in die Kochnische und öffnete den Kühlschrank. Man hatte ihm eine Aufstellung des Inhalts – insbesondere über den Alkohol – gegeben; so wußte er, daß Martin nichts angerührt hatte. Er selbst verspürte einen quälenden Hunger nach etwas Süßem, nach Schokolade, der ihn manchmal überfiel, seitdem er nicht mehr rauchte. „Wir lassen uns später etwas zum Essen kommen."

„Es eilt nicht." Martin erinnerte sich an die früheren Verhöre durch Carow; sein Hunger hatte ihm oft zu schaffen gemacht, während Carow das Gefühl nicht zu kennen schien.

Carow hatte sein Jacket ausgezogen. Er nahm ein Dossier aus seiner Tasche und legte es geschlossen vor sich hin. „Womit beginnen wir?"

Martin wunderte sich über den Satz; das waren nicht die Worte, die Carow früher gebraucht hätte. So sagte er nichts. Er nahm das Kartenspiel, legte es auf die Seite des Tisches; er hätte gerne zwei Karten gezogen, eine für Carow, eine für sich selber.

„Also schön. Stellen wir das zuerst klar: Irgend etwas, was du uns nachträgst?"

„Nein.“

„Wir mußten uns vergewissern.“ Zu viele Worte, dachte Carow. Laß dies nicht außer Kontrolle geraten. Es geht nur um eines: Herauszufinden, wie gut ist er noch? Was ist er noch wert?

„Diese Stelle, die wir dir damals angeboten haben...“

Martin schüttelte den Kopf.

„Ein momentaner Abstieg, sicher.“

„Ich habe da nichts für mich gesehen. Ich war...“, Martin suchte nach den richtigen Worten, „... an hohe Einsätze gewöhnt.“

Carow deutete auf das Dossier. „Ich höre, du hattest ein Angebot in Israel, nach dem Ausscheiden. Die Bedingungen waren ausgezeichnet. Warum nicht?“

Nun blickte Martin auf das Dossier. „Ihr habt mich am Leben gehalten?“

„Sagen wir zum Leben erweckt – Also: „Warum hast du das Angebot ausgeschlagen? Du hättest uns beweisen können, wie borniert wir damals waren, dich auf ein Abstellgleis zu schieben. Angst? Fünf Jahre in den Gefängnissen drüben, das bricht auch einem guten Mann das Rückgrat. Das Vertrauen in dich verloren?“

Martin wich Carows Blick nicht aus. Er deutete auf das Spiel. „Die erste oder die zweite Karte?“ Sie hatten das oft gemacht, damals bei den Verhören, am Ende eines Tages, ehe sie gingen, um in der Nähe zu essen; wer verlor, bezahlte.

„Warte!“ Carow beugte sich vor und nahm das Paket Karten. Er sah es mißtrauisch durch, mischte die Karten, dann erst zog er eine; es war eine Sieben. Martin tat ohne Zögern dasselbe.

„Die Zehn schlägt die Sieben“, sagte er. Er lehnte sich in seinem Stuhl zurück.

„Es beantwortet meine Frage nicht“, sagte Carow.

2

Sie hatten das ganze Verfahren hinter sich gebracht. Sie waren Martins letzte Jahre durchgegangen, waren zur Gegenwart gekommen, seinem Gesundheitszustand, seiner Fähigkeit, sich Dinge zu merken, die Schärfe seiner Beobachtungsgabe. Konnte er den Mann vom Informationsschalter in Barcelona beschreiben? Das

Gespräch wiedergeben, wörtlich, bitte! Carow blickte ins Dossier. Die Beschreibung des Mannes, der ihn seit der Ankunft in München beschattete?

Sie hatten ihr Essen gegen Ende dieser Präliminarien eingenommen; sie beide wußten, mehr war es bisher nicht, ein reines Vorspiel. Wieder erschien es Martin, als seien ihre Rollen vertauscht; Carow überließ es ihm, den Eröffnungszug zu machen.

„Warum habt ihr mich hierhergebracht?“

Carow spielte mit den Karten, ließ sie von einer Hand in die aufgehaltene Handfläche der anderen gleiten. „Ein Lauf in den Block.“

Martin empfand nichts, nahm nur plötzlich nichts mehr von seiner Umgebung wahr außer den vor seinen Augen von einer in die andere Hand fallenden Karten, dem Geräusch, das sie machten. „Kenne ich das Gebiet?“

„Das käme in einem späteren Stadium.“

Ich hätte nicht fragen sollen, dachte Martin. Sie sagen einem nie alles; manchmal sagen sie einem weniger, als man wissen müßte. „Ein Alleingang?“

„Nur der Agent und seine Aufsicht.“

„Ein Solo also.“

„Ein Solospiel, ja.“

„Keine Vorläufer? Kein Netz?“

„Keine Zeit, eines auszuspannen. Würde die Aktivitäten des Agenten nur einschränken. Keine Vorläufer, keine Tricks, keine Technologie, nur die Augen und Ohren des Agenten. Wir zeigen ihm das Ziel...“

„Das wäre?“

„... und er trifft es, wie wir hoffen.“

„Wer bringt das Ergebnis raus?“

„Daran arbeiten wir noch.“

„Funkverbindung?“

„Steht wahrscheinlich nicht zur Verfügung. Es ist, wie ich sagte, ein Solo. Die Arbeit, die dir immer am meisten Spaß gemacht hat, in der du am besten warst.“

Ich hoffe, ich bin es immer noch, dachte Martin. Er hatte einen anderen Gedanken: Dies ist ein Auftrag für einen jüngeren Mann; natürlich sagte er auch das nicht. Er erinnerte sich an eine ähnliche Situation: Im Herbst vor seiner Verhaftung in der Zone hatte Carow ihm dauernd in den Ohren gelegen: Wir sind trocken! Wir brauchen neue Quellen! Komm aus deinem Loch heraus, bau etwas Neues auf, engagier Unteragenten. Martin hatte sich lange widersetzt. Als er Carows Drängen nachgegeben hatte, war es der Anfang vom Ende gewesen.

Machte er jetzt denselben Fehler? Drängte er sich nach etwas, das zu groß für ihn war? „Wie würdet ihr mich einschleusen?“

„Das Problem ist gelöst. Ganz simpel, auf den Leib geschneidert. Es wird natürlich aussehen.“ Carow ließ sich nicht aus seiner Reserve herauslocken.

„Wann?“ fragte Martin.

„Das ist allerdings ein Problem. Unser Mann müßte in vier Tagen starten – präzise; käme am achten Tag danach zurück.“

Er sagte es nicht, aber er denkt, vier Tage Vorbereitungszeit sind zu wenig für mich. Immerhin hatte Martin endlich etwas Wichtiges erfahren. Den Zeitfaktor. Es war das einzige Konkrete, das Carow ihm gegeben hatte. Vier Tage, das hieße Start am Samstag, Rückkehr am Sonntag darauf. Hatte, fragte Martin sich, Carow ihm die Information unfreiwillig gegeben? War es eine bewußte Irreführung?

„Das spricht gegen mich, diese kurze Vorbereitungszeit?“

„Codes, Lokalkenntnisse, Notfallsituationen... Ich brauche es dir nicht aufzuzählen. Vier Tage sind knapp dafür. Du müßtest verdammt hart arbeiten.“

„Es gibt andere Kandidaten?“

„Natürlich, um fair zu sein. Es ist jedoch nur einer.“

„Kenn’ ich ihn?“

„Nein, er ist schon die nächste Generation.“

„Hat er gute Chancen?“

„Er ist sehr gut.“

„Wer führt den Agenten?“

Carow legte endlich die Karten aus den Händen. „Ich selber.“

Dieses Mal versuchte Martin erst gar nicht, seine Überraschung zu verbergen. „Das ist ziemlich ungewöhnlich, jemand so hoch? Gestattest du mir eine Frage? Warum ich? Wie komme ich auf die Kandidatenliste?“

„Es mußte jemand von draußen sein, der keine lesbare Verbindung zu uns hat im Moment.“

„Ihr seid in Schwierigkeiten?“

Er ist gut, dachte Carow. Er hatte seine anfängliche Schwächeperiode überwunden. Er hatte die Sache nun unter Kontrolle, beobachtete Martins Reaktionen, versuchte herauszufinden, wo war die Schwachstelle, welches war seine Achillesferse? Äußerlich schien Martin ruhig, aber da war etwas, das sich Carow fast körperlich mitteilte – eine innere Anspannung, die Unterdrückung dieser Unruhe; nur ja nicht offen zeigen, wie sehr ihm an diesem Auftrag lag. Ja, er war hungrig!

Hungrige Agenten waren in diesen Tagen selten. Sie waren die besten. Es war eine Gefahr damit verbunden; sie schossen leicht über das Ziel hinaus, taten mehr, als gefragt war. Aber Carow fühlte sich gut in Martins Gegenwart. Sie paßten zusammen, hatten viel Gemeinsames. Als Carow Martins Curriculum vitae wieder gelesen hatte, da hatte ihn vieles an sein eigenes Leben erinnert: Eine Kindheit auf dem Lande; einfache Verhältnisse; der relativ frühe Tod der beiden Väter; starke, lebenstüchtige Mütter, die die Sippe zusammenhielten. Danach: Zwei junge Männer, die, jeder auf seine Art, nach dem Ausweg suchten, dem Ausbruch aus einem Leben, das ihnen plötzlich zu eng wurde. Vor allem natürlich: Carow verstand Martins innerste Wesensart, den Typ des Einzelgängers. Für solche Männer waren Kleinigkeiten wichtig. Und das Leben eines Agenten – und sein Erfolg – hing allzuoft von einer Lappalie ab.

Ich würde gern mit ihm arbeiten, dachte Carow. Wir könnten uns aufeinander verlassen. Wenn er alles in Betracht zog – es sprach viel für Martin.

„Mehr ist von meiner Seite im Augenblick nicht zu erwarten. Wir können noch eines klären – die Bezahlung." Es war immer gut, über Geld zu sprechen, wenn die Gefühle überhandnahmen. „Erwarte nicht zuviel. Uns sitzt der Rechnungshof im Nacken."

„Es ist keine Frage des Geldes."

„Es gibt zwei Möglichkeiten. Du führst den Auftrag freiberuflich durch. Bezahlung nach Ergebnis, Spesen extra abgerechnet. Solltest du aber wieder zu uns stoßen, könnte ich dir versprechen, daß wir deine alten Pensionsansprüche aufleben lassen – abzüglich der Jahre deiner Abwesenheit natürlich, das brächte ich nicht durch."

„Ich ziehe das erstere vor."

„Wie du willst."

„Wann weiß ich Bescheid?“

„Morgen. Ist es der andere, werden wir dich für den Zeitraum der Aktion auf Eis legen; dann kannst du zurückkehren. Ich brauche deine Entscheidung allerdings jetzt.“

„Du weißt, ich will diesen Auftrag!“

„Gut.“ Carow erhob sich. „Kannst du irgendwelche neuen Kartentricks?“

„Vier Spione im Haus – kennst du den? Nein?“ Martin begann, die vier Buben aus dem Spiel herauszusuchen. Ich möchte wirklich wissen, wie sie auf mich verfallen sind, dachte er. *Der Grund war wichtig*. Sie mußten ein Dutzend andere haben. Natürlich, er wollte diesen Auftrag! Er konnte sich nicht vorstellen, daß Carow morgen kommen und nein sagen würde; es war einfach nicht vorstellbar. Dennoch blieb die Frage: Warum ich?

Er reichte Carow die vier Buben. „Vier Spione, okay?“

Carow erinnerte sich an C.s Frage nach dem Namen Steffin und sein Gefühl dabei, als halte C. einen Trumpf zurück.

„Jetzt gib sie mir zurück.“ Martin zeigte die vier Buben noch einmal in der offenen Handfläche. „Vier Spione.“ Er legte sie oben auf das Paket Karten. „Sie haben den Auftrag, das Land zu erforschen...“

Carow war der Sache nachgegangen. Aber er hatte keine Spur von einer Person dieses Namens gefunden. Nichts in den Archiven. Nichts in den Suchakten. Keine Karte in der EDV. Nichts in der Finanzabteilung. Einfach keine Spur!

„Der erste geht in den Süden.“ Martin zog die oberste Karte weg, steckte sie weit nach unten in das Paket. „Der zweite in den Norden.“ Er zog die zweite Karte, steckte sie etwas höher in den Haufen. „Der dritte in den Osten.“ Wieder versenkte er eine Karte in das Paket. „Der vierte bleibt im Westen, in Reserve.“ Er ließ die Karte oben liegen. „Hast du aufgepaßt?“ Er schob Carow das ganze Paket hin. „Sie arbeiten für dich... du rufst sie zurück zur Berichterstattung...“

„Was tue ich?“

„Dreh die obersten vier Karten um.“

Carow zog eine Karte nach der anderen, deckte sie auf: Ein Bube, ein zweiter, ein dritter, der vierte... Sie alle lagen wieder obenauf.

„Sag, kennst du jemand mit dem Namen Steffin?“

„Soll ich dir den Trick zeigen? Wie war der Name?“

Ruhige Hände, ruhige Stimme – nichts, woraus Carow hätte ableiten können, daß Martin ihn zu täuschen versuchte; und dennoch glaubte Carow, die Beobachtung zu machen, daß Martin plötzlich noch konzentrierter wirkte.

„Steffin – nichts, was da aufleuchtet?“

„Kann ich mehr erfahren?“

Er igelt sich ein, dachte Carow. Er verteidigt etwas; also weiß er etwas! Etwas, was sie *beide* wissen, C. und Martin, und beide vor mir geheimzuhalten versuchen.

„Der Name tauchte vor kurzem auf...“

„Keine weiteren Anhaltspunkte? Welche Zeit? Wo? Kannst du mir nicht mehr geben?“

„Nein.“ Carow entschloß sich, es mit der Wahrheit zu versuchen. „Es war eine Frage von C. an mich im Zusammenhang mit deiner Kandidatur. Er forderte mich auf, die Archive zu durchstöbern...“

„Und?“

„Nichts.“

„Er liebt das Mysteriöse, nicht wahr?“

„Du bist ihm nie begegnet?“

„Nein... Ich zeig dir den Trick. Das einzige Geheimnis ist, daß ich drei beliebige Karten bereits in der linken Hand halte, wenn du mir die Buben zurückgibst...“

Er ist erleichtert, dachte Carow. Er ist sichtbar erleichtert. *Da ist etwas.* Aber für den Augenblick sah Carow keine Möglichkeit, mehr aus Martin herauszubringen.

XII. Kapitel

Als der Name fiel, war Martin erschrocken; was ihn vermutlich davor bewahrt hatte, sich zu verraten, war die Tatsache, daß er jede Erinnerung an Zimra so unterdrückt hatte, wie dies ein lebendiges Wesen bestenfalls erhoffen konnte. Er hatte Zimra sozusagen unter die Toten eingereiht, Menschen, die man einmal geliebt hatte, die aber für immer unerreichbar waren: sein Vater, seine Mutter, seine Frau; alle in Gräbern jenseits des Eisernen Vorhangs, in einem anderen, fremden Land.

Jedenfalls war Zimra *sein* Geheimnis, etwas, das ihm allein gehörte. Vergessen und begraben. Nun hatten sie es ans Licht gezerrt. Es veränderte alles. Wie konnte er ihnen trauen!? Martin war klar, daß er etwas zu unternehmen hatte, daß er sich auf die veränderte Situation einstellen mußte...

Im Moment war er froh, daß er sich auf seinen Beschatter zu konzentrieren hatte. Er mußte sich nicht lange anstrengen, herauszufinden, wer es war: Als Martin aus dem Fahrstuhl stieg, mit dem er vom sechzehnten Stockwerk heruntergefahren war, erhob der Mann sich etwas zu eifrig von einem der Sessel in der Halle. Er war schon älter, ein wenig müde; obwohl er Martin entgegenlächelte, war ihm sein Mißbehagen, daß man ihm die Nachtschicht übertragen hatte, deutlich anzumerken. Martin lächelte zurück, zog ihn hinter sich her ins Freie. Er blieb unter dem Vordach stehen, streckte sich, zog tief die Luft ein: das Verhalten eines Menschen, der dringend einen Spaziergang an der frischen Luft braucht.

Das war die Begründung, die er Carow gegeben hatte: „Ich bin jetzt seit sieben Stunden in diesem Raum eingesperrt." Carow hatte ihm eine Stunde zugestanden. Danach gab es noch Arbeit für sie: Carow erwartete zwei Männer, die sich mit Martin beschäftigen würden; Bühnenbildner im Jargon der „Organisation", zuständig für die Ausstattung des Agenten: falsche Ausweise, Etiketten, Kleidung, Gepäck...

Eine Stunde, dachte Martin, ist wenig, aber es sollte ausreichen, seine Bewacher abzuschütteln, den Anruf zu machen und rechtzeitig wieder zurück zu sein... Er strebte auf die Bushaltestelle zu, während er nach dem zweiten Bewacher Ausschau hielt, den man vermutlich auf ihn angesetzt hatte. Er erkannte ihn, als er im letzten Moment in den Bus sprang, ein junger, athletisch gebauter Mann mit einem runden Kindergesicht.

Zwei also – um so besser. Es würde Martin erleichtern, Carow zu erklären, warum er der Versuchung nicht widerstehen konnte, sie abzuschütteln: ein weiterer Beweis, daß er, Martin, seine Fähigkeiten als Agent nicht verloren hatte.

Es brachte seine Gedanken zurück zu Zimra und dem Traum, den er in der letzten Nacht auf der Insel gehabt hatte: Carow, der versuchte, den Namen aus ihm herauszubringen. Das Seltsame an dem Traum war, daß die Szene mit Carow nie stattgefunden hatte, daß er den Namen immer vor ihnen hatte geheimhalten können.

Damals, nach dem Austausch, als ein Beamter namens Kurella ihn in Wartha-Herleshausen in Empfang genommen und zu den Verhören gebracht hatte – damals schon hatte Martins Entschluß festgestanden: Du sagst ihnen nichts über Zimra Steffin! Sollten sie, was unwahrscheinlich ist, von ihr wissen, so wirst du trotzdem nichts zugeben. Du brauchst nicht einmal zu lügen, du schweigst einfach und nimmst deinen Abschied.

Wie sich herausstellte, war alles viel einfacher. Natürlich war sein reichlich mysteriöses Verschwinden aus dem Gefängnis Rummelsberg zur Sprache gekommen, das fehlende halbe Jahr. Er hatte keinen Grund gehabt, *darüber* zu schweigen. Er hatte ihnen alles gegeben, reinen Tisch gemacht. *Ihr* Name war in den Verhören nie aufgetaucht... so daß, als Carow heute plötzlich mit dem Namen herausgerückt war, Martin wirklich erschrocken war. Mehr, er hatte plötzlich Angst, und Martin fragte sich ernsthaft, ob er noch die Nerven habe für einen solchen Auftrag. *Vor allem aber:* Wie konnte er ihn ausführen, wenn sie beabsichtigten, Zimra hineinzuziehen?

Er war vom Bus in die S-Bahn übergewechselt. Er kannte die Stadt kaum, und so war es natürlich, daß es ihn in den inneren Kern zog. Er führte seine Beschatter durch eine belebte Einkaufsstraße. Sie blieben in der Nähe, der eine hinter ihm auf seiner Seite, der zweite auf der anderen Straßenseite, etwas voraus. Sie waren sicher von Carow unterrichtet, und zuerst hatten die beiden es wohl für ein harmloses Spiel gehalten, aber Martin merkte, wie ihre Aufmerksamkeit sich erhöhte.

Er begab sich wieder unter die Erde. S-Bahn, U-Bahn, schmale, steile, automatische Treppen, S-Bahn. Er hängte einen ab mit der primitiven Methode: einen Fuß zwischen die automatische Tür, im letzten Moment aussteigen. Der zweite, ein Mann, den Martin für sich Babyface getauft hatte, war schwieriger; er klebte an seinen Fersen, gab sich gar nicht die Mühe, sich zu verbergen. Martin „verlor" ihn in einem großen Einkaufsuntergeschoß, weil er sich an eine Cafeteria erinnerte – Kurella hatte ihn dort bewirtet – die einen zweiten Ausgang hatte, durch den die Waren angeliefert wurden. Um sicherzugehen, fuhr er das letzte Stück zum Bahnhof, sprang auf einen gerade abfahrenden Vorortzug, den er auf der ersten Station wieder verließ. Er benützte zwei Taxis für den Weg zurück zu dem Punkt, an dem das Spiel begonnen hatte. Fast die ganze Stunde war verbraucht.

Er hatte Glück, daß die öffentliche Telefonzelle bei der Bushaltestelle nicht besetzt war. Er hatte die Münzen bereit, und die Nummer brauchte er nicht nachzusehen. Er wählte, achtete auf die Passanten draußen. Ein automatischer Anrufbeantworter war zu hören: „ATAW-Airlines. Dieses Büro ist im Moment nicht besetzt. Hinterlassen Sie Ihren Namen und Ihre Telefonnummer. Sprechen Sie jetzt!"

Er hängte auf. Auf seiner neuen Uhr war es kurz vor zehn Uhr. Er mußte sich schnell entscheiden, er hatte nicht einmal Zeit für seine Enttäuschung. Er suchte die Nummer des Flughafens heraus, aber ATAW-Airlines hatten keinen Schalter, keine andere Fluggesellschaft vertrat sie.

„Ich kann Ihnen eine andere Nummer geben", sagte die Stimme.

„Nein, warten Sie!" Er hatte nur noch Münzen für einen weiteren Anruf. „Verbinden Sie mich bitte mit dem Tower."

Zwei, die ihm nicht weiterhelfen konnten; dann endlich jemand: „Miroslav Szešc... Sie meinen *The Gipsy?*"

„Ja."

„Wer spricht da?"

„Ein alter Freund."

„Warten Sie... Szešc ist unterwegs... Heute? Das kann ich Ihnen genau sagen... Start 14.05 Uhr... Schwerer Verkehrsunfall am Inntal-Dreieck; flog zwei Verletzte ins Hospital... Zurück? 15.55 Uhr... Tankte seinen Bell Jet-Ranger auf, startete erneut um 17.40 Uhr... Fünf Passagiere, Flugziel St. Moritz... Wie? Nein, auf keinen Fall heute."

„Flog er selber?"

Ein Lachen. „Aus mehr besteht ATAW-Airlines nicht, nur Miroslav Szeŝc selbst und sein Bell Jet-Ranger."

„Vielen Dank!"

Wenigstens wußte Martin nun: Es gab Miroslav Szeŝc noch! Er flog noch, besaß sogar einen eigenen Helikopter. Das war damals vor sechs Jahren auf Elba noch nicht der Fall gewesen.

Was sollte er tun? Ihn in St. Moritz auftreiben zu wollen, war hoffnungslos. Andererseits: Wenn er den Auftrag bekam, würde er keine zweite Gelegenheit für einen Anruf haben; sie würden ihn keinen Augenblick mehr aus den Augen lassen, nicht so leichtsinnig sein wie heute. Vielleicht war sein Anruf nicht nötig. Vielleicht war er zu vorsichtig. Vielleicht tauchte Zimras Name nie mehr auf. Es waren viele Vielleichts! Zu viele für Martins Geschmack.

Er rief sich ins Gedächtnis, was Carow über den Zeitpunkt gesagt hatte: Start in vier Tagen, Rückkehr am achten Tag danach; Carow hatte es ein zweites Mal bestätigt, als er davon gesprochen hatte, daß man ihn auf Eis legen müsse, wenn er nicht ausgewählt wurde. Martin überlegte: Der Tag der Rückkehr wäre demnach Sonntag, der 30.; er hatte keine andere Wahl, als darauf zu bauen, daß Carow ihm die Wahrheit gesagt hatte.

Er legte sich die Nachricht zurecht, während er ein zweites Mal die Nummer der ATAW – AnyTime, AnyWhere wählte. Er wartete das Ende des automatischen Bandes ab und gab seine Nachricht durch: „Domäne Carros, Elba. Haben 1000 Hektar Wintersaat zu düngen. Reserviert Helikopter für den 30. dieses Monats. Wiederhole: Sonntag, 30. September. Können wir Vertrag abschließen? Zusage unsererseits definitiv..." Martin beobachtete den Sekundenanzeiger seiner Uhr, während er sprach; er streckte den Text so, daß er von dem Ende des Bandes überrascht wurde und es so aussehen würde, als habe er keine Zeit mehr gehabt, seine Nachricht zu beenden.

Eine Sekretärin würde sich am nächsten Morgen das Band anhören. Szeŝc würde im Laufe des Tages sein Büro anrufen. Martin war sicher, er würde die Nachricht verstehen, würde wissen, wer sie hinterlassen hatte und worum es in Wahrheit ging. Natürlich mußte er hoffen, das Szeŝc noch derselbe Mann von damals war; aber Männer wie er änderten sich selten.

Martin fühlte sich besser, als er aus der Telefonzelle trat. Er konnte seine Beschatter nirgends entdecken. Du hast gegen die Regeln verstoßen! dachte er. Dennoch hatte er das Gefühl, das Richtige getan zu haben.

Er überquerte die Schnellstraße, eine zweite und schritt auf den Apartmentblock zu. In der Dunkelheit und von außen schien ihm das große Rechteck aus einer dünnen Fassade zu bestehen, eine wie bei einer Filmdekoration von hinten abgestützte Kulisse, auf die man die Lichter nur aufgesetzt hatte, um Räume vorzutäuschen. Und doch war eines dieser Kästchen dort oben für ihn vorbereitet, eine kleine Box, die sich hinter ihm schließen würde...

Er lief Carow in der Halle in die Arme. Der kam aus einer der Telefonzellen und schien beunruhigt. Hatten Martins Bewacher ihn verständigt? Aber Carow machte keine Bemerkung; sie gingen schweigend zu den Lifts.

Sie standen vor der falschen Türe. Als sie sich zu dem anderen Lift hinüberbewegten, kam Babyface in die Halle gestürzt. Er blickte sich um und rannte auf die beiden Männer am Lift zu.

„Warten Sie! Unser Mann... Er hat sich von der Rolle gelöst!"

„Was ist?" Carow schien Mühe zu haben, sich auf das Gesagte zu konzentrieren.

Babyface hatte Martin bemerkt; als könne er die Tatsache, daß er dort mit Carow stand, nicht akzeptieren, fuhr er fort, als sei dieser nicht da: „Er hat uns vor einer halben Stunde abgehängt. Ich hab' versucht, Sie sofort zu unterrichten, aber Sie waren nicht auf 1614 anzutreffen..."

Carow blickte Martin an.

Martin hatte Zeit gehabt, sich seine Worte zu überlegen. „Die Gelegenheit war zu verlockend, zu beweisen, wie gut ich noch bin."

Babyfaces Gesicht lief rot an, aber angesichts Carows und der Leute in der Halle beherrschte er sich. Schließlich sagte er nur: „Soll der Vorgang in den Bericht?"

„Ja, natürlich."

„Du hast dir einen Freund gemacht", sagte Carow.

„Tut mir leid. Aber ich konnte einfach nicht widerstehen."

„Mein Kompliment. Sie sind für gewöhnlich sehr gut. Drei Männern von der Rolle zu springen in so kurzer Zeit – du hast nicht alles verlernt."

Drei, dachte Martin mit nachträglichem Erschrecken. Er hatte den dritten Beschatter zu keiner Zeit bemerkt. Er hatte einfach Glück gehabt. Du brauchst Vorbereitung! Vier Tage, hat Carow gesagt; du brauchst wirklich jeden Tag und jede Stunde davon.

Carows Gedanken gingen in eine andere Richtung. Sie hatten den Lift bestiegen, und während er die Lichter beobachtete, die anzeigten, wie sie in das sechzehnte Stockwerk hinaufstiegen, überlegte er: Wahrscheinlich ist Martin der bessere der beiden Kandidaten. Dennoch, wenn er alles in Betracht zog, würde er immer noch Rosell den Vorzug geben. Er war jünger. Er war nicht so hungrig. Vor allem aber: Es war besser, von zwei etwa gleich guten Männern den auszuwählen, dem man persönlich weniger nahestand; es machte gewisse Entscheidungen, die unter Umständen zu treffen waren, leichter.

Aber grundsätzlich, dachte Carow, hatte C. wieder einmal die richtige Nase gehabt...

XIII. Kapitel

Er hatte nie viel Schlaf gebraucht, und er erwachte immer pünktlich zu einer ganz bestimmten Zeit. Es war draußen noch dunkel. Vier starke Scheinwerfer hüllten das Haus während der Nacht in taghelles Licht; es drang teilweise durch die zugezogenen Vorhänge in sein Schlafzimmer. C. konnte die Anlage von seinem Bett aus abschalten ebenso wie die anderen Sicherheitssysteme.

Irgend etwas war ihm eingefallen, bevor er eingeschlafen war; etwas, das wichtig war und das er dem Faun unbedingt sagen mußte, aber sein Gedächtnis ließ ihn in diesem Moment im Stich. Er erinnerte sich an Dinge in der Vergangenheit weitaus klarer und lebhafter als an Dinge, die der Gegenwart näher lagen. Man sagte, es sei ein Zeichen von Alter. Natürlich wurde er alt. Ja, er war über das Älterwerden hinaus, er *war* alt. *Der alte Saurier* – er wußte, es gab einige, die ihn so hinter seinem Rücken nannten. Sahen sie nicht, daß das Alter mehr Vorteile hatte als die Jugend?

Er zog sich nicht vollständig an, und er rasierte sich nicht. Er mochte am Morgen keine Spiegel. Es gab Menschen – seine Frau hatte zu ihnen gehört – denen bekam der Morgen; bei ihm war es umgekehrt. Er hatte einen alten blauen Bademantel und Lederslippers angezogen. Als er sein Schlafzimmer verließ, war ihm immer noch nicht wieder eingefallen, was er dem Faun sagen wollte. Er stieg hinunter in das Erdgeschoß. Es war alles viel zu groß nun für ihn allein, den Faun, die Haushälterin, aber er liebte diese fast klösterliche Stille des Hauses.

Sein Arbeitszimmer lag in einem alkovenartigen Raum hinter dem Wohnzimmer. Er hatte von dort einen Blick in den Garten und auf das ehemalige Gärtnerhaus, das für die Sicherheitsbeamten umgebaut worden war. Die Männer lösten sich im Vierstundenturnus ab, und C. sah den eingeteilten Posten in diesem Augenblick ins Freie treten, eine Maschinenpistole umgehängt. Er streckte sich, gähnte und blickte zum Haupthaus herüber, zu seinem Alkoven; er erwartete, daß das Licht auf C.s Schreibtisch aufleuchten würde, pünktlich um sechs Uhr.

C. knipste die Lampe an. Die Wache begab sich zurück in das

Gartenhaus, beruhigt, daß dies ein ganz normaler Tag zu werden versprach. Wenig später verlöschten die Scheinwerfer.

In seinem Alkoven hatte C. die Kombination des Panzerschranks eingestellt. Er nahm einen dünnen, gelben Ordner heraus und legte ihn auf den Schreibtisch in den Lichtkreis der Lampe. Außen stand in seiner ordentlichen, mikroskopisch feinen Handschrift: „Zimra (?) Steffin."

Der Inhalt des Dossiers, nur wenige Blätter, beherrschte C.s Gedanken seit Beginn der Operation. Er hatte die Seiten immer wieder gelesen, noch erst am Abend zuvor. Er konnte nicht hoffen, daß sich sein Wissen vergrößerte, indem er die Akte erneut vornahm; und doch war es genau das, was er sich erhoffte. Die Blätter waren wie die Aufzeichnungen und Karten von einem vergrabenen Schatz. Sie enthielten den Namen der Insel, den Weg dorthin, die genaue Lage des Schatzes. Nur ein Detail fehlte, der Hinweis auf die Bedeutung des Schatzes selbst, seinen wahren Wert. Waren es ein paar alte Münzen oder ein wirkliches Vermögen? Das in der Tat war die Frage, die C. sich die ganze Zeit stellte: War der Schatz eine Expedition zu jenem fernen Eiland wert?

Er wurde in seinen Gedanken unterbrochen. Seine Tochter betrat den Alkoven, im Morgenmantel wie er. Ihr Haar, das sie am Tag aufgesteckt trug, hing herunter; es war strähnig und mußte dringend gewaschen werden. Sie ist wirklich deine Tochter, dachte C., jedoch ohne jedes Mitgefühl, ihr bekommt der Morgen nicht.

„Ich bring' dir dein Frühstück sofort."

„Ich warte, bis alle aufgestanden sind."

„Du kannst nicht ohne Frühstück bleiben."

Er erinnerte sich, was er dem Faun hatte sagen wollen; er machte sich eine Notiz auf dem Block auf seinem Schreibtisch. „Nur ein Glas Orangensaft. Und weck' die Kinder nicht auf!"

Aber genau das würde sie tun, sich in der Küche ungeheuer lange mit dem Frühstück aufhalten, zwischendurch nach den Kindern sehen, durchs Haus rufen, sie mögen still sein, damit er nicht gestört würde.

„Bitte, mach die Türe zu!" – Seine beiden Töchter meinten immer, sie müßten sich um ihn kümmern. Er sprach sich nie offen dagegen aus, aber er haßte jene Wochen, wenn sie ins Haus kamen, die Unruhe, die es mit sich brachte.

C. war zufrieden mit dem Stand des Witwers. Er hatte schon immer – selbst als junger Mann – diese Abneigung gegen fleischliche Gelüste gehabt – ein Ausdruck, den er von seinem Vater, dem Pastor, übernommen hatte. Er war ihnen dann doch unterlegen, gewiß, nie aber, ohne dabei Enttäuschung über sich selbst zu empfinden. Zum Glück war seine Frau in dieser Hinsicht niemals zu fordernd gewesen.

Daß er in der letzten Zeit häufiger an sie dachte, darin lag für C. kein Widerspruch; denn nun, da er von all diesen Verpflichtungen – sexuellen und anderen – befreit war, nun konnte er endlich der Mann sein, als den er sich am liebsten sah: der Asket, die reine Seele, ein Mann, der seinen Idealen lebte, frei von Instinkten, die Männer immer wieder daran hinderten, Großes zu vollbringen. Das hatte *sie* immer verstanden; sie hatte sich seiner wirklichen Aufgabe nie in den Weg gestellt.

Selbst ihr Sterben war voller Rücksichtnahme gewesen, nichts, das seinen Frieden zu sehr gestört hätte; sie hatte sich einfach aus seinem Leben zurückgezogen, einen Tod gewählt, der typisch für sie war, etwas sehr Ruhiges, nichts Dramatisches. Im Nebenraum hier hatte sie am offenen Fenster gesessen; was ungewöhnlich für sie war, die dauernd etwas zu tun hatte, aber weiß Gott nicht dramatisch. Wenn er sie gefragt hatte, was sei, so hatte sie nur geantwortet: „Oh, nichts, ich brauche nur ein bißchen frische Luft." Das war drei Wochen so gegangen, nicht länger, ein Lungenkrebs im Endstadium mit großer Atemnot; aber das hatte er erst später erfahren. Für die letzten Tage im Krankenhaus, nicht mehr als vier, hatte sie Tage gewählt, an denen er auf einer Dienstreise war – sie war ihm wirklich eine gute Frau gewesen...

Seine Tochter kam zurück mit einem Tablett mit Tee, Toast, einem Ei – sie wußte, er würde nichts davon anrühren – und der Zeitung. „Stör mich bitte jetzt nicht mehr, ich hab' zu tun."

Er trank von dem Tee. Draußen veränderte sich das Licht. Carow würde ihm spätestens um 8 Uhr Bericht erstatten. Um 12 Uhr würde er sich die beiden Kandidaten ansehen. Aber er interessierte sich nur für Martin. Er hoffte, Carows Beurteilung würde günstig ausfallen. Er nahm sich das Dossier vor; er wußte, der Plan, der ihm im Kopf herumging, hatte etwas Desperates an sich – aber gab es einen anderen, besseren Plan? Die erste Seite des Dossiers bestand aus der Abschrift der Aussage eines Überläufers. Der Bericht lautete in Auszügen:

„CIA/8044, Camp King, Oberursel, aufgenommen 7.2.70. Überläufer (Zentralverwaltung Moskau) will gehört haben, daß Agent der Org. in Bernau festgehalten wird. Hat Vergünstigungen und relative Bewegungsfreiheit. Name Martin, Martini (?). 8044 vermutet, daß Agent angeworben werden soll.

Chef des Apparats soll in Bernau gesehen worden sein und persönlich (!) die Verhöre mit M. geführt haben. Stenographische Protokolle wurden von einer gewissen Zimra (?) Steffin aufgenommen. Wachmannschaften wollen von intimen Beziehungen zwischen Agent M. und der Steffin wissen.

Bewertung der Aussage: Überläufer 8044 hat sich als weitaus weniger wertvoll erwiesen als angenommen. Bekannt gewordene Neigung zu Alkohol und Schwäche für Frauen hat Zentrale veranlaßt, ihm in letzter Zeit wichtige Informationen vorzuenthalten. Entschloß sich möglicherweise zum Überlaufen, weil er fürchtete, nach Moskau zurückgerufen zu werden. Aussage daher fraglich."

C. selbst hatte die Sache damals weiterverfolgt, wie Notizen in seiner Handschrift zeigten. Die erste betraf Martin: „Keinerlei Hinweise in den Verhörprotokollen von Martin auf Zimra Steffin. M.s Verhalten laut Carow in jeder Weise kooperativ. Bewußtes Verschweigen? Warum!?"

C. verglich die Daten. Martin war im September 1969 ausgetauscht worden. Die Aussage des Überläufers war vom 7.2.70. Martin war damals bereits aus der „Organisation" ausgeschieden.

Die zweite Notiz von ihm betraf den Überläufer: „Antwort CIA auf Bitte um persönliche Nachvernehmung Überläufer 8044 negativ. (‚8044 befindet sich bereits in den USA und erhält dort augenblicklich neue Identität. Bedauern!') – Sie bedauern! Typische Kooperation!"

Es waren seine sehr persönlichen Bemerkungen, die C. zeigten, daß er schon damals entschlossen gewesen war, diese Sache für sich zu behalten. Warum? Hatte er gehofft, daß sich sein Wissen irgendwann in der Zukunft auszahlen würde? Sicher hatte er nicht so weit vorausschauen können. Er kannte natürlich den wahren Grund: nicht wegen Martin und Steffin war die Meldung ursprünglich in seinem Panzerschrank gelandet, sondern weil darin vom „Chef des Apparats“ die Rede gewesen war; es war einfach ein Teil des umfangreichen Zentner- Dossiers, das C. mit der Zeit angesammelt hatte.

Zentner – der Name allein genügte, um C. aus der Ruhe zu bringen. Auch jetzt fühlte er Zorn; er strömte wie eine Hitzewelle durch seinen Körper – seine Frau hatte diese Hitzewellen bis ins späte Alter gehabt, und wie sie hätte C. sich am liebsten von den Kleidern befreit. Er griff nach dem Glas Orangensaft und trank es leer.

Zentner und er! Es war *ihr* Kampf gewesen, die ganzen Jahre, Runde um Runde, eine, die an Z. ging, eine an ihn. Nicht Ost, nicht West. Nicht Freiheit hier, Unterdrückung dort. Es war ihr Kampf – etwas, was er nie jemandem eingestehen würde, was er sich selber selten eingestand...

An einem der Telefone auf seinem Schreibtisch leuchtete eine Lampe auf. Der Faun würde den Anruf auf seinem Anschluß entgegennehmen. C. wollte jetzt nicht gestört werden. Er wandte sich wieder dem Dossier zu.

Die zweite Seite bestand aus einem Curriculum vitae. Die meisten Angaben stammten aus dem Archiv, was man dort hatte zusammentragen können, kein Geheimmaterial; C. hatte durch Nachforschungen niemand auf sein Interesse aufmerksam machen wollen:

> „Zimra (Ursprung des Namens nicht bekannt) Steffin, geb. 7.3.33, Posen. Vater: bekannter kommunistischer ‚Kämpfer'. Spanischer Bürgerkrieg General Moro (nom de guerre); interniert Frankreich; Deportation Auschwitz. Mitglied Zentralkomitee SED, Zone; in Ungnade gefallen, 1953 rehabilitiert; erneutes ‚Verschwinden' 1969; verstorben 1971 (Selbstmord). Mutter: geborene Anna Jensky; lebt in Ost-Berlin. Keine uns bekannten Verwandten oder Kontakte in der BRD.
>
> Zimra S., Mittelschulabschluß Ost-Berlin, Sprach- und Dolmetscherdiplom; Mitgliedschaften: FDJ/SED/DFB (Demokr. Frauenb.). Seit 1956 beschäftigt im Ministerium für Staatssicherheit; letzte bekannte Stellung: Leiterin Zentralsekretariat Chef M.f.S., ‚Zentners rechte Hand'. Status:

unverheiratet. Männerbekanntschaften nicht bekannt. Auslandsreisen nicht feststellbar. Letzte bekannte Adresse: Gotlindenstraße 11 (Lichtenberg)."

Auch hier hatte C. handschriftlich eine Ergänzung vorgenommen: „4. 10. 1972. $ 10000 Specialfonds. Übergabe Basel G. M. für Auftrag, Kontakt zu Zimra Steffin herzustellen. Versprechen für sicheren Fluchtweg, Mutter eingeschlossen. 12. 12. 72: Kein Resultat. 15. 2. 1973: Kein Ergebnis, aber beide Personen weiter in ihren Funktionen..."

C. legte die Seite aus der Hand. Damals also schon hatte er den ersten Schritt getan! Ein gefährliches Spiel, ein blinder Einsatz. Nicht der Kontakt zu G. M.; darin lag das Risiko nicht. G. M. war unwichtig, ein – auch im Westen – bekannter Anwalt und Kommunist, der sein Schweizer Konto aufstockte. Leute wie ihn hatte es zu allen Zeiten gegeben; es würde sie immer geben, Kommunist oder nicht. Zehntausend Dollar zu verlangen – aber von Leuten wie ihm bekam man nie etwas billig. Kein Ergebnis! Auch das sagte nicht alles. G. M. hatte vermutlich keine Konsequenzen für ihn gehabt – das Resultat war also keineswegs nur negativ! Hätte die Steffin nicht ihrer patriotischen Pflicht nachkommen und es sofort melden müssen? War das nicht ein lesbares Zeichen?

Zentners rechte Hand! Die Versuchung war einfach zu groß für C. gewesen. Hatte er Tagträume? Sah er Möglichkeiten, die gar nicht vorhanden waren? Vorsicht war geboten: In seinem Kampf mit Zentner stand er mit dem Rücken an den Seilen, das war eine gefährliche Position. Und dennoch – er sah es! Eine Spitzenquelle im Apparat selbst; sie hatten schon einmal eine gehabt. Warum nicht wieder!

Martin – Zimra! Es war da! Hier lag die Lösung. G. M. war nur der falsche Kontakt gewesen.

Wieder leuchtete die grüne Lampe an einem Apparat auf. Wieder nahm der Faun das Gespräch entgegen. Aber dieses Mal kam ein Signal von ihm; als C. den Hörer aufnahm, hörte er die Simme des Fauns: „Guten Morgen, Chef. Ich hab' ein Gespräch aus Bonn."

„Nein, nicht jetzt."

„Amerikanische Botschaft... Don Langtree..."

„Am Apparat? Um diese Zeit?"

„Nein, jemand von der Finanzabteilung; er soll eine persönliche Botschaft ausrichten. Langtree ist nächste Woche für einige Tage in Bonn. Möchte gerne, daß du einen Abend für ihn freihältst."

„Das ginge nur Dienstag abend... Unser Agent ist dann drüben... Dienstag nach dem Besuch im Kanzleramt. Nur ein Essen. Ich will noch am gleichen Abend zurück... Hat Carow sich gemeldet?"

„Vor einer halben Stunde."

„Gut, komm rüber."

Einen Augenblick blieb C. in Gedanken bei Langtree. Der Bankier hatte einen entscheidenden Anteil daran gehabt, daß die „Organisation" nach dem Krieg am Leben geblieben war. Langtree hatte sich vor allem um die finanzielle Seite des Vertrages der CIA mit der „Organisation" gekümmert – Mr. Honey-Pot, wie man ihn damals genannt hatte; der Dollar hatte noch über vier Mark gestanden, nicht zu vergessen die Jeeps voller Lucky Strike, die bei allen Agenten weitaus beliebteste Marke. – Sie hatten sich immer wieder getroffen, auch seitdem Langtree nicht mehr direkt mit der CIA zu tun hatte. Sofern es die Bezeichnung in seinem Wortschatz gegeben hätte, so hätte C. Langtree als Freund bezeichnen können.

Er machte sich nicht die Mühe, das Dossier wegzuschließen; der Faun war derjenige aus dem inneren Kreis, dem er trauen konnte. Irgendwann, wenn C. zurücktrat, wenn es die anderen nicht mehr gab, dann würde der Faun immer noch an seiner Seite sein, als sein Babysitter, sein Faktotum.

Der Faun hüpfte herein. C. wies auf den Stuhl ihm gegenüber. Draußen war es nun hell, und C. löschte die Lampe.

„Hast du eine Ahnung, was Don Langtree nach Bonn bringt?"

„Nein."

„Setz einen Mann darauf an."

„Ich wollte es nicht ohne deine Genehmigung tun."

Niemand verstand ihre Beziehungen, dachte C. Dabei war alles ganz einfach: Es hatte mit des Fauns Mißbildung zu tun, mit seinem verkürzten Bein. In der Mythologie der Griechen – C.s bevorzugte private Lektüre – hatte er gefunden, was es erklärte: Mit Mißbildungen geborene Kinder mußten getötet werden – dazu verurteilt, von der Klippe eines Felsens ins Meer geworfen zu werden! Im Prinzip stimmte C. damit überein – aber er hatte sich über das Gebot hinweggesetzt, hatte den Faun vor jenem Schicksal bewahrt; und der dankte es ihm mit absoluter Ergebenheit...

„Was meldet Carow?“

„Er hat seine Kandidaten bereit.“

„Hat er sich für jemanden entschieden?“

„Er spricht nicht darüber; ich hatte den Eindruck, es ist Rosell.“

C. deutete auf das Dossier. „Dir ist klar, daß nur Martin uns weiterhilft? Nur er hat eine Chance, an die Steffin heranzukommen.“

„Ist denn sicher, daß sie mit nach Prag kommt?“

„Jedenfalls ist es wahrscheinlich.“

„Du gehst ein ziemliches Risiko ein. Wenn das schiefläuft...“

„... wird demnach niemand uns damit in Verbindung bringen können.“

„Und der Agent? Er kann reden.“

„So etwas kann man verhindern.“

„Ein Agent, den Carow führt, das ist sein eigenes Fleisch und Blut. Mit *ihm* könnte es Probleme geben.“

„Dies ist keine Sache der Gefühle!“

„Und doch setzt du genau *darauf*, oder? Ein Mann wie Martin – hat er Gefühle? In dieser Sache?“

„Das werde ich wissen, wenn ich ihn gesehen habe.“

Die Unterhaltung schien zu Ende. Der Faun erhob sich. Beiläufig, als komme ihm der Gedanke in diesem Moment, sagte er: „Denkst du je daran, daß *er* versucht herauszufinden, was du vorhast? Daß er, vielleicht genau in diesem Augenblick, dasitzt und von dir denkt: ‚Was plant er? Was geht in seinem Kopf vor? Welchen Zug wird er machen?‘“

C. blickte auf. „Doch, daran denke ich – aber ich sage mir, so geht Zentner nicht vor. Das entspricht nicht seiner Natur... Er kann nur auf eine Art kämpfen: Dich niederschlagen! Er vergißt immer die Punkte! Die meisten tun das. Wir, Faun, sammeln Punkte, langsam, ruhig, Runde für Runde – so werden wir gewinnen, nach Punkten, nach sorgfältig und langsam angesammelten Punkten.“

„Ich weiß, es ist deine Art zu kämpfen.“

„Und nur dann habe ich gewonnen, nur mit dieser Methode. Zentner hält diesen Kampf für längst entschieden; weil er mich für einige Runden am Boden hatte. Aber am Ende, Faun, wenn alle Punkte zusammengezählt werden, dann werde ich es sein, der ihn gewonnen hat! Wenn die Zone explodiert, das kostet ihn Kopf und Kragen!“

„Noch haben wir das Ergebnis der Konferenz nicht."

„Martin wird es uns bringen. Verstehst du, das möchte ich noch erleben, daß wir ihn am Boden haben, nur das noch..."

Der Faun kannte diese einseitigen Gespräche, in denen er nur der stumme Zuhörer war; aber wieder hatte er etwas zu sagen: „Du denkst ernsthaft – an Rücktritt, danach?"

C. blickte überrascht auf.

Der Faun sah, daß er sich zu weit vorgewagt hatte. Er nahm Zuflucht zu seinem breiten Lächeln. Das war *sein* Geheimnis, etwas, das er früh entdeckt hatte: In der Schule hatte sich jeder über sein Hinken lustig gemacht bis zu dem Tag, an dem er herausgefunden hatte, daß er den Quälereien und Böswilligkeiten seiner Mitschüler entkommen konnte, indem er sie mit Faxen und mit seinem Grinsen zum Lachen brachte; plötzlich hatten ihn alle, vor allem die Stärkeren, verteidigt.

Er verstärkte sein Grinsen. „Vermutlich lassen sie dich nicht gehen."

„Übrigens, das wollte ich dir gestern abend schon sagen: Sprich mit dem Personalchef. Ich möchte, daß mein Schwiegersohn in eine andere Abteilung versetzt wird."

Der Faun schwieg, wartete auf die Fortsetzung, dankbar, daß C. von dem Thema abgekommen war.

„Dieser Kurierjob läßt ihn mir zuviel auf Reisen sein. Jedesmal steht mir meine Tochter ins Haus. Man soll ihm etwas anderes übertragen, Zentralarchiv, Öffentlichkeitsarbeit – irgend etwas, was ihn zu Hause hält."

„Das wird ihm nicht gefallen ..."

„Er wird es nehmen müssen; natürlich mit demselben Gehalt. Erledige das diskret. Nicht, daß es von mir ausgeht." C. lächelte. „Ich bin ein alter Mann, und ein alter Mann braucht seinen Frieden..."

XIV. Kapitel

Sie hatten seine Beschatter ausgewechselt. Sie saßen zusammen mit ihm in dem Wagen, einer hinter dem Steuer, die beiden anderen rechts und links von ihm im Fond. Sie hatten harte, verschlossene Gesichter, sahen ungeheuer tüchtig aus, besonders einer. Er hatte eine Art Ponyfrisur, das Haar in der Stirn akkurat abgeschnitten – vielleicht war es ein Toupet; damit und mit der starken Nase sah er wirklich wie ein Pony aus.

Der Wagen war auf dem Parkplatz vor dem Nymphenburger Schloß abgestellt. Es war ein herrlicher Anblick, die Sonne in den vielen Fenstern des Hauptgebäudes, aber Martin war zu aufgeregt, um darauf zu achten. Alle drei Männer rauchten; als er sie gefragt hatte, ob man nicht eines der Fenster öffnen könne, hatten sie ihn nur unzugänglich angestarrt; wahrscheinlich hatten sie gehört, was er ihren Kollegen angetan hatte.

Sie warteten schon über eine halbe Stunde. Am Morgen hatte Carow ihm nur eine kurze Visite abgestattet: „Nimm ein Bad, du wirst C. vorgeführt.“ Carow war verändert gewesen, härter, kurz angebunden, als wolle er sich von ihm distanzieren.

Ein zweiter Wagen parkte nicht weit entfernt von ihnen. Der Mann, der vermutlich der andere Kandidat war, kam in diesem Augenblick zurück. Martin, der ihn beobachtete, schätzte ihn Anfang Dreißig; er hatte ein schmales Gesicht und einen durchtrainierten Körper, und beides erinnerte Martin an einen Jongleur, den er einmal in einem Zirkus in Barcelona bei der Arbeit gesehen hatte.

Ein Summton kam aus der Funkanlage. Der Fahrer meldete sich. „Wagen zwei. Roger.“ Eine Stimme klang auf, füllte den Wagen: „Schickt ihn los!“

Das Pony stieg auf der rechten Seite aus. „Nun du! Am Hauptgebäude vorbei, Hauptallee. Zähl die Statuen auf der linken Seite; nach der fünften links abbiegen, über die Brücke. Wieder rechts, die sechste Bank... Und nicht zu hastig! Es soll wie ein Spaziergang aussehen, ein Mann, der viel Zeit hat...“

„Ich habe Zeit.“

„Habt ihr wohl alle." Des Ponys feindselige Gefühle standen ihm auf dem Gesicht geschrieben. Er stieg in den Wagen zurück, schlug die Türe hinter sich zu.

Der andere Kandidat war verschwunden. Als Martin nahe an dem Wagen vorbeiging, sah er das Gesicht des Jongleurs hinter den Scheiben; konzentriert, mit einem selbstzufriedenen Lächeln. Was soll's, dachte Martin, ich kann immer auf die Insel zurück; er war wie ein Kind, das im Wald vor sich hin pfeift.

Jetzt, da er sich bewegen konnte, verschwand seine Aufregung. Er bemerkte die Schönheit seiner Umgebung, die breite, gekieste Hauptallee. Vor den Statuen blühten noch Rosen, obwohl die Bäume im Hintergrund des Parks bereits ihre Blätter färbten. Er war nicht allein, sondern nur einer von vielen Spaziergängern. Ein Führer erklärte einer Gruppe von Amerikanern die Bedeutung der Anlage mit der Müdigkeit desjenigen, der sich oft wiederholt.

Der alte Mann auf der sechsten Bank trug einen Mantel mit Kaninchenkragen, einen dunklen Hut und dunkle, geschnürte Stiefel. Er saß dort, nach vorne gebeugt; jemand, der sich verschnaufen mußte. Martin war C. nie begegnet; er war sich plötzlich nicht sicher. Als er aufblickte, um die Bänke nachzuzählen, entdeckte er auf der nächstgelegenen Bank einen Mann mit rötlichem Haar; er grinste ihm zu und nickte.

Martin setzte sich neben den alten Mann auf die Bank. Er hatte sich vorgenommen, sich nicht aus der Reserve locken zu lassen, kühl und sachlich zu bleiben, nichts von sich aus freiwillig zu dem Gespräch beizutragen. Aber der Alte an seiner Seite verlockte ihn dazu zu sagen: „Ein schöner Park. Wirklich wunderschön."

Der alte Mann sah auf, überrascht, sah sich um, sah seinen Banknachbarn an. Als er sprach, geschah es mit einer trockenen, farblosen Stimme. „Wir haben ihn nicht deswegen ausgewählt."

Die Stimme und die kalten blauen Augen, die ihn musterten, zeigten Martin, wie falsch sein „Er ist ein alter Mann"-Gefühl gewesen war.

„Sie haben eine sentimentale Ader?"

Auch die Frage überraschte Martin. In ihrem Beruf war Sentimentalität nichts, was einem zum Vorteil gereichte. Niemand hatte ihm je so etwas nachgesagt. Dennoch hatte C. vermutlich recht. „Ich habe mich nie so gesehen", anwortete er, „aber es stimmt wahrscheinlich."

„Das gefällt mir. Die meisten meinen, die mit Härte sind die Besten. Ich habe nie so gedacht. Mir liegt der empfindsame Typ mehr – Agenten mit Herz, Männer, die wissen, für wen es schlägt."

C. blickte auf seine Schuhe. Sie waren alt, faltig, nicht allzu sauber. Martin schwieg, einfach, weil er nicht wußte, was er sagen sollte; die Worte klangen echt und unecht zugleich, jedenfalls beunruhigten sie ihn.

C. hob den Blick von seinen Schuhen. „Irgendwelche Zweifel, die dieser Auftrag auslösen könnte?"

„Nein."

„Sie wollen diesen Auftrag?"

„Ja."

„Sie bringen uns, was wir brauchen?"

„Ich weiß bis jetzt sehr wenig."

„Aber der *Wille*... Sie haben den Willen?"

Martin nickte.

„Laufen wir."

Auch der Mann mit den roten Haaren erhob sich. Martin bemerkte das Hinken. Er folgte ihnen, blieb nie mehr als fünf Meter hinter ihnen zurück. Sie gingen an einem Graben entlang, in dem das Wasser sehr niedrig stand, voller Algen.

„Sagen Sie – als man Sie aus dem Gefängnis nach Bernau brachte – damals hat Zentner persönlich Ihnen das Angebot gemacht, Agent für den Apparat zu werden?"

„Nicht zu Beginn. Er tauchte erst später selber auf. Ich wußte nicht sofort, wer er war."

„Woran hat er appelliert – an ihr Herz?"

Wieder mußte Martin seine Überraschung unterdrücken. „Es war ein Handel – sie boten mir etwas, ich sollte ihnen etwas dafür geben."

„Was haben sie Ihnen geboten?"

„Ich hatte noch fünfzehn Jahre zu verbüßen – in ihren Gefängnissen!"

„Natürlich, das sehe ich ein, das war etwas."

C. sprach leise, fast stockend, als formuliere er Gedanken, die ihm gerade kamen. Martin war sicher, daß C. das alles lange im voraus festgelegt hatte, jeden Zug, den er zu machen gedachte.

„Das war es also – die Freiheit oder Verbüßung der vollen Strafe? Nichts sonst?"

Martin wußte, daß C. das nicht meinte, aber er sagte es trotzdem. „Sie meinen Geld?“

„Zentner sucht immer nach der schwächsten Stelle in der Verteidigung, dort schlägt er zu, nicht da, wo man stark ist. Geld und Verrat – das sind nicht Ihre schwachen Punkte. Ein Mann wie Zentner war sich darüber vermutlich schnell klar. Also...“ C. seufzte, ließ den Satz unbeendet, so, als sei es nicht seine Sache, ihn zu Ende zu führen.

Jetzt kommt es, dachte Martin. Seine Hoffnung war vergebens gewesen. Aber immerhin war auch er nicht unvorbereitet.

„Manchmal sind Frauen der schwache Punkt...“

„Es stünde mit Sicherheit in meinem Dossier.“ Martin hoffte, daß sein Lächeln so selbstsicher war wie das des Jongleurs.

„Vielleicht habe ich mich falsch ausgedrückt... *Eine* Frau meine ich natürlich.“ C.s Stimme veränderte sich, verlor das Vage. „Ist das klarer? Zimra Steffin.“

Sie wußten es also. Es war nicht einmal mehr wichtig, wie sie es in Erfahrung gebracht hatten. Wichtig war nur die Tatsache selbst. Und die Frage: Warum? Was erhofften sie sich davon?

„Nehmen wir an, was ich weiß, stimmt“, fuhr C. fort. „Das ist: Sie kannten sie. Sie liebten sie. Nehmen wir weiter an, Zentner wußte davon. Dann könnte sein Angebot so ausfallen: Die Freiheit für sie beide! Hat er Ihnen den Köder vorgehalten?“ C. machte eine Pause, wie erschöpft. „Erzählen Sie mir von ihr – wie war sie?“

Auch in Bernau hatten sie ihm Spaziergänge erlaubt – nicht in einem so ordentlich angelegten Park wie diesem – und auch dort war ihm immer jemand gefolgt, niemals mehr als fünf Meter entfernt, Wachen mit automatischen Maschinenpistolen.

Man hatte ihm ein kleines Blockhaus zugeteilt; ein großer Raum, eine Küche, ein enger Schlafraum – aber so plötzlich war die Verlegung aus dem Gefängnis gekommen, so unerwartet, daß er die ersten Tage nicht einmal fähig war, es zu verlassen; er hatte dort einfach gesessen wie ein Tier, dem man den Käfig geöffnet hatte, das aber nicht wußte, was es mit der neugewonnenen Freiheit anfangen sollte.

Man hatte ihm keine Gründe für die Verlegung genannt; obwohl sie eigentlich auf der Hand lagen. Erst am vierten Tag hatte er von der Erlaubnis Gebrauch gemacht spazierenzugehen; weil sie ihm gesagt hatten, daß die „Gespräche“ am nächsten Morgen beginnen würden…

An dem Morgen saß er vor der Hütte auf einer Bank und wartete auf den Wagen. Ein Feldweg – aufgeweicht vom Regen, als man ihn hergebracht hatte, aber jetzt ausgetrocknet – führte von der Hütte weg, verlor sich in einem Wald von Birken und Buchen. Die Posten waren außerhalb des Grundstücks postiert, zwei Männer in langen Mänteln, Maschinenpistole und Feldstecher umgehängt, die Hände auf dem Rücken, liefen sie gelangweilt auf der leicht ansteigenden Wiese auf und ab. Es war ihre plötzliche Aufmerksamkeit – sie blieben stehen, richteten ihre Feldstecher in Richtung des Weges – die ihn aufblicken ließ.

Es war kein Wagen – der würde später kommen – sondern eine einzelne Person auf einem Rad. Eine dichte Hecke aus Weißdorn war zwischen ihm und dem Weg; so war das erste, was Martin von ihr sah, nur ihre Schulter und der Kopf, als sie hinter der Hecke entlangradelte. An den Bewegungen ihrer Schulter sah er, daß sie wegen des holprigen Weges fest in die Pedale treten mußte. Sie trug ein graues Käppi, an der Seite mit einer Spange an ihrem Haar festgesteckt – und zusammen mit der grauen uniformähnlichen Jacke, graublauem Hemd und schwarzer Krawatte erschien sie ihm wie ein kleiner Soldat; nicht ein wirklicher, sondern wie die Spielzeugsoldaten, die er in seiner Kindheit in den Stücken gesehen hatte, die um die Weihnachtszeit in einem Wirtshaussaal in Budweis aufgeführt wurden.

Sie war nun am Tor, zeigte den Posten ihren Ausweis, kam dann herein, ihr Rad schiebend. Er stand auf, die automatische Reaktion eines Strafgefangenen. Sie ging an ihm vorbei, scheinbar ohne ihn zu bemerken, lehnte ihr Rad gegen die Mauer, betrat die Hütte, ganz so, als sei sie hier zu Hause.

Er konnte sie durch das Fenster beobachten, wie sie die Szene herrichtete; Stühle an den Tisch stellte, einen kleinen Tisch an die Seite des Raumes rückte, Stenoblocks auslegte, viele Bleistifte, einen Spitzer anschraubte… Dann kam sie heraus, setzte sich wie selbstverständlich neben ihn auf die Bank – einen anderen Platz zum Sitzen gab es nicht – und es war dann, daß sie ihm ihren Namen sagte, nichts sonst, nur den Namen, und dann wieder schwieg.

„Zimra Steffin.“

Er hatte sich nicht vorgestellt; einmal, weil es ihm unpassend erschien und sie seinen Namen ohnehin wußte, und weil er so verwundert über ihren Namen gewesen war.

„Was für ein seltsamer Vorname."

Sie zog die Spange heraus, nahm das Käppi ab, schüttelte ihr Haar los. Er war überrascht von dem vielen Grau in ihrem Haar, ein dichtes Netz von feinen, grauen Fäden; es machte ihr Alter schwer abschätzbar. Aber selbst als er später wußte, daß sie 36 war, sagte es nicht viel; denn so, wie ihre Stimmungen einen weiten Ausschlag hatten, so schien sie die Zeitspanne ihres Alters dehnen und zusammenziehen zu können.

„Was bedeutet der Name – Zimra?" Er hatte mit den Wachen nie ein Wort gewechselt. Es war das erste, was er seit einer Woche sprach; er hatte einen plötzlichen Hunger nach Worten.

„Ich könnte es nicht sagen. Er stammt aus der Bibel."

„Sie haben nie nachgesehen?"

Sie wandte sich ihm zu. Sie hatte braune, fast schwarze Augen. Der Ausdruck auf ihrem Gesicht sagte, daß sie nicht verstand, wie irgend jemand je etwas in der Bibel nachschlagen könnte.

Es war ihr Vater gewesen, der ihr den Namen gegeben hatte.

„Er haßte die Polen, wissen Sie! Er kämpfte gegen alle Diktaturen, sein ganzes Leben lang, dennoch hatte er einen Haß gegen alles Polnische... Als ich geboren wurde, in Poznan – was natürlich nie über seine Lippen kam, für ihn war und blieb das immer Posen – da schloß er eine Wette mit seinen Freunden ab: Er würde seiner Tochter einen Namen geben, den *niemand* ins Polnische übersetzen konnte; das wurde von allen Deutschen verlangt, es war Gesetz. Mein Vater wettete, einen unanfechtbaren Namen zu finden, gegen den die Behörden machtlos waren..."

Erinnerte Martin sich wirklich richtig? Hatte sie ihm sofort davon erzählt, bei ihrem ersten Zusammentreffen? Konnte er sich dessen sicher sein, wann sie ihm das erzählt hatte – bei den vielen Verhören, bei seinen Aussagen vor Gericht; er mußte sich an so vieles erinnern, jede Minute wachsam sein: Was er gesagt hatte, wo, zu welcher Zeit, was er zugegeben hatte, was er verschwiegen hatte, wo er gelogen hatte!

„Als es soweit war, ging er, um mich registrieren zu lassen. Seine Freunde warteten draußen vor dem Amt. Sie wollten den Namen Zimra nicht anerkennen, aber er hatte eine Bibel dabei – er hatte sie wirklich gekauft für diesen Zweck, Kommunist hin oder her, und bewies ihnen: Hier, ein Name aus der Bibel! Was sollten sie tun, gute Katholiken, die sie wie alle Polen waren! So gewann mein Vater seine Wette, und ich trug für alle Zeiten diesen sonderbaren Namen, kam nicht mehr von ihm los."

„Er klingt – alttestamentarisch."

„Jedenfalls heroisch. Deshalb wählte mein Vater ihn wahrscheinlich, nicht nur wegen der Wette. Er war eine Kämpfernatur, eine Art Volksheld – er erwartete selbstverständlich, seine Tochter würde ihm nachgeraten. Ich habe oft gedacht, mit einem anderen Namen hätte ich ein vollkommen anderes Leben gehabt."

Es war nicht wahrscheinlich, daß sie ihm das bereits am ersten Tag erzählt hatte, oder doch? Jedenfalls war Martin schnell klargeworden, daß man Zimra für diese Arbeit nicht allein deshalb gewählt hatte, weil sie eine so gute, tüchtige Stenographin war: die ganze Zeit still und ruhig an ihrem Tisch, nie, daß sie nachfragte, sich etwas wiederholen ließ; sie füllte Block um Block, schnell und schweigend, wie abwesend.

Er ahnte, er *wußte* – mit all den Antennen, die ihn dazu befähigt hatten, ein guter Agent zu werden – daß das Ganze eine wohlpräparierte Falle war: daß alles von ihnen geplant war, schlau, jeder Schritt überlegt, auch, daß sie als erste allein auf der Bildfläche erschienen war...

Sie hatten sich fast ein halbes Jahr gesehen; zuerst nur bei den „Gesprächen", die sie mitstenografierte, manchmal zwei, manchmal drei Tage in der jeder Woche für Stunden. Später hatte sie ihn an Sonntagen besucht – mit *ihrer* Erlaubnis, das war klar. Dann, in den letzten Wochen, als sie auf eine Entscheidung drängten, hatte man ihr erlaubt, auch über Nacht zu bleiben.

Nach dem Tode seiner Frau und nachdem er für die „Organisation" arbeitete, hatte Martin nur noch Affären mit Frauen gehabt, die er nicht liebte. Dieses Mal war es umgekehrt. Er verliebte sich in jemanden, lange, bevor er diesem Gefühl nachgab. Das Ganze war zu unmöglich. Ihre Liebe hatte keine Chance: Da waren die ungewöhnlichen Umstände, die von vornherein begrenzte Zeit, das Aufgezwungene.

„Ich werde nie den Preis bezahlen!" Das mußte er noch ziemlich am Anfang gesagt haben. „Sie werden mich entweder ins Gefängnis zurückschicken oder mich allein austauschen. Wir werden nie zusammenbleiben können. Ich sehe keine Zukunft."

Er sah es zu deutlich, das Ende, den Preis, den sie einklagen würden. Aber Liebe – konnte sie so verhindert werden? Liebe, was Einbildung, Täuschung, Wunschtraum bedeutete. So hatte der überlegende, kühl denkende, seine Gefühle beherrschende Agent dem schwächeren Mann, dem Strafgefangenen mit der Angst, mit den Alpträumen nachgegeben. Was für eine Alternative ohnehin: die Wahl zwischen Angst und dem Haß innerhalb der Gefängnismauern und der Angst und der Liebe zweier Menschen...

Am Ende der sechs Monate war er genau an dem Punkt gewesen, an dem man ihn hatte haben wollen: bereit, zu tun, was sie von ihm wollten, wenn man ihnen beiden die versprochene Freiheit gab...

„Ich meine, Sie sollten wirklich darüber sprechen."

Es war die Stimme C.s, die ihn in die Gegenwart zurückbrachte, in den anderen Park.

„Ist es, weil Sie uns damals diese Tatsache vorenthalten haben?" C. spürte, es gelang ihm nicht, in das Schweigen des Mannes einzudringen. Er hatte nur eine Hoffnung: daß Carow recht hatte, daß Martin hungrig war, daß er diesen Auftrag wollte, bitterernst wollte.

„Sie wollten sie schützen – war es das? Das wäre nur natürlich, jeder Agent tut das mal. Ohnehin, es betrifft Vergangenes... Dann sagen Sie mir wenigstens, warum haben Sie ihr Angebot am Ende abgelehnt?"

„Habe ich etwas von einem Angebot gesagt?" Martin war nicht in die Falle gegangen; dennoch wußte er, daß seine Verteidigungslinie schwach wurde. Carow hatte gesagt, daß es kein Dossier über Zimra gab; dennoch glaubte Martin nicht, daß C. ihn belog. Und alles in Martin lehnte sich gegen diese scheinbare Nebensächlichkeit auf: Eine Akte über Zimra, Männer der „Organisation" – C. selbst – die ihn in den Händen hielten, darin herumblätterten – ihm kam es vor, als seien die Hände auf ihr, berührten sie, tasteten ihren ganzen Körper ab.

„Gibt es ein Dossier von ihr?"

„So kann man es nicht mal nennen." C.s Stimme war kaum vernehmbar. Wußte Martin, daß er mit der Frage ihre Existenz zugegeben hatte? C. war in Euphorie, aber er hütete sich, davon etwas zu zeigen; er durfte nichts tun, was Martins Schweigen wieder verhärtete. „Hatten Sie seither Kontakt mit ihr?"

„Wie?"

„Haben Sie je überlegt, uns von ihr zu berichten? Wir hätten vielleicht eine Möglichkeit gehabt, sie herauszubringen."

„Aus welchem Grund hätten Sie das tun sollen?"

„Und Sie?"

„Was?" Martin verstand die Frage nur zu gut, aber er brauchte Zeit.

„Haben Sie versucht, sie rauszubringen – nachher, meine ich?"

Er kann es nicht wissen, dachte Martin, *dies nicht.* Es gab nur einen Mitwisser, Szesc, und seiner war er sich sicher. Er klopft nur auf den Busch, will sehen, was herausspringt. „Es gibt keine Möglichkeit, keine, die Aussicht auf Erfolg hätte."

„Vielleicht gibt es die Chance jetzt! Carow hat Ihnen gesagt, wohin Sie Ihr Auftrag führt?"

„Ein Lauf in den Block."

„Prag, ein Treffen der Chefs der Geheimdienste einiger Blockländer. Auf diese Konferenz ist unser Agent angesetzt."

Martin bemühte sich nicht, seine Überraschung zu verbergen; einmal, weil es unnatürlich gewesen wäre, aber auch, weil er seine ganze Verteidigung um Zimra herum aufgebaut hatte und er seine Kraft darauf konzentrierte.

„Wir erwarten, zu erfahren, um was es bei diesem Treffen geht." C. lächelte. „Am besten wörtliche Protokolle – das Unmögliche, wie immer!"

Wieder dachte Martin, das sollte er mir nicht anvertrauen, nicht in diesem Stadium. Und da war ein anderer Gedanke: Wenn sie es auf das abgesehen haben, auf wörtliche Wiedergabe, dann bleibt ihnen nur die Möglichkeit: eine funkelektronische Apparatur zu installieren... „Carow sagte, keine Technologie!"

„Richtig. Die Möglichkeit besteht nicht."

„Dann...", Martin sprach nicht weiter. Plötzlich war alles klar. Eine Zeit schwiegen beide. Sie wußten, der Moment der Entscheidung war gekommen, auch der Moment, da die Wahrheit nicht länger zu verbergen war. Es war C., der sie schließlich aussprach:

„Das ist unser Dilemma! Wir haben nur eine Chance, zu bekommen, was wir wollen. Mit aller elektronischen Spionage, mit all den wunderbaren Apparaturen – manchmal sind wir auf menschliche Faktoren angewiesen." Er gab Martin die Zeit, etwas zu sagen, aber als der schwieg, fuhr C. fort, bestimmt nun, schnell, wie um es hinter sich zu bringen: „Das ist der Punkt, an dem Sie einspringen – Sie und Zimra Steffin. Wir müssen sie beteiligen, aktivieren, zumindest müssen wir es versuchen... Sie arbeitet noch für den Apparat, ist aufgestiegen. Bei uns würden wir sie den Hauptdrachen nennen, Leiterin des Chefsekretariats."

„Es muß einen anderen Weg geben."

C. schien es nicht gehört zu haben. „Sie wird mit nach Prag kommen. Es wird ihre Aufgabe sein, für Zentner, für den Apparat wörtliche Protokolle von den Sitzungen anzufertigen – das jedenfalls entspricht unseren Erfahrungen. Sie trauen sich gegenseitig nicht, wollen alles schwarz auf weiß haben, was sie gesagt haben in den Sitzungen, so daß niemand ihnen etwas unterschieben kann. Sie suchen immer nach Sündenböcken... Es wird mit Sicherheit entweder Mitschnitte auf Bändern oder stenographierte Berichte geben, für jeden Dienst gesondert. Zentners Ausfertigung – darauf sind Sie angesetzt! Das ist Ihr Kontrakt."

Für einen Moment fühlte Martin sich einfach überwältigt, sonst nichts. Dann gingen ihm viele Dinge durch den Kopf, nicht klar geordnet, sondern eher konfus: Daß dieser Auftrag ihm die Möglichkeit bot, Zimra wiederzusehen; daß dieses Szenario, das sie sich ausgedacht hatten, viel zu risikoreich war, daß er dabei sein Leben riskierte und ihres gefährdete, für nichts möglicherweise...

„Warum schicken Sie mich nicht gleich in die Sitzung?"

„Nichts dagegen einzuwenden, daß Sie es so sehen: Eine absolut einmalige Gelegenheit für einen Agenten, zu zeigen, was er wert ist."

Er ist clever, dachte Martin, er durchschaut mich. Aber er übersieht, daß sein Plan auf falschen Voraussetzungen beruht. Wie konnte C. mit seinem geringen Wissen von Zimra, wie konnte er, nur weil er ein dünnes, mageres Dossier von ihr besaß, sich an diese vage Hoffnung klammern?

Er kannte sie und erinnerte sich, suchte die Erinnerung, die Stimme, die Gespräche in den letzten Tagen in Bernau. Der letzte Tag, seine letzte Chance: Am Morgen noch die Androhung Zentners, daß sie ihn noch am gleichen Tag ins Gefängnis zurücktransportieren würden, wenn er seine Meinung nicht änderte... Er hatte mit Zimra darüber diskutiert, ihr gesagt, daß er bereit sei, auf Zentners Angebot einzugehen.

„Warum nicht, wenn es uns die Freiheit bringt?"

„Welche Freiheit, Martin? Ich weiß, wenn du es tust, wirst du mich bald dafür hassen, nicht sie, sondern mich."

„Wenn wir erst einmal draußen sind..."

„Du träumst."

„Ich kann aufhören. Weder für die einen noch für die anderen arbeiten."

„Du weißt, daß die Dinge nicht so ablaufen."

„Wir finden einen Ort für uns."

„Du glaubst, so etwas gibt es?"

„Irgendwo..."

„Für einen Agenten bist du erstaunlich romantisch. Und, Martin... Es gibt andere Gründe. Trotz allem – dies ist mein Land. Du findest vielleicht ein anderes. Ja, ich bin sicher, du kannst ein anderes finden, irgendwo... Du hängst deine Wurzeln in die Luft und lebst, ich kann das nicht. Ich brauche Wurzeln, tief reichende... ein Weinstock, ich glaube, er braucht zehn Jahre, bis er seine Wurzeln ausgebildet hat. So ist das mit mir; vergiß nicht, ich habe sie hier ausgebildet; was immer dagegen zu sagen ist, ich verdanke alles diesem Land... Und da ist mein Vater, die Erwartung, die er in mich setzt, seine Tochter, Zimra..."

„Sie kennen sie nicht", sagte er und kehrte in die Gegenwart zurück. „Sie wird die Rolle nicht spielen, die Sie ihr zugedacht haben."

„Sie haben sie fast sechs Jahre nicht gesehen, richtig? Eine lange Zeit. In sechs Jahren kann viel geschehen."

„Der ganze Plan klingt wie russisches Roulette."

„Mit welcher Waffe?" C. blieb kühl. „Eine Chance von eins zu acht? Ich hätte angenommen, für den Mann, den wir dazu brauchen, sei das eine faire Chance! Habe ich mich da getäuscht? Nicht wahr – wir diskutieren. Die Sache ist offen, von beiden Seiten. Sie können ablehnen – ohne irgendwelche Folgen für Sie." Seine Stimme wurde zum erstenmal hart. „Können Sie es auf der anderen Seite?"

Sie waren stehengeblieben. Sie sahen sich an. Martin fühlte, daß er dieses Spiel von Anfang an verloren hatte, weil C. durchschaut hatte, wie sehr er diesen Auftrag brauchte. Da sprach man von den dunklen Machenschaften der „Organisation"! Aber sie waren nur möglich, weil es Männer wie ihn gab, die, wenn es hart auf hart ging, ihre Bedenken in den Wind schlugen, weil sie ohne *das eine* nicht sein konnten. Seine Alpträume würden zurückkehren – und er sehnte sich danach in diesem Augenblick. Er konnte einfach nicht auf die Insel zurückkehren. Das war sein Problem: daß ein Leben in Frieden einem keine bösen Träume machte!

Das Ende war gekommen. C. hatte die höhere Karte gezogen, wo immer er sie hergenommen hatte, aus dem Spiel oder aus seinem Ärmel, sie war besser als die seine. Er konnte nur noch eines tun: Zimra schützen.

„Ich nehme den Kontrakt an. Ich bringe Ihnen, was Sie wollen. Wie es in meine Hände kommt, bleibt mir überlassen."

„Einverstanden."

„Sollte ich *ihre* Hilfe in Anspruch nehmen müssen, was kann ich ihr bieten?"

„Wenn sie mitspielt, bringen wir sie heraus."

„Zusammen mit mir!"

„Es bedeutet wahrscheinlich, daß wir unseren Plan ändern müßten."

„Wenn sie nur mir traut, wie Sie annehmen..."

„In Ordnung. Wir bringen euch zusammen raus. Sprechen Sie mit Carow darüber. Er muß entscheiden, wie das abläuft."

„Carow hat dem ganzen Plan zugestimmt?"

C. lächelte. „Warum sollte er nicht? Es ist sein Plan... Haben wir alles besprochen?" Er blickte sich um, wie um sich zu orientieren, an welcher Stelle des Parks sie waren.

Martin konnte nicht verleugnen, daß er Angst spürte vor dem, was vor ihm lag; da es nicht länger eine Möglichkeit war, mit der er in Gedanken spielte, sondern Realität. Er spürte eine plötzliche Übelkeit, so wie früher, wenn er zuviel geraucht hatte. Daß ihn sein Körper in diesem Augenblick im Stich ließ, Schwäche zeigte, demütigte ihn.

C. streckte seine Hand aus. Einen Augenblick dachte Martin, es geschehe, um sich von ihm zu verabschieden, aber dann wurde es nur eine Geste, mit der C. um sich deutete.

„Sie hatten recht, wirklich ein schöner Park, wirklich." Seine Stimme war so farblos und trocken wie zu Beginn ihres Gespräches. „Viel Glück."

Es war die letzte Gelegenheit für ihn, nein zu sagen, der Versuchung nicht nachzugeben. C. jedenfalls rechnete nicht damit, denn er hatte sich unverzüglich abgewandt. Er ging davon, plötzlich wieder in der Rolle des alten Mannes, gefolgt von seinem hinkenden Schatten.

Martin wartete, daß seine Beschatter ihn aufnehmen würden. Sie brauchten nicht lange dazu; schon tauchte das Pony auf mit demselben feindseligen Ausdruck auf seinem Gesicht, der Martin zeigte, daß er seine Meinung über Agenten nie ändern würde.

XV. Kapitel

Nach außen hin war es Carows offizielle Verabschiedung wegen seines Aufenthalts in der Klinik. Er spielte es durch, übergab einem seiner Stellvertreter seine Aufgaben, veranstaltete sogar eine kleine Party in seinen Räumen. Solche Festivitäten waren beliebt innerhalb der „Organisation". Selbst die Pauly, sonst der brütende Ernst selbst, stahl sich bei diesen Gelegenheiten aus dem Vorzimmer weg. Carow erinnerte sich an irgendeines dieser Feste im Archiv, bei dem sie plötzlich auf einem der Tische tanzte – ihre Schuhe abstreifte, ihren Rock anhob und ihre kräftigen Beine schwenkte, die in schwarzen Wollstrümpfen steckten.

Sie kam auch zu seiner Party, lächelnd, entspannt, bis es hieß: „Carow zum Chef", und sie sogleich ihre Maske wieder aufsetzte, mit ihm zurückging, ihm grimmig Kaffee anbot, während er im Vorzimmer auf das grüne Licht wartete, erstaunlich kurz übrigens.

C. empfing ihn hinter seinem Schreibtisch in dem Stuhl aus Mahagoniholz mit schwarzem Vinylbezug, der – wenn er leer war – Carow immer an den Exekutionsstuhl erinnerte, den man ihm einmal in einem Gefängnis in den USA gezeigt hatte.

„Ich höre, du bist soweit."

Sie waren allein, ohne den Faun, obwohl man immer erwartete, daß er da war, allgegenwärtig wie ein Schatten, zur Hand, wenn C. ihn brauchte. Carow legte die gelbe Akte vor C. auf den Tisch. Er blieb stehen, so als könne ihm das helfen, besser zu argumentieren.

„Wir haben vereinbart, daß dir die letzte Entscheidung zusteht. Stimmen wir überein, daß Martin unser Mann ist?"

Als C. ihm an diesem Morgen das Steffin-Dossier ausgehändigt hatte, war Carows erste Reaktion Zorn gewesen: auf Martin, der ihn bei den Verhören hintergangen hatte; auf sich selbst, weil er es nicht aus ihm herausgeholt hatte; auf C., der ihm dies so lange vorenthalten hatte. Inzwischen war sein Zorn verflogen – Carow war ein Mann, der Mut bewunderte, und Mut hatte Martin in dieser Sache damals zweifellos bewiesen. Was C. betraf...

„Ich hätte mir denken können, daß du irgendwo ein As versteckst."

„Martin also? Warum setzt du dich nicht, während ich dir von meiner Unterredung mit ihm berichte?"

Während Carow zuhörte, verstärkte sich in ihm das Gefühl, daß etwas an diesem Plan nicht stimmte. Viel später erst fragte er sich, ob dies nicht der Augenblick gewesen war, in dem er alles hätte verhindern können: C. sagen, laß die Idee fallen, laß es darauf beruhen, was Zieglers Abteilung herausgefunden hat. Aber überforderte das nicht seinen Charakter? Waren es vielleicht einzig und allein die vertauschten Rollen, die sie beide in diesem Augenblick spielten, die ihn beunruhigten: er, Carow, der Zögernde, Zweifelnde, Vorsichtige; C. der Kühne, Risikoreiche...

„Wir sind uns also einig?" C. wiederholte seine Frage, ungehalten, daß er darüber diskutieren mußte.

„Du hast nie eine Entscheidung auf Grund von – Gefühlen getroffen, und doch tust du es hier. Wie kannst du so sicher sein, daß dieser Plan uns bringt, was wir wollen? Warum dieses Risiko?"

„Ich sehe kein Risiko. Hast du im Archiv etwas von der Steffin gefunden? Nein, also! Die Stelle ist absolut dicht. Und – nehmen wir an, Martin bekommt wirklich nicht, was wir wollen, er kann sie trotzdem aktivieren, für die Zukunft. Das wäre genausoviel wert: wieder eine Spitzenquelle im Apparat zu haben!"

„Vielleicht wäre Rosell der bessere Mann – weil er der Sache kühler gegenübersteht."

„Wie kommt er an die Steffin heran? Natürlich, wir könnten Rosell in die G.-M.-Sache einweihen, könnten versuchen, der Steffin ein Brandzeichen zu geben – aber du hast dich immer gegen diese Art von Erpressung ausgesprochen."

„Weil die Nachteile größer als die Vorteile sind."

„Also, was!? Willst du die Sache abblasen? In diesem Stadium? Vergiß nicht, wir haben sie alle im Nacken! Es sind nicht nur Zentner, der Apparat, unsere Feinde. Es sind auch unsere Freunde! Heiner, niemand hat uns je was geschenkt. Die Zone, der Osten, bis das unser Gebiet war, erinnere dich, was das gebraucht hat. Unsere Freunde lassen uns dort ungestört arbeiten, aber nur solange wir *produzieren*. Also laß uns produzieren."

„Wenn Martin Erfolg hat, so werden sie über kurz oder lang wissen, wer die Quelle ist."

„Ich hab' versprochen, sie rauszubringen."

„Beide? Zusammen?"

C. blickte auf, nun offen seinen Ärger zeigend. „Kannst du mir bitte eine Cola..." Er stand selber auf, ging zu dem Getränkeautomaten. „Ja, zusammen, verdammt!"

„Das kompliziert die Dinge."

„Das weiß ich. Natürlich wäre es das beste, sie dort zu lassen. Es ist eine Schande, eine so frische Quelle so schnell wieder zuzuschütten."

„Wenn du es versprochen hast, steht es in seinem Kontrakt."

„Zum Teufel!" Diesmal explodierte C., was ganz und gar ungewöhnlich für ihn war. „Was willst du!? Mit mir über Moral diskutieren? Warum, denkst du, drängt es einen Mann wie Martin zu diesem Auftrag? Weil er uns schätzt, aus purer Vaterlandsliebe? Oder weil er heiß darauf ist, *süchtig?* Erzähl mir nicht, Agenten seien Heilige. Sollte Martin in die Situation kommen, zwischen ihrem und seinem Leben wählen zu müssen, er würde seine Haut retten... Also laß uns dies beenden. Bring sie zusammen raus. Oder bring sie nicht raus. Es ist dein Job. Nur sag mir, mit einem Wort, stehst du hinter mir in dieser Sache? Ja oder nein? Ich kann dich davon entbinden, wenn du Bedenken hast. Ich kann Martin durch Geißler führen lassen."

Carow bewunderte C. selbst jetzt. Oder war es richtiger zu sagen, daß er ihn beneidete? Um diese absolute Gewißheit, die nichts in Frage stellte, die Überzeugung, daß alles, was geschah, gerechtfertigt war. Niemals hatte Carow C. bei einer Schwäche ertappt.

Er, Carow, kannte seine schwache Stelle: Bis zu einem gewissen Grade konnte sein Glaube an C.s Führung der „Organisation" ins Wanken geraten, konnte er C. Widerstand entgegensetzen – aber am Ende gab er nach. Die einzige Alternative wäre Auflehnung gewesen, und die Kraft hatte Carow nie aufgebracht.

„Okay, ich finde einen Weg, sie zusammen rauszubringen."

„Gut. Noch eines. Ich habe das Gefühl, daß Martin denkt, die Steffin sei sein Problem. Er könnte versuchen, die Sache auf seine Weise zu lösen... Behalte ihn im Auge."

„Wir werden jemand in seinem Rücken haben."

„Halte mich auf dem laufenden... Ist er auf dem Weg zur Außenstation?"

„Er müßte bereits dort sein."

„Laß ihn schwitzen! Ich will, daß er bestens präpariert ist. Wann muß er starten?"

„Samstag abend. Mit dem Nachtzug von Salzburg."

„Warte mein Signal ab."

„Können wir das jetzt vereinbaren?"

„Irgendwelche Vorschläge?"

„Nein."

„‚Einverstanden mit der Heirat', wenn wir Martin einsetzen. Falls nicht, das Gegenteil."

Carow blickte auf, überrascht. „Könnte der Fall eintreten?"

„Es kann immer etwas dazwischenkommen, oder?"

„Irgend etwas Neues von Borchers?"

„Du bekamst die Berichte von Kurella; mehr weiß ich auch nicht. Er scheint zu schlafen."

„Sollten wir ihn nicht doch besser einkassieren, bevor dieser Fall anläuft?"

„Ohne harte Beweise? Wir halten das hier unter Kontrolle. Ich persönlich kümmere mich darum, okay? Viel Glück bei der Operation! Was machen deine Nieren?"

„Danke, alles in Ordnung." In Wirklichkeit war der Schmerz in seinem Rücken heftiger denn je. Wenn diese Sache vorüber war, mußte er das wirklich in Ordnung bringen lassen. Ob er ohne die Schmerzen mehr Widerstandskraft gezeigt hätte?

Carow war keineswegs zufrieden damit, wie das Gespräch mit C. abgelaufen war. Und da war ein anderer Gedanke, der ihn beunruhigte: C. und er, sie trafen ihre Entscheidungen hier an diesem Schreibtisch, eingesponnen in die Sicherheit des Kokons. Nichts konnte ihnen geschehen! Sie hatten ihre Entscheidungen nicht einmal zu rechtfertigen. Aber die Entscheidungen betrafen Menschen – Martin in diesem Fall, Zimra Steffin, andere. Martin und sie würden draußen im Feld allein sein, allein in der Kälte – und nichts, was er dann noch für sie tun konnte.

Carow gab sich, als er seinen Wagen bestieg, als er das Hauptquartier verließ, um Martin zu folgen, ein Ultimatum: Entweder du bringst sie beide lebend heraus – oder du bist es, der sterben wird. Das Pathos, das in dem Gedanken lag, schien dem Moment entsprungen, jetzt, da der Fall endgültig und ganz in seine Hände übergegangen war. Dennoch mußte es ihm ernst damit sein, denn Carow spürte, wie ihm der kalte Schweiß ausbrach; eine Welle von Kälte, die ihm den Rücken hinunterlief und in seine Achselhöhlen drang.

XVI. Kapitel

1

Borchers hatte sich längst daran gewöhnt, beschattet und beobachtet zu werden. Bis zu einem gewissen Grade amüsierte ihn das Ganze. Die Ironie lag darin, daß er sich immer gewünscht hatte, aus seiner Außenseiterrolle innerhalb der „Organisation" herauszutreten, Anerkennung zu finden. Bisher war ihm dies nie gelungen. Daß er seine Mutter aufopferungsvoll pflegte, daß er seine Abteilung vorbildlich führte, alles das hatte ihm nichts genützt. Zum erstenmal fühlte Borchers sich wirklich beachtet, anerkannt, fühlte sich durch die ganze Aufmerksamkeit, die man ihm schenkte, wichtig.

Ja, manchmal ertappte er sich dabei, daß er sich sein Ende vorstellte: den Prozeß vor vielen Kameras, seinen großen Tag, die Stunde, in der er endlich frei sprechen konnte, allen, die ihn nie beachtet hatten, enthüllen konnte, was er geleistet hatte. Aber abgesehen davon, daß er das seiner Mutter nicht antun konnte, würde sicher alles anders ablaufen: Seine „Freunde" würden ihn vorher abziehen, ihm eine unwichtige Stelle geben, wo er wieder der Außenseiter sein würde. Oder man würde ihn in aller Stille verhaften, ihm unter Ausschluß der Öffentlichkeit den Prozeß machen.

Vielleicht trugen diese melancholischen Gedanken mit dazu bei, daß Borchers den Entschluß, sich tot zu stellen, an den er sich bisher strikt gehalten hatte, umstieß.

Das Ganze verdankte er einem Zufall. Er hatte Akten ins Archiv getragen, als er Carow aus dem sogenannten Giftraum hatte kommen sehen. Sie hatten sich kurz unterhalten, Carow hatte eine Einladung zu seiner Abschiedsparty ausgesprochen: Das natürlich war die einleuchtendste Erklärung für Carows Auftauchen: Er hatte Geheimmaterial zurückgegeben, ehe er sich in die Klinik begab. Aber Borchers hatte sich nie mit einfachen Erklärungen zufriedengegeben. Daß er solchen „Zufällen" nachging, hatte ihm seine besten Erfolge eingetragen; und so beschloß er, das Risiko einzugehen und seine Rolle des „Schläfers" zu beenden...

Der Gift- oder auch Apothekenraum war das Herzstück des Archivs. Dort wurde alles aufbewahrt, was die Agenten unmittelbar betraf, die aktiven und die stillgelegten. Es war ein von künstlichem Licht erhellter Raum unter der Erde, voller Regale, die – ähnlich wie in Apotheken – aus den Wänden herausgezogen werden konnten. Wirklich, fand Borchers, roch der Raum immer nach Arzneien.

„Was kann ich für Sie tun?“ Der Mann, der für den Giftraum verantwortlich war, wurde „Pfefferminz“ genannt, weil er ewig kleine, weiße Pfefferminzstücke in den Mund steckte. Er war grauhaarig und alt mit einer blassen Hautfarbe von seinem maulwurfartigen Leben unter der Erde.

„Ich brauche alles über CS 91 03 77.“

„Hatten wir das nicht schon? Vor einigen Tagen?“

„Ich muß es noch mal checken.“ Nun zahlte es sich aus, daß Borchers – verwandte Seelen, die sie waren – ihn immer mit ausgesuchter Höflichkeit behandelt hatte; „Pfefferminz“ schob ihm das große Buch hin – das Giftbuch – in das jeder sich einzutragen hatte.

Borchers schlug die letzte Seite auf. Da war Carows Unterschrift, zweimal: Er hatte die Quellenbücher von zwei Agenten zurückgegeben, wie Borchers es vermutet hatte. In seiner momentanen Enttäuschung hätte er fast ein Detail übersehen; beide Codenummern deuteten darauf hin, daß es sich um zwei Agenten handelte, die im Augenblick auf Eis lagen. Wann hatte Carow die Dossiers bezogen? Und wozu? Borchers begann, die Seiten zurückzuverfolgen. Dienstag, Montag, nichts. Sonntag... Carows Unterschriften, *dreimal*... Drei Quellenbücher. Aber nur zwei zurückgegeben!

Pfefferminz tauchte schlurfend in seinem Rücken auf. „Nichts bei den Quellenbüchern“, murmelte er. Er wandte sich in einen anderen Teil des verwinkelten Raumes. „Vielleicht unter dem Namen, Cichośz“, rief Borchers ihm nach. Er wußte, auch dort würde Pfefferminz nichts finden.

Borchers war nicht leicht aus der Fassung zu bringen, aber er war unruhig: Er mußte Pfefferminz im Auge behalten, die Tür; und er mußte sich vor allem die Nummer des dritten Agenten einprägen: A 7 Z 115(NLA).

Warum hatte Carow dieses Dossier nicht zurückgegeben? Befand es sich noch in seinem Safe? Das verstieß gegen die Regeln, und Carow war ein Mann, der auf die Einhaltung von Regeln peinlich achtete. Warum also?

Pfefferminz war zurückgekommen. „Nichts, nur seine Indexkarte."

„Wir haben ihn im Computer als NLA."

„Dann ist er nicht mehr länger aktiv."

„Auf Eis gelegt?"

„Nein, ausgeschieden."

Borchers deutete in den Raum. „Dann wären seine Akten nicht mehr hier?"

„Doch, wenn er wichtig gewesen wäre."

„Wie lange?"

„Für immer und ewig. Wir quellen hier über. Nur für die verdammten Computer, da haben sie Platz in Hülle und Fülle."

War es das Risiko wert, die Frage zu stellen, die Borchers auf der Zunge brannte? Wenn Kurellas Leute nachforschten, was er hier gewollt hatte? Dann war es das gute Gedächtnis von Pfefferminz gegen die Masse von Fragen, die täglich an ihn herangetragen wurde.

„Er hatte Verbindung zu einem Agenten A 7 Z 115."

„Das betrifft nicht Ihre Abteilung, dazu müßte ich Carows schriftliche Genehmigung haben... Tut mir leid."

„Z. Das wäre die Zone?"

„Haben Sie schon unterschrieben?"

Borchers leistete die Unterschrift, während Pfefferminz ihm über die Schulter zusah. Wer weiß, was den alten Mann anrührte, er sagte plötzlich: „Die Zone, ja, ein ganz früher Vogel, aus dem Jahr siebenundvierzig. Die Zeit, bitte!"

Borchers schrieb die Zeit nieder. Sie konnten ihm nun jederzeit nachweisen, daß er hier gewesen war. War es das wert, was er herausgefunden hatte? Carow informierte sich über drei Agenten, vermutlich für einen Auftrag. Carow behielt ein Dossier zurück: Agent A 7 Z 115. Nicht länger aktiv. Hatte früher in der Zone gearbeitet. Im Jahre 1947 angeworben...

Was konnten seine „Freunde" mit einer solchen Information anfangen? Aber hatten sie ihm nicht immer gesagt – gib uns alles, auch das kleine, unwichtig erscheinende Stückchen, es könnte gerade das sein, was uns fehlt?

2

Das „Lamm“ stand am Ende der Schlange. Ein zweiter Schalter wurde geöffnet; die Personen vor ihm blickten Borchers an: Warum wechselte er nicht hinüber? Aber der wartete geduldig, als hätte er es gar nicht bemerkt; als die Reihe an ihm war, nahm er drei Bänder aus seiner Aktentasche, reichte sie durch den Schalter.

„Sie sind schon wieder zurück? Ich habe Sie so schnell nicht erwartet.“ Sie hatte eine dunkle Stimme, sicher von einer Kehlkopfoperation; man sah eine lange Narbe an ihrem Hals. Ihr rundes Gesicht mit dem altmodischen Bubikopf wirkte fast puppenhaft oder hätte diese Wirkung gehabt, wenn nicht die tiefen Schatten unter ihren Augen gewesen wären. „Waren es nicht die richtigen Bücher?“

„Doch, besonders ‚Die Bucht des Franzosen‘. Aber ich brauche einen kleinen Vorrat.“

Sie nahm die Bänder, trug sie auf einer Karte aus. Ihre Hände verrieten ihr wahres Alter, sicher über sechzig. Borchers hatte keine Ahnung, wie sie in diese Sache hineingeraten war, noch, wie sie das jeweilige Band weitergab; es war nichts, was ihn zu interessieren hatte.

„Mir fehlt ein Band... ‚Mrs. Miniver‘.“

Er nahm das Band aus seiner Tasche, reichte es ihr gesondert.

„Sie hatten es nur sehr kurz. Hat es Ihrer Mutter nicht gefallen?“

„Sehr gut! Ich habe mir selbst Teile davon angehört.“

„Es wird höchst selten ausgeliehen... Sie brauchen also einen kleinen Vorrat? Haben Sie eine Liste vorbereitet? Oder überlassen Sie es mir, die Stücke auszusuchen?“

„Bitte. Sie kennen ihren Geschmack. ‚Die Karriere der Doris Hart‘ ist noch nicht zurück?“

„Leider nein... müssen Sie verreisen?“

„Es steht noch nicht fest. Aber es kann sein, daß ich längere Zeit nicht mehr kommen kann.“

„Ich verstehe...“

Machte sie sich Sorgen? fragte sich Borchers. Er wußte nichts von ihr außer ihren Namen: Sara Urbanic. Er wußte nicht, woher sie kam, was ihre Motive waren, wo sie in dieser Stadt lebte, wie sie lebte, was aus ihr werden würde.

Weil dies vermutlich ihr letztes Zusammentreffen war, fühlte Borchers sich in Versuchung, ihr irgend etwas zu sagen, eine Geste zu machen, die seine Sympathie ausdrückte, die seinem Gefühl der Gemeinsamkeit entsprach – ein Zeichen, das für ein einziges Mal die Isolation zwischen ihnen aufhob. Aber er wußte natürlich, er konnte sich das nicht leisten; das einzige, was er erhoffen konnte, war, daß seine „Freunde“ sichergestellt hatten, daß, wenn das Netz über ihn fiel, sie nicht mit darunter gefangen würde...

Sie hatte die Titel und Codenummern der Bänder in das elektronische Bestellgerät eingegeben. „Wenn Sie zurückkommen, dann müssen Sie mir sagen, ob ich das Richtige ausgesucht habe.“

„Meine Mutter war immer zufrieden. Nur wenn ich etwas auswählte, war es meistens falsch.“

„Die Bänder werden gleich kommen... Viel Glück.“

„Danke.“ Es gab nichts mehr zu sagen; es gab keinen Grund für ihn, länger zu warten. Er wußte, daß er diesen Kontakt aufzugeben hatte. Das Telefon blieb ihm, aber nur für den wirklichen Ernstfall. Und es würde ihm schwer werden, in den Zustand des „Schläfers“ zurückzufinden.

Borchers ging hinüber zu der Ausgabe, wo die Bänder auf einem Fließband auftauchen würden. Er wartete nervös und voller Unruhe – er fühlte sich paradoxerweise erst erleichtert, als er die Bibliothek verließ und draußen seinen Beschatter vorfand.

XVII. Kapitel

1

Die abgeernteten Getreidefelder erstreckten sich kilometerweit unter einem Himmel, der überreif war von Kumuluswolken. Sie veränderten ihre Form andauernd, anscheinend ohne jede Bewegung; es war ein Himmel, wie ihn Martin nicht mehr gewöhnt war; über der Insel ließ der Wind die Wolken nie zu dieser Ruhe kommen.

„Kein einziger Mohn, keine Kornblumen“, sagte Carow.

Es war der vierte Tag der Vorbereitungszeit, der letzte; es war Carows Idee gewesen, hier herauszufahren. Sie saßen am Rande eines Roggenfeldes, das noch nicht geschnitten war. Aus der Ferne war das Geräusch von Mähdreschern zu hören. Der Wagen, in dem sie gekommen waren – mit dem Pony als Fahrer – stand in einiger Entfernung von ihnen am Beginn des Feldweges.

„In meiner Jugend gab es sie überall.“

„Es kann mit dem Düngen zusammenhängen.“ Andere Dinge gingen Martin durch den Kopf, drängendere: Seitdem die Würfel gefallen waren, hatte er nach einer Möglichkeit gesucht, sich mit Szesc in Verbindung zu setzen. Bisher war ihm das nicht gelungen, und kam das OK-Signal, hatte er heute nacht um 1.23 Uhr in Salzburg den Zug nach Wien zu besteigen.

„Meine Tochter hat besessen diese Dinge verfochten: ‚Wir müssen aufhören, unsere Erde zu zerstören‘, ‚Wir erfinden alles mögliche in der Chemie, aber keiner lernt mehr, wie man Brot backen kann‘, ‚Wir schicken Satelliten zum Uranus, aber bringen es nicht fertig, ein abgasfreies Auto zu bauen‘... Es ist wirklich keine schöne Welt, in die wir unsere Kinder hineingesetzt haben...“

Die Tage des Wartens und der Vorbereitung schienen Carows Nerven nicht allzu gut getan zu haben; Martin fand, Carow sei viel nervöser als er selber. Und da war dieses andere: Carow, der, seitdem sie zusammen waren, sich ihm zu nähern suchte, der ihm mehr oder weniger offen seine Freundschaft aufdrängte.

Wie sie zusammen *gearbeitet* hatten, das hatte Martin gefallen; wenn sie die notwendigen Dinge besprachen, Codesätze, Adressen,

Telefonnummern, Kontaktprozeduren, Rückzugslinien, „Notausgänge“. Er hatte die Sorgfalt bewundert, mit der Carow ihn vorbereitete. Vor allem die geniale Einfachheit seiner *Cover-Story,* die Carow sich für diesen Auftrag ausgedacht hatte... Und nun saß Carow hier und bedrängte ihn mit persönlichen Dingen. Eine nervöse, flatternde, sentimentale Aufsicht – das war das Letzte, was Martin sich wünschte.

„Was antwortet man auf solche Fragen?“

Martin blickte zu der Wegkreuzung, wo der Wagen parkte. Es war ein warmer Tag, fast schwül, und die vier Türen der Limousine standen offen. Das Pony rauchte eine Zigarette. „Denkst du, sie könnten es in letzter Minute noch abblasen?“

Martin spürte, Carow kam auf den Boden der Realität zurück. Es geschah dies fast physisch, sichtbar – er richtete sich auf, streckte sich, als habe sein Körper die Eigenschaften eines Materials, das nach einer Verformung in den ursprünglichen Zustand zurückkehren konnte.

„Das war mein erster Eindruck von dir – du bist verdammt hungrig! Ich hoffe, du behältst das unter Kontrolle! Es ist ein Gefühl, das gefährlich werden kann.“

„Ich denke, ich werde damit fertig – sobald ich allein bin und *drüben.*“

„Wir wollen alle, daß diese Sache gut ausgeht.“

Das Geräusch der Mähdrescher hatte aufgehört, weil sie neu aufgetankt wurden. Dann sagte Carow: „Ich habe das Thema nicht angeschnitten; aber ich hätte eines gern gewußt: Hast du damals nie den Versuch gemacht, die Steffin rauszubringen? Es irritiert mich. Es paßt nicht zu dem Bild, das ich mir von dir mache.“

„C. fragte dasselbe, und ich kann nur dasselbe antworten, es war nicht zu machen.“

„Es gibt immer Wege. Willst du sagen, du hast nicht einmal den Versuch gemacht?“

Martin mußte wieder an Szesc denken, an ihre Pläne, an die Vorbereitungen, die sie damals getroffen hatten: das Studium der Karten, die Besichtigung der Grenze, das Festlegen von Tagen und Stunden, die Suche nach Möglichkeiten, Zimra einzuweihen...

„Sie wollte gar nicht heraus. Ich konnte sie nicht überzeugen. Später habe ich manchmal gedacht, ich hätte sie überzeugen *müssen* – aber womit?“

„Glaubst du, daß sie jetzt raus will?"

„Sie ist nicht jemand, der sich sehr ändert. Ich weiß es also wirklich nicht. Da liegt das Risiko in diesem Auftrag. Ihr scheint zu glauben, daß sie mitspielt."

„C. glaubt es."

Martin blickte überrascht auf. „Du nicht?"

Carow brauchte ihm nicht zu anworten. Das Empfangsgerät in seiner Brusttasche gab seinen piepsenden Ton von sich. Er stellte das Geräusch ab, lief zu dem Wagen, ohne auf Martin zu warten.

Carow telefonierte noch, vor der Limousine stehend, einen Fuß auf dem Trittbrett, als Martin die Wegkreuzung erreichte. Er wandte sich um, immer noch den Hörer in der Hand. „Es ist das Okay!"

Einen Augenblick standen sie dort, drei Männer, alle irgendwie betroffen. Martin hatte geglaubt, alle Anspannung würde von ihm abfallen, sobald das *Go*-Signal eintraf; er würde sich befreit fühlen, klar. Aber das Gegenteil war der Fall: Was ihm eben noch klar erschienen war, war nun wirr, chaotisch, verdunkelt. Die nächsten Schritte, einstudiert, festgelegt – was waren sie? Ja, die ganze Logik dessen, was viele Gehirne, ein ganzer Apparat sich ausgedacht und vorbereitet hatten, leuchtete ihm plötzlich nicht mehr ein.

Er blickte zum Himmel, als erwarte er, daß die Wolkenberge sich auf ihn herabgesenkt hätten; als könnte darin die Ursache für die Verwirrung liegen, in die er sich gestürzt sah...

2

Das Backgammonspiel stand noch auf dem Tisch, wie es abgebrochen worden war, als sie auf das Land hinausgefahren waren. Auch die Spielkarten lagen dort. Bevor er seine Jacke auszog, leerte Martin die Taschen; ein schmales Lederetui war gefüllt mit dem Geld, das er von Geißler, dem Pony und dem Mann gewonnen hatte, der das Geschäft führte, in dessen Hinterraum sie sich befanden.

„Sie werden froh sein, wenn du weg bist." Carow nahm das Etui entgegen, zählte das Geld, nannte Geißler die Summe. „Ich weiß nicht, warum du überhaupt je einen Beruf ergriffen hast – du könntest dich mit Spielen durchbringen."

Geißler nahm die Jacke, legte sie in einen offenen Karton. „Weiter, die Hose!“ Seine Verluste waren noch am geringsten gewesen. Am schlimmsten hatte es Stolzer getroffen. Der Kunsthändler – „Mineralien und Gesteine“ – war ein schlanker, älterer Herr, der den ganzen Tag zwischen den bizarren Gesteinsformen saß. Ihm fehlte ein Ohr; der Rest des vernarbten Fleisches wirkte wie ein besonders launisches Exemplar von Mineral. Die Verletzung rührte von einer Infektion her, aber das Pony gab die Geschichte zum besten, daß es mit der Zeit von seinen jungen Liebhabern abgeknabbert worden sei; Stolzer war homosexuell.

Martin, nun völlig entkleidet, hielt seine Hände über sein Geschlechtsteil wie irgendein junger Rekrut, der sich genierte. Auf einem zweiten Tisch lag seine neue Ausstattung, Geißler nahm das erste Stück, reichte es Carow zur Inspektion.

Seine neue Identität, das war: Martin – der Name war beibehalten worden – Lehrer aus Albacete. Er reiste auf Einladung des „Internationalen Verbandes der Lehrergewerkschaften“ nach Prag zu einem achttägigen Kongreß über die „Freiheit der Lehre“. Die Teilnehmer aus den westlichen europäischen Ländern hatten sich bis morgen früh in Wien einzufinden, um von dort gemeinsam mit einem Sonderzug nach Prag zu fahren. Dieser Schulmann aus Albacete existierte wirklich, war für die Dauer der Operation von hilfreichen spanischen „Freunden“ der „Organisation“ in Obhut genommen worden...

Carow sah sich jedes Stück genau an, überprüfte jedes Etikett, völlig konzentriert nun, ruhig, nur noch „Aufsicht“, der Mann, der für das Wohl seines Agenten verantwortlich war. Nach den Kleidungsstücken kamen die Gegenstände und Kleinigkeiten, die ein Mann wie der Lehrer bei sich tragen würde: Kugelschreiber, ein Notizbuch – für das vergangene Jahr ausgefüllt vom richtigen – oder nun schon falschen? – Martin; Eintragungen über Lehrerkonferenzen, geschriebene Arbeiten, Noten, Ferien.

Mit jedem einzelnen Stück, das Martin anzog, mit jedem Gegenstand, den er zu sich steckte, fühlte er sich mehr und mehr erleichtert. Es war nicht nur die Sorgfalt, mit der Carow und Geißler vorgingen, die Perfektion der Verkleidung selbst – alle Dinge waren alt, getragen, hatten Leben. Es war Martin, als schlüpfe er, indem er seinen Körper mit all den Objekten neu ausstattete, in den Geist des anderen Martin, als übernehme er seine Persönlichkeit.

Als Carow zurücktrat, ihn musterte und sagte: „So, den Rest kannst du selbst erledigen", da endlich fühlte Martin sich mit Carow eins, fühlte eine vollständige Übereinstimmung ihrer Gedanken und Interessen. *Das* kann ich dir geben, dachte Martin, diese Art von Freundschaft kann ich empfinden. Schließlich hing davon sein Leben ab. Trotz seiner Erleichterung sah er, was vor ihm lag, jetzt, da es unausweichlich war: daß, wenn Carow versagte, er, Martin, verloren war und daß auch Carow das gleiche geschehen würde, wenn sein Agent versagte. Freundschaft war ein Akt des Überlebens für sie beide.

„Einladung, Flugticket von Madrid, Fahrkarten..."

Martin steckte die Sachen ein. Sollte er, überlegte er, den Plan mit Szešc fallenlassen? War er noch nötig?

„Die Brieftasche."

Carow nahm sie Geißler aus den Händen, überprüfte sie, zuletzt den Paß; es war Martins Bild, das Alter war 46, drei Jahre jünger als in Wirklichkeit.

Sein Gepäck kam an die Reihe, die Umhängetasche, der Koffer. Noch einmal zeigte ihm Carow, wo das Geld verborgen war, amerikanische Dollar, Deutsche Mark, tschechische Kronen.

Es gab keinen Paß für Zimra Steffin. Es war nicht möglich, ihn hier herzustellen, ohne Bild. Er würde ihn erst in Prag erhalten. Sie konnten auch nicht zusammen in den Westen kommen; das alles hatte Martin eingeleuchtet, aber es beunruhigte ihn nach wie vor. Spürte Carow das?

„Mit der Steffin – das ist klar? Sonntag, 7.30 Uhr, eine halbe Stunde vor Abfahrt deines Zuges. Der Zeitungskiosk am Westausgang, unser Mann mit einer Ausgabe der Rudé právo. Dein Code?"

„‚Die Bohemians haben schon besser gespielt.' Seine Antwort muß lauten: ‚Was erwarten Sie von dem neuen Trainer?'"

„Er wird sie nach Ruzyně hinausbringen, zur Morgenmaschine nach Wien. Ich werde sie selbst dort in Empfang nehmen. Sie wird bereits in der Freiheit sein, wenn du noch im Zug sitzt. Es gab keinen anderen Weg, als es so zu machen."

„Natürlich."

„Ich glaube, das ist es." Carow blickte auf seine Uhr. „Wir haben noch Zeit – will jemand noch sein Geld an Martin verlieren?"

„Wer bringt mich nach Salzburg an den Zug?" Martin nahm das Kartenspiel vom Tisch auf.

„Das Pony." Carow hatte den Namen von ihm übernommen.
„Können wir nicht jetzt fahren? Ich hätte nicht die Ruhe für ein Spiel. Setz mich in Marsch!" Er wollte die Karten in die Umhängetasche stecken. Carow nahm das Spiel, untersuchte es, reichte es dann zurück. „Okay." Er wandte sich an Geißler. „Das Pony soll vorfahren."
Geißler verließ den Raum. Man sah einen Augenblick am Ende des Korridors eine Seite des Galerieraumes; es begann zu dunkeln, und die Mineralien und Gesteinsmuster leuchteten in ihren angestrahlten Regalen. Es gab eine Kette von diesen Läden in verschiedenen Ländern, sie korrespondierten rege miteinander, Stücke mußten hin-und hergeschickt werden, wertvolle auch mit Boten – alle Geschäfte gehörten der „Organisation", eine ideale Maskierung der wahren „Geschäfte", die dort abgewickelt wurden.
„Das Pony wird dich nach Salzburg bringen. Ihr könnt dort essen. Von dem Augenblick an, in dem du den Zug besteigst, bist du auf dich gestellt."
„Du bleibst hier in der Außenstation?"
Carows Stimme war kaum vernehmbar. „Ja. Und ich werde aufatmen, wenn ich euch draußen habe."
Martin erinnerte sich an seine letzte Frage, ehe das Signal sie unterbrochen hatte. „Du hast Zweifel an dem Szenario – wegen der Steffin?"
„Es geht um deine Zweifel, nicht um meine. Ich hoffe, du hast keine!"
„Eigentlich nicht. Ich denke, daß ich eine Chance habe und ihr bekommen werdet, was ihr wollt, wie immer ich es anstelle." Er tat irgend etwas mit den Karten in seinen Händen. Er zog schließlich zwei aus dem Paket, reichte sie Carow, die Sieben von Kreuz und die Acht von Pik.
Er forderte Carow auf, sich die Karten anzusehen, sie sich gut zu merken. „Bist du bereit? Steck sie in das Paket zurück, getrennt, wo du willst." Er reichte ihm das Paket, wandte den Kopf, nahm es wieder an sich. Wieder taten seine Hände etwas; dann schleuderte er das Paket auf den Tisch; nur zwei Karten deckten sich auf. Carow betrachtete sie ungläubig, nahm sie in die Hand.
„Wie ist das möglich?"
„Es sind also die beiden Karten?" Es schien fast, als deprimiere der Erfolg Martin. „Sag mir, wenn du zwischen zwei Farben zu

wählen hättest – Rot und Schwarz – welche, würdest du sagen, ist die Farbe von Liebe, welche von Tod?"

„Rot Liebe, Schwarz Tod, natürlich."

„Paß auf! Ich wiederhole das Ganze, nur mit zwei roten Karten." Er wählte die Sieben von Karo, die Acht von Herz. Der Vorgang wiederholte sich, die zwei Karten fielen auf, aber Carow sagte sofort: „Das sind nicht die Karten, es ist die Sieben von Herz, die Acht von Karo, umgedreht also..." Er stutzte und blickte Martin an und fand die Erklärung allein. „Derselbe Trick mit den schwarzen Karten?"

„Ja, und das Eigenartige ist, mit den schwarzen Karten funktioniert der Trick. Mit roten Karten nie, da wird es sofort bemerkt. Niemand konnte mir sagen, warum das so ist, mir eine gute Erklärung dafür geben. Es ist einfach so – Rot verrät dich sofort! Er suchte die Karten zusammen, steckte das Paket endgültig weg.

Carow beobachtete es. „Bist du in Ordnung?"

Martin nickte. Er bereute es, Gefühlen Ausdruck gegeben zu haben, die ihm selber unklar waren. Außerdem war wirklich alles gesagt.

„Halte dich strikt an unseren Plan! Hast du Erfolg – gib deinen Fund weiter, wie besprochen, und verkriech dich! Bleib in deiner Maskierung. Das ist deine Sicherheit. Und bitte versuch nicht, mehr zu erreichen! Sei nicht zu hungrig."

„Carow..."

„Ja?"

„Ich hab' eine Bitte. Ich weiß, es ist nicht in meinem Kontrakt, aber – was immer geschieht, wenn die Sache erledigt ist, mit welchem Ergebnis auch immer – ich möchte, daß ihr Dossier vernichtet wird." Er fühlte, er brauchte den Namen nicht auszusprechen.

„Wir vernichten nie..."

„Bitte, Carow! Vernichte es!" Das Drängende und Flehende seiner Worte überraschte Martin selber; in einer Sache, die doch eigentlich nebensächlich war...

XVIII. Kapitel

Als der Zug sich in Bewegung setzte und die Gestalt des Ponys, das Gesicht nicht viel freundlicher als am ersten Tag, auf dem Bahnsteig zurückblieb, war Martin immer noch nicht sicher, ob er Szesc genug Zeit gegeben hatte.

Er nahm sein Gepäck auf. Zum Glück schien der Zug nicht sehr besetzt zu sein. „Das erste Nichtraucher vor dem Schlafwagen" – viel mehr hatte er Szesc nicht sagen können. Daß er wirklich am Telefon gewartet hatte – noch im nachhinein erschien es Martin, als hätte er damit sein Glück ein zweites Mal überfordert. Der erste Glücksumstand war gewesen, daß in dem Hotel gegenüber dem Bahnhof, wo sie gegessen und bis zur Abfahrt des Zuges gewartet hatten, die Telefonzellen gleich bei den Herrentoiletten lagen. Bis zuletzt hatte das Pony nichts von jener Laxheit gezeigt, die einen Beschatter gewöhnlich überfällt, der mit seinem „Opfer" vier Tage ständig zusammenlebt.

Martin hatte nie in Zügen schlafen können, ein Schönheitsfehler für einen Agenten. Er hätte sich ein Erster-Klasse-Abteil für die Nachtfahrt nach Wien gewünscht, aber das übertraf die Mittel eines Lehrers aus Albacete beziehungsweise die Devisenbestände seiner Gastgeber.

Das zweite Abteil war leer. Martin ließ sich dort nieder, am Fenster, dem Platz, der am weitesten vom Gang entfernt war. Er verstaute sein Gepäck, hängte seinen Mantel auf, löschte das Licht, ließ nur die Leselampe brennen. Wenn Szesc im Zug war, würde er bald auftauchen; sie hatten über eine Stunde bis zum nächsten Halt.

Er fühlte sich besser, erleichtert; endlich allein, Martin, der Schulmann. Er hatte von Hause aus eine natürliche Begabung für Sprachen – eine Art Mimikry, ein Plus für einen Agenten; auch das Tschechisch seiner Kindheit hatte er nie verlernt, und ein Lehrer hatte es in den letzten vier Tagen aufgefrischt.

Er nahm sich den Veranstaltungsplan vor, der mit der Einladung und den anderen Unterlagen nach Albacete gesandt worden war. Er studierte ihn eingehend. Sicher würde sich an Ort und Stelle manches ändern, aber eines war klar: Sein Problem in Prag war es, sich Bewegungsfreiheit zu verschaffen!

Neben den allgemeinen Vorträgen, den Symposien – in den Lucerna und in einem Gebäude, das sich „Akademie der Pädagogischen Wissenschaften“ nannte – hatten ihre Gastgeber ein intensives Programm an Unterhaltung vorgesehen: Turandot-Aufführung, Eishockeyspiel, Dampferfahrt, gemeinsamer Souvenireinkauf „gegen ausländische Währung“. Bis zu dem großen „Abend der Freundschaft“, der die sieben Tage beschloß, geschah immer irgend etwas, war jede Stunde verplant... Zeit für sich zu haben, ohne daß er allzusehr auffiel, das würde – neben dem anderen natürlich – sein großes Problem sein von dem Augenblick an, in dem er in Wien den Zug Richtung Prag bestieg, Wagen 301, Abteil 15, Sitz 89.

Er hatte das Geräusch der Tür überhört. Eine Stimme mit einem starken Akzent sagte: „Hier ist alles frei?“

Martin konnte nicht sprechen, nur nicken, beobachten, wie Szeŝc den Sitz am weitesten von ihm entfernt wählte. Er hob sein Gepäck in das Netz, wobei er sich strecken mußte. Szeŝc war klein, selbst für einen Flieger, ein dunkelhäutiger, dunkelhaariger Mann, weshalb er *The Gipsy* genannt wurde. Man hatte immer, wenn man ihn zum erstenmal sah, den Eindruck, daß es sich bei ihm um einen eher schüchternen, furchtsamen Mann handelte – aber das war das Äußere; innerlich war er der kühnste Mann, den Martin kannte.

„Wie weit fahren Sie?“ Szeŝc begann die Unterhaltung, wie jeder andere Passagier sie beginnen würde.

„Bis Wien.“

„Es ist schön um diese Zeit dort.“

„Ich wechsle nur den Zug, fahre weiter nach Prag.“

„Prag. Ich verstehe.“

Auf dem Gang vor dem Fenster tauchte ein Mann auf, zündete sich eine Zigarette an. Sie schwiegen, wie zwei Fremde in einem Zug nach ein paar Worten in ihr Schweigen zurückfallen würden.

Das Pony war in Salzburg geblieben. Carow hatte ihm gesagt, daß niemand mehr in seinem Rücken sein würde; möglich war es dennoch, daß sie weiterhin ein Auge auf ihn hatten, zumindest bis zur Grenze. Martin war froh, daß er Szeŝc gegenüber kein Wort darüber zu verlieren hatte...

Miroslav Szeŝc war einen Tag in seinem Leben berühmt gewesen: dem Tag seiner Flucht in den Westen oder – wie er selber es ausgedrückt hatte – „dem Tag, an dem ich mit Küssen und Wein überschüttet wurde“. Er war im März 1953, damals ein 24jähriger Oberleutnant der CSSR-Luftstreitkräfte, mit einer russischen MIG nach Frankfurt geflogen. Die CIA legte ihre Hand auf ihn, brachte ihn in die Staaten, preßte ihn aus und ließ ihn fallen, weil das einzige, woran *The Gipsy* wirklich etwas lag, das Fliegen war, nicht das Spionieren.

Szeŝc hatte versucht, bei irgendeiner der Luftfahrtgesellschaften Arbeit zu finden, aber man hatte vergessen, ihm die amerikanische Staatsbürgerschaft zu geben, die man ihm versprochen hatte. Er mußte zufrieden sein mit den Gelegenheitsjobs, die es für einen Flieger gab: Ernten aus der Luft düngen und bestäuben, Waldbrände beregnen; später hatte er als Stuntflieger gearbeitet; Knochenarbeit, wie er sagte.

The Gipsy wurde einer von jener Gruppe fliegender Desperados, die wenig gemeinsam haben mit den aufgeputzten, göttergleichen Piloten der großen Luftfahrtgesellschaften. Und als die Konkurrenz immer härter wurde – der Koreakrieg war zu Ende, setzte Piloten massenweise auf die Straße – da war Szeŝc nach Europa ausgewichen, zurück auf den alten Kontinent. Er hatte seine ATAW-Airlines gegründet, zuerst auf Elba, dann in München. Schon damals gingen Gerüchte um, daß er „nebenbei“ Aufträge annahm, Flüchtlinge aus der CSSR auszufliegen; so hatte Martin ihn kennengelernt...

Der Passagier auf dem Gang war verschwunden. Der Zug, der ziemlich langsam gewesen war, fuhr schneller. Martin sah keine Lichter draußen; fuhren sie durch einen Landstrich ohne Häuser, oder war es die späte Nachtstunde?

Szeŝc lächelte ihm zu. „Ich wußte nicht, daß du wieder im Geschäft bist.“

Martin brauchte ihm nichts über seine Motive zu sagen; *The Gipsy* selber würde fliegen, solange es ihm möglich war. Martin erinnerte sich an einen anderen Ausspruch von ihm: „Es gibt Piloten, die greifen zum Steuerknüppel, wie andere zur Flasche greifen.“

„Wie geht es der ATAW?“

„Ich hab’ den Termin freigehalten, Sonntag, den 30.“ Er sah nicht Martin an, sondern beobachtete den Gang.

„Danke."

„Bedauerst du, daß wir unseren Plan damals nicht ausgeführt haben?"

Diesmal hatte Martin es eilig, zur Sache zu kommen. „Läßt er sich noch ausführen?"

„Wie viele Leute?"

„Zwei."

„Ich habe einen BellJet-Ranger. Es gibt keinen besseren Kopter für diesen Plan."

„Du würdest selber fliegen?"

„Ich habe die Flüge hinter den eisernen Vorhang aufgegeben, hab' zu viele Leute zu ernähren, bin fast schon ein Unternehmer. Aber natürlich fliege ich für dich."

„Der Tower verlangt Flugpläne."

„So was läßt sich nicht machen, ohne Gesetze zu übertreten. Nicht deine Sorgen. Ich verrechne dir die reine Flugzeit und den Treibstoff. Meine Dienste sind frei. Mir gefiel der Plan damals, und mir gefällt er heute – er schmeckt mir."

„Das Risiko?"

„Fair. Besser als 69, würde ich sagen. Die Grenze nach Österreich ist wenig aufgeschreckt, und ich habe diesmal den besseren Kopter."

„Dieselbe Stelle, die Moldauniederung?"

„Ja, dieselbe Wiese, die Karten existieren noch. Welche Zeit?"

„Um 7.30 Uhr?"

„Zu früh! Ich brauche Tageslicht. Auf einigen Strecken kann ich höchstens einen Meter über dem Boden fliegen, wenn ich ihr Radar unterlaufen will. 9 Uhr?"

Martin dachte an die lange Wartezeit zwischen ihrer Ankunft in der Dämmerung und der von Szeŝc geforderten Zeit, aber er sagte: „Gut, 9 Uhr. Und, Gipsy – wenn wir da sind, nimmst du uns auf. Wenn nicht – kein Warten!"

„Okay, wie es damals verabredet war. Nichts ändert sich. Ein guter Plan bleibt ein guter Plan."

Der Fahrgast war wieder da, wieder rauchend. Sie befanden sich in einem Nichtraucherwagen, das konnte die natürliche Erklärung sein. Szeŝc nahm die Zeitung aus seinem Mantel. Martin blickte aus dem Fenster hinaus in die Nacht. Keine Lichter – wo waren sie?

Sie brauchten nicht mehr miteinander zu sprechen. Alles, was sie hatten sagen müssen, war gesagt worden. Es war besser, zu schweigen, keine Aufmerksamkeit zu erregen. Dennoch hätte Martin sich gern weiter mit Szeŝc unterhalten. Nicht nur, daß sie zwei Männer waren, die dieselbe Sprache sprachen, die gleichartig fühlten, die beide an der Gefahr Geschmack fanden – wichtiger als dies war für Martin in diesem Augenblick die Tatsache, daß er sich plötzlich bewußt wurde, daß jetzt die letzte Gelegenheit für ihn bestand, mit jemandem frei zu sprechen.

Von dem Moment an, wenn der Zug sich verlangsamte, wenn Szeŝc sich erhob, wenn er sich mit einem nichtssagenden Satz verabschiedete, den Zug auf der nächsten Station verließ, von dem Moment an hatte Martin auf jedes Wort zu achten, das er äußerte, hatte er jede Gefühlsäußerung an sich zu beobachten, zu unterdrücken. Und wenn er erst einmal die Grenze überschritten hatte, wenn er in einem unfreien Land war, dann mußte er, um am Leben zu bleiben, seine eigene Freiheit einschränken, ein unfreier Mann werden.

Er blickte zu Szeŝc hinüber, aber der war in seine Zeitung vertieft.

Als C. von Verpflichtung, Ergebenheit gesprochen hatte – das waren Gefühle, mit denen Martin nichts anzufangen wußte. Er fühlte nichts von dem, was Zimra empfinden mußte, als sie von *ihrem Land* sprach. Ein Land, eine Nation, ein Vaterland, Fahnen. Es war nichts, was Martin motivierte. Er war kein Patriot. Er hatte kein Land, für das zu sterben sich lohnte. Er trug sein Land mit sich, wo immer er war. Er selber war sein Land, allein in seinem Besitz, unter seiner alleiniger Verwaltung; er trug seine eigenen Farben.

Er war nicht hier, saß in diesem Zug, führte diesen Auftrag aus, überschritt die Grenze, riskierte seine Freiheit, weil er solche Gefühle hegte. Und doch, in diesem einen Moment kam er solchen Gefühlen sehr nahe, so nahe jedenfalls, wie er ihnen je kommen konnte: mit dem Gedanken, den er gehabt hatte, mit dem Wissen, wieviel es ihm bedeutete: Ein Mann, der frei sprechen konnte, wo immer er war.

„Gipsy…“

„Ja?“ Szeŝc ließ die Zeitung sinken.

Die Worte hatten scheinbar nichts mit dem zu tun, was Martin hatte ausdrücken wollen: „Du bist nie auf die Insel gekommen.“

„Ich weiß. Immer kam irgend etwas dazwischen. Aber ich komme, nach dieser Sache."

Martin erinnerte sich an seinen letzten Morgen auf der Insel, als er getaucht hatte. Er war nicht zur Grotte hinuntergekommen; ein Grund war gewesen, weil er zu lange die Schönheit eines ganzen Waldes von Spirographis betrachtet hatte; die blütenhaft ausgebreiteten Kiemen waren wie das Blattwerk von weißen Palmen.

„Ich denke, tauchen wäre etwas, was dir gefällt... Dort unten, das ist ein anderes Leben."

„Bei mir ist es *dort oben*... Ich werde kommen."

War es möglich, daß der Zug sich noch mehr beschleunigte? Er schien zu rasen, das einzig Lebendige in einer toten Landschaft. Martin hatte das Gefühl, als näherten sie sich bereits der Grenze, und der Zug, durch nichts mehr in seiner rasenden Fahrt aufzuhalten, könnte in der nächsten Minute in das grelle Licht der Scheinwerfer getaucht werden, die von den starren, hölzernen Wachttürmen entlang der Schienen herunterstrahlten.

Er blickte aus dem Fenster, wartete, hielt den Atem an. Er fühlte Angst. Er hörte das veränderte Geräusch, bevor er merkte, daß es der Zug war, der abbremste, langsam und weich zuerst, dann in scharfen Stößen, dann wieder weich auslaufend. Plötzlich sah er die ersten Lichter, und hinter sich hörte er, wie Szeŝc sich bereitmachte.

Er rätselte noch immer an dem Gefühl der Angst. Er war sich nicht ganz klar: War es die natürliche Beklommenheit von Martin, dem Schulmann, oder das Lampenfieber des Agenten?

Dritter Teil

XIX. Kapitel

1

Mit wachsender Ungeduld hörte Martin auf die Stimme. Es war nicht so sehr das, was der Mann auf dem Podium des „Forum" sagte; seine Ungeduld hatte andere Gründe. Dies war bereits sein zweiter Tag in Prag – zählte er den Sonntag, den Tag der Ankunft, mit, der dritte – und alles, was er bisher unternommen hatte, war fehlgeschlagen.

Zwei Uhren links und rechts von der Bühne deuteten darauf hin, was das „Forum" – die Lucerna hatte nicht zur Verfügung gestanden – früher gewesen war, ein Aktualitätenkino. Die beiden Uhren gingen nicht synchron, auf der einen war es noch vor, auf der anderen bereits nach drei. Um 15 Uhr war eine Pause von einer halben Stunde vorgesehen, dann ein neuer Vortrag bis um 17.30 Uhr. Der Mann auf dem Podium war ein italienischer Kommunist, und sein Thema war: Warum ist im Kapitalismus keine Revolution möglich?

„Er spricht sehr überzeugend; was er über die dem Staatsapparat angelagerte bürgerliche Gesellschaft sagt..."

Martin nahm den Kopfhörer der Simultanübersetzungsanlage ab und wandte sich seiner Nachbarin zu. Er lächelte, wie jemand lächeln würde, der die Sprache des anderen nicht versteht. Die Frau an seiner Seite ließ sich durch so etwas nicht entmutigen. „Ich kann es immer noch nicht fassen! Ich bin *hier*, verstehen Sie. Hier!" Ihr hochgestecktes Haar hatte sich gelöst, und einzelne Strähnen hingen ihr ins Gesicht. „Als die Einladung kam, sagte ich mir..."

Eine Hand kam zwischen sie beide, brachte seine Nachbarin zum Schweigen. Der Redner auf dem Podium sprach noch immer. Es war jetzt bestimmt schon nach drei. Martin wußte, er hatte eine Entscheidung zu treffen; er wußte auch, daß er noch immer versuchte, dieser Entscheidung auszuweichen, daß er noch immer hoffte, er könne seinen Auftrag erledigen, ohne Zimra Steffin in die Sache hineinzuziehen.

Der Vortrag war endlich zu Ende. Der Mann erhob sich, sammelte sein Manuskript ein, während die Zuhörer applaudierten. Es war ein kurzer, heftiger Applaus, dann erhoben alle sich schnell und erleichtert. Die Bestuhlung des „Forum“ war schlecht, schräge, glatte Holzsitze, auf denen man nach vorne rutschte.

„Es ist besser, wir beeilen uns, sonst ist wieder nichts übrig“, sagte die Frau an seiner Seite.

Im Foyer gab es ein Büfett, und alles drängte dorthin. Das war eines von den Dingen, die Martin überrascht hatten: Alle diese Teilnehmer aus westlichen Ländern, die über jede Art von Nahrung und Getränken, die ihnen von ihren Gastgebern angeboten wurden, wie bienenschwarmartig herfielen – als seien sie ausgehungert in ein Land von Milch und Honig gekommen. Es hatte im Zug begonnen, in dem Augenblick, da die Grenze überschritten war und ihre Betreuer zur Begrüßung Kisten von Pilsener und heiße Würstchen angeschleppt hatten. Es hatte sich im Hotel fortgesetzt, wo auch die kräftigsten und ausgiebigsten Speisefolgen mit mirakulöser Geschwindigkeit von den weißgedeckten Tischen des „Vlatana“ verschwanden. Vielleicht lag es nur an dem Beruf der zum Kongreß nach Prag Geladenen: Lehrer, die beim Anblick von Nahrung, die es umsonst gab, von einer unstillbaren Gier überfallen wurden!

Martin wartete auf seine Stuhlnachbarin, bis sie sich ihren Weg vom Büfett zurückgekämpft hatte. Ihr helles Haar hatte sich noch mehr aufgelöst, und ihr Gesicht war gerötet. Ihr Name war Elsa – Braun mit Nachnamen – eine Lehrerin aus dem Rheinland. Sie war erst 32, kämpfte aber bereits mit Puder und Stiften gegen etwas schrecklich Strenges und Bitteres in ihrem Gesicht an.

„Wollen Sie wirklich nichts?“

Er schüttelte den Kopf. Er beobachtete die Raucher, die sich nach draußen vor dem Kino begaben; er überlegte, ob er die Gelegenheit wahrnehmen und sich bis zum Ende des zweiten Vortrages davonstehlen sollte.

„Ich weiß, ich esse immer zuviel auf Reisen! Ich kann einfach nichts auslassen, das ist meine Schwäche.“ Sie lachte. „Andere bringen von Reisen Fotografien mit, bei mir sind es immer überflüssige Pfunde.“

Sie hatte einen Platz in seinem Abteil des Sonderzuges gehabt, sie hatte sich vom ersten Augenblick an ihn gehängt. Auch das war Martin aufgefallen: Schon im Zug hatten sich Paare zusammengefunden; ein Abtasten und Suchen noch zuerst, aber jetzt, nach zwei Tagen, hatten sie sich klar herausgeschält. Sie saßen in den Bussen nebeneinander, sie ließen bei den Vorträgen, beim Abendessen und den Abendveranstaltungen nicht voneinander; vermutlich schlichen sie bereits nachts über die Korridore des „Vlatana" in die gegenseitigen Zimmer. Elsa – der Zug hatte Wien kaum verlassen gehabt – hatte jedermann im Abteil einen Augenblick peinlich überrascht, als sie gefragt hatte: „Sie praktizieren die freie Liebe oder nicht?" Nicht anders, als hätte jemand gefragt: „Sie brauen das berühmte Pilsener Bier?" Vielleicht hatte sie wirklich den Nagel auf den Kopf getroffen, vielleicht spukte genau das in den Köpfen der Anreisenden: Ein Abenteuer gehörte zu dem, was sie sich von dem Kongreß in Prag versprachen...

„Ich nehm' den Kampf gern noch einmal auf und hole Ihnen etwas."

„Nein, vielen Dank." Er überlegte, ob er versuchen sollte, sie loszuwerden, oder ob er sie benützen sollte, sein Verschwinden erklärlicher zu machen.

„Wenn ich mich später an Reisen erinnere, dann ist es nicht irgend etwas, was ich gesehen habe, sondern dann denke ich: Dies hast du da gegessen, das hat es dort gegeben."

Hast, Übereilung waren eine Gefahr für einen Agenten. Aber hier spielte die Zeit mit; Martin hatte einfach nicht genug davon. „Ich glaube, ich mache einen Spaziergang."

Sie sah ihn an, lächelnd. „Ist es nicht ein bißchen früh für Ihren Drink? Das war eine ganz schöne Aufregung am ersten Abend!"

Auch das war ein Wagnis gewesen, mit voller Absicht eingegangen, kalkuliert, um sich Zeit zu verschaffen: Martin hatte das Hotel um 18 Uhr verlassen, war in mehrere Lokale eingekehrt, kam absichtlich zwanzig Minuten zu spät zum Abendessen. In der Halle hatten sie auf ihn gewartet, Funktionäre, die ihrer Gruppe zugeteilten Führer und Übersetzer, in heller Bestürzung und Angst – die sichtbarer Erleichterung Platz machte, als er leicht betrunken und glücklich wieder auftauchte und ihre Stadt pries.

Er hatte das Ganze am Montag wiederholt; sich darauf berufen, daß im Tagesplan die Zeit zwischen 18 und 20 Uhr als „zur freien Verfügung" ausgedruckt war. Er hatte wieder Aufsehen erregt, bereits gemildert durch ein zwar immer noch unbehagliches, aber bereits verständnisvolles Lächeln der Betreuer: Dieser Lehrer aus Albacete war eben jemand, der am Abend seine Drinks brauchte.

„Haben Sie etwas dagegen, wenn ich mich Ihnen anschließe?" Als erschrecke sie vor ihrem eigenen Mut, fügte sie schnell hinzu: „Ich kann den Vortrag später nachlesen. Er liegt zum Abendessen gedruckt in unserem Zimmer."

Ihre zwei leeren Stühle würden auffallen; auf der anderen Seite wirkte es verständlicher. Einen Augenblick hatte Martin Skrupel, ihr ganz offensichtliches Interesse für ihn zu benützen, aber dann sagte er: „Von mir aus."

Auf dem Platz vor dem „Forum" parkten die Čedok-Busse, die sie später ins Hotel zurückbringen würden. Sie waren mit Spruchbändern versehen; „Erziehung bedeutet Freiheit", „Das Volk ist die wahre Intelligenz". Auf der rechten Seite blickten sie hinüber zum Nationalmuseum und dem Smetana-Theater. Links führte die breite Václavské direkt in die Altstadt.

„Wohin gehen wir?"

Er kannte sein Ziel, aber er zuckte die Achseln. „Einfach spazieren, irgendwohin."

Ein paar der Busfahrer, die bei ihren Fahrzeugen standen, sahen ihnen nach. „Wir tun nichts Unerlaubtes, oder?" Elsa zögerte, schien plötzlich ängstlich. „Es ist alles nur Gerede – ich meine, daß wir uns keinen Schritt bewegen können, ohne beobachtet zu werden? Und die verborgenen Mikrophone in unseren Zimmern – das ist lächerlich, oder? Ich kann Ihnen sagen, bei mir zu Hause..."

Er versuchte, nicht auf sie zu hören.

2

Er bewegte sich in Richtung des ältesten Teils der Stadt. Der Himmel war grau, verhangen, ohne Sonne. Der Verkehr in den Straßen war überraschend dicht; vielleicht erschien es ihm nur so, weil die Straßen immer enger wurden.

Er war manchmal mit seiner Mutter in die Stadt gekommen. Es lag lange zurück, und er hatte erwartet, alles kleiner, enger vorzufinden, als es in seiner Erinnerung existierte, aber ihm kam es vor, als gäbe es mehr Platz, als hätten sich die Entfernungen zwischen zwei Punkten vergrößert.

Viele der alten Stadtpalais waren in Büropaläste umgewandelt worden. Blickte er nach oben, sah er eine Vielzahl von Fernsehantennen; sie bestückten die Dächer der Häuser wie Alarmsysteme. Martin hatte plötzlich das Gefühl von einer unmittelbaren Gefahr, sie überfiel ihn plötzlich, ganz unvermutet und ohne daß er dafür eine Erklärung fand.

Er hatte seine Drinks in einer Stehbar; ihm war keineswegs danach zumute, ja, es kostete ihn eine gewisse Überwindung; er tat es, um Elsa nicht zu beunruhigen, um seine Rolle weiterzuspielen. Scheinbar ziellos bewegte er sich in einem bestimmen Umkreis, kam zu Straßen und Plätzen zurück, wo sie schon zuvor gewesen waren; wie in einem Blindekuhspiel führte er Elsa immer näher an das Haus heran, das er im Sinn hatte; das Problem war, daß er sich ihrer entledigen mußte, und sei es nur für eine Viertelstunde.

Er blieb zögernd stehen. Durch ein hohes Eisentor blickte man in einen Hof mit einem klosterähnlichen Gebäude an der Rückseite. Der Hof war verlassen gewesen, als sie das erste Mal hier vorbeigekommen waren. Jetzt spielten Kinder dort in grauen, geknöpften Schürzen, überwacht von drei älteren Frauen.

„Waren wir nicht schon mal hier?“ Martin blickte sich um mit dem Gehabe von jemandem, der sich verlaufen hat.

„Wir kehren besser um.“

„Den Bus dürfen wir auf keinen Fall versäumen!“

„Sie meinen, es würde uns spöttische Bemerkungen eintragen?“ Er fühlte sich erbärmlich, es zu sagen. „Ich werde ein Taxi suchen.“ Er nahm ihren Arm, führte sie über einen kleinen Platz hinweg vor das Schaufenster einer Konditorei. „Ich brauche nicht lange. Trinken Sie einen Kaffee...“

Sie machte es ihm nicht schwer; sie deutete auf ein rosa und weißes cremiges Törtchen. „Und vielleicht eines von denen – um mich an diesen Augenblick zu erinnern.“

Er brauchte nur zwei Minuten, um den Laden zu erreichen. Es war eine der Adressen, die er in seinem Kopf gespeichert hatte. Carow hatte ihn gewarnt, nicht zuviel von Dlubek zu erwarten: „Er hat unserem Agenten die erste Information über das Treffen gegeben, und er wird jetzt möglicherweise in einer solchen Angst leben, daß er sich weigert, überhaupt mit dir zu sprechen.“

Ein handgeschriebenes „Geschlossen“-Zeichen hing innen an der Glastüre. Das Geschäft war angefüllt mit alten Fernsehgeräten,

Hifi-Anlagen und elektronischen Ausrüstungen. Martin verlor keine Zeit vor dem geschlossenen Laden. Er betrat das Haus durch eine schmale Tür in einem großen, hölzernen Tor. Von der gepflasterten Einfahrt führten links und rechts ausgetretene Treppen in das Haus. Es gab unzählige Namen auf verrosteten Briefkästen.

Das Treppenhaus war dunkel; das Licht kam durch Fenster, die von Staub und Abgasen verschmiert waren. Ein Geruch hing in der Luft, bei dem Martin fast umgekehrt wäre: Chloroform. Auch das war eine Erinnerung an Prag: Seine Mutter, die mit ihm in die Hauptstadt fuhr, um seine Polypen herausschneiden zu lassen. Er, der gegen die weiße, chloroformgetränkte Maske, die der Arzt ihm über die Nase stülpen wollte, ankämpfte; der Griff in seinem Nakken wurde immer brutaler, weil der Junge sich mit letzter Kraft wehrte, schrie und biß, um sich trat und gegen die weiße, übelriechende Gaze kämpfte. Es war einer der schrecklichsten, weil erniedrigendsten Augenblicke in seinem Leben geblieben; nur noch in der Zelle des Gefängnisses hatte er sich so gefühlt...

Die Wohnung lag im dritten Stockwerk. Es gab keine Glocke; ein Griff mit einem Draht führte durch den Rahmen der Türe ins Innere; überraschend für einen Mann wie Dlubek, der Experte für elektronische Anlagen war. Die Glocke gab nur ein leichtes Gebimmel von sich. Schweigen folgte; ein leises Gezwitscher von Vögeln in einem Käfig, als die Türe sich öffnete.

Sobald er die Frau sah, wußte Martin, daß er zu spät gekommen war. Er starrte in das Gesicht, das kein Alter hatte, weil der Schmerz alles überdeckte. Hinter ihr blickte Martin in einen Raum, in dem zwei Kanarienvögel in einem Käfig herumsprangen; er sah einen Tisch, an dem die Frau beim Bügeln gewesen war.

„Ich möchte Stefan sprechen."

„Er ist weg." Ihre Stimme drückte keine Gefühle aus.

„Er hatte mir versprochen, mein Gerät zu reparieren."

Sie blicke ihn an aus Augen, in denen ebenso wenig Gefühl war wie in ihrer Stimme. „Er ist weg – verstehen Sie nicht."

Dasselbe Gefühl einer unmittelbar drohenden Gefahr, das Martin in der Stadt gehabt hatte, griff nach ihm; so stark, daß er sich umwandte. Es war, als sähe er die Szene: Männer, zwei, die die Treppe heraufkamen, das Gebimmel der Glocke, Dlubek, der öffnete, der von ihnen weggeführt wurde. Alles ging still vor sich. Sie mußten keine Gewalt anwenden, keine Pistolen schwenken, kein weinendes Weib zurückstoßen... Diese Bilder gingen weniger von der Frau vor ihm aus noch entsprangen sie seiner Phantasie; es waren die *Dinge* um ihn herum, die sie ihm mitteilten, der graue, dick gewachste Holzboden auf dem Treppenabsatz, die braune Tür, von der die Farbe abblätterte...

Und jetzt verstand Martin auch die Natur seines Angstgefühls: Es war die Stadt selber, die Straßen, die Höfe, die Häuser, die Antennen auf den Dächern, die den Fremden argwöhnisch beobachteten; er hatte die Stadt, die Dinge um sich herum genauso zu fürchten wie Polizei und Gegenagenten...

„Wissen Sie, wo er ist?" Er wußte, wie unsinnig die Frage war, er suchte nur einen Abgang.

„Irgendwann werde ich es erfahren." Sie wandte sich ab und schloß die Türe hinter sich.

In der Konditorei – er erzählte Elsa, er habe kein Taxi gefunden, aber ein freundlicher Polizist habe ihm den Weg erklärt – war Martin dem Gefühl der Angst längst Herr geworden. Die Erinnerung an das Gesicht der Frau hatte er dorthin verbannt, wohin sie gehörte, in das Reservoir seiner Alpträume. Die Gegenwart bestand allein in seinem brennenden Vorsatz, die Aufgabe zu bewältigen, die man ihm aufgetragen hatte. Er war der Entscheidung ausgewichen und hatte dabei nur wertvolle Zeit verloren; es gab nun für ihn nur noch einen Weg.

XX. Kapitel

1

Vom Fenster seines Zimmers im „Vlatana“ sah Martin hinunter auf die Brücke über den Fluß. Während des Tages war sie nur eine graubraune Übersetzung, die aus dem verschmutzten Wasser ragenden Pfeiler so oft ausgebessert, daß sie wie eine räudige Tierhaut wirkte. Auch der Verkehr, der sich am Tag auf der Brücke bewegte, hatte etwas Graues, Eintöniges. Jetzt, in der Dunkelheit, in dem Licht einiger Kandelaber und mit dem angestrahlten Turm auf der Uferseite hatte die Brücke eine gewisse Grandeur, die ihre Berühmtheit in etwa verständlich machte.

Es gab im Augenblick kaum Verkehr auf der Brücke; selbst die wenigen Wagen verlangsamten jetzt die Fahrt, wichen auf die Seiten aus, als würde gleich eine Ambulanz auftauchen. Aber es war eine Kompanie von Soldaten, der sie Platz machten. Der Zug marschierte auf die Brücke; Martin sah sie von seinem Fenster aus die Arme schwingen, und unwillkürlich hatte er die Vorstellung, daß sie laut singen müßten.

Martin wandte sich vom Fenster ab. Trotz der Größe des Zimmers blieb einem wenig Raum, sich darin zu bewegen, so vollgestopft mit Möbeln und Gegenständen war es. Auch das „Vlatana“ hatte Grandeur, eine heruntergekommene Großartigkeit, die sich bis in die Zimmer hinein fortsetzte: schwere dunkelrote Samtvorhänge, goldgerahmte Gemälde, Plüschsessel, ein riesiger schwarzer Schrank, zwei Betten unter Baldachinen. Das Badezimmer – in dem Martin seinen Zimmergenossen hören konnte – hatte die Akustik eines sakralen Raumes, und bis die Marmorwanne nur halbwegs vollief, war das Wasser schon wieder erkaltet.

Das Telefon stand auf einem Tischchen vor einem großen Wandspiegel. Es war ein alter, schwerer Apparat, der so aussah, als würde er jede Stimme auf ein Flüstermaß zusammendrücken; die Frage war, ob das Flüstern abgehört wurde. Carow hatte ihm die Namen von zwei Sekretärinnen gegeben, die nach seinen Informationen ebenfalls mit Zentners Stab nach Prag reisen würden.

Martin überlegte, ob er ihre Namen benützen sollte; es gab nur zwei oder drei Hotels, dic in Betracht kamen.

Sein Zimmergenosse kam aus dem Bad. Er war ein Lehrer aus Saragossa, ein Mann von noch nicht dreißig, aber mit der langsamen Stimme und den bedächtigen Bewegungen eines sehr viel Älteren. Er trug einen langen dunkelroten Morgenmantel über seinem Pyjama, alt und verschossen wie die Vorhänge und Bettüberwürfe im Raum; der Mann paßte auf seltsame Weise hierher, als hätte er dieses Zimmer sein Leben lang bewohnt.

„Sie müssen sich für das Spiel umziehen", mahnte er in seiner väterlichen Art.

Auf dem Programm dieses Abends stand der Besuch eines Eishockeyspieles zwischen zwei Prager Vereinen in der Nikolajka. „Sie kommen nicht mit?" fragte Martin.

„Ich würde nicht verstehen, was vor sich geht, ich habe keine Ahnung von den Regeln." Der Spanier begab sich an den Schreibtisch; Martin wußte, er würde den Lehrer aus Saragossa dort noch vorfinden, wenn er später zurückkam; heute morgen hatte er die Abfahrt der Busse verzögert, weil er so lange gebraucht hatte, alle die Briefe, die er am Abend zuvor geschrieben hatte, frankieren zu lassen.

Stimmen und Lachen waren vor der Tür auf dem Gang zu hören. Es klopfte, jemand rief Martins Namen.

Als Martin die Türe öffnete, sah er ein Dutzend seiner Gruppe, Paare, die sich in den Armen hielten, lachend. Es sah aus, als hätten sie getrunken.

Diejenige, die direkt an der Tür stand, die geklopft und seinen Namen gerufen hatte, war Elsa – eine ganz andere Elsa allerdings. Ihr Haar war aufgesteckt, von Kämmen gehalten, und sie trug ein verändertes Make-up; sie hatte plötzlich starke Augenbrauen, die sonst nicht zu sehen waren, weil ihr Haar so hell war. Ihr geblümtes Kleid wirkte wie das Muster der Tapete, mit der der Hotelflur tapeziert war.

„Kommen Sie mit uns, Martin?" Die anderen unterstützten sie, lachend, in allen Sprachen: „Natürlich kommt er mit uns."

„Ihr besucht nicht das Spiel?"

Einen Moment schien Elsa irritiert. Sie deutete auf einen Mann, der sich abseits der Gruppe hielt. Er war einer der ihnen vom Hotel zugeteilten Fremdenführer, ein Mann mit einem wächsernen Gesicht. Er trug einen leichten, oft gereinigten Anzug, der ganz offensichtlich von einem früheren „westlichen Kunden" zurückgelassen worden war. Das helle Hemd war aus Seide, aber die Manschetten waren durchgestoßen. Über seinem Arm hing ein Staubmantel.

„Nemoczek führt uns ins... was war es?"

„Das ‚Teheran'", sagte er ernst, wächsern.

„Ganz tolle Atmosphäre." Elsa wiederholte, was man ihr gesagt haben mußte. „Geheimtip für Einheimische, Tanz, Musik, tschechischer Jazz." Sie lächelte Martin zu, etwas unsicher, aber entschlossen, ihre Rolle als Sirene zu spielen. „Genau der Ort, wohin ein Mann sein Mädchen ausführt..."

Die ersten Paare sonderten sich ab, gingen hinüber zum Lift. Andere erinnerten ihn daran, Geld mitzunehmen. „Dollar oder D-Mark. D-Mark ist das beste – Nemoczek hier, er kann Ihnen vierzehn Kronen für eine Deutsche Mark eintauschen, schwarzer Kurs. Oder waren es fünfzehn, Nemoczek?"

Martin hatte plötzlich das Gefühl, daß der *Guide* ihn beobachtete, aber als er seinerseits ihn ansah, fand er nichts auf seinem Gesicht als das typische Gelangweiltsein eines alten Fremdenführers. Aber Martin ließ sich davon nicht täuschen; da war etwas anderes, etwas Zwiespältiges, Unharmonisches. Wahrscheinlich, überlegte Martin, machte er Geschäfte nebenbei. *Und sie wissen es,* sie dulden es schweigend dafür, daß er über seine Gruppe Berichte ablieferte.

„Bitte, Martin! Kommen Sie mit! Ich habe mir solche Mühe gegeben! Sie haben einen *Salon de Beauté* hier im Hotel, und die Mädchen dort haben wirklich an mir gearbeitet!"

Genau dieses rettete Elsa davor, einfach nur lächerlich zu wirken: ihr Sinn für Ironie, der von Zeit zu Zeit hervorbrach, den sie immer gegen sich selbst anwandte, als sähe sie in sich selbst die ideale Person für ihren Spott.

Das „Teheran" war eines der Hotels, das als Quartier für Zentners Leute in Frage kam. „Gut, ich komme mit."

Die ersten der Gruppe waren bereits mit dem Lift auf dem Weg nach unten. Sie mußten warten, es gab nur diesen einen Lift, offen hinter verschnörkelten Eisengittern. Auf der linken Seite lag die Haupttreppe, die unten in der Halle endete. Am Ende des Flures gab es ein weiteres Treppenhaus, das dieses Stockwerk, das vierte, mit den darüberliegenden Unterkünften für die Angestellten verband. Martin hatte dies gleich am ersten Abend festgestellt; der Weg nach oben war offen, aber die Verbindung zu den anderen Stockwerken war durch ein Eisengitter versperrt.

„Gefällt Ihnen mein Kleid? Ich hab' es extra für diesen Kongreß gekauft."

„Es ist schön."

Sie schüttelte den Kopf. „Warum..."

„Warum was?"

„Warum gebe ich mein sauer verdientes Geld immer wieder für Kleider aus, die Männern dann nicht gefallen?"

„Aber ich sagte, es ist schön."

„Man muß investieren – als Frau, meine ich. Wir müssen immer mehr investieren als Männer, es ist einfach nicht fair. Eine Zeitlang habe ich jeden Monat mein halbes Gehalt in Inseraten angelegt: ‚Akademikerin, 32, 169, blond, mit allen femininen Attributen.'... Habe ich die wirklich?"

Der Lift kam; Martin war gerade bereit gewesen, etwas Nettes zu sagen. Sie fuhren nach unten. Die große Empfangshalle des „Vlatana" hatte etwas Orientalisches mit dem gekachelten Boden, den in Kübeln eingepflanzten Palmen und Gewächsen und der grün-roten Beleuchtung. Die Halle war überfüllt mit Menschen wie eine Karawanserei. Eine Gruppe von neuabgeladenen Gästen stand bei ihrem Gepäck, das die Etiketten von Aeroflot, Intourist trug.

Sie gingen hinüber zu den Čedok-Schaltern, hinter denen ein gutes Dutzend Männer und Frauen saß mit dem Blick auf die Haupttreppe und den Ausgang. Martin und Elsa ließen sich austragen, was in einem großen, dicken Buch geschah; Martin vermutete, daß dort wahrscheinlich stand: 425, Martin, verläßt das Hotel um 21.30 Uhr.

Als sie schließlich vor dem Hotel standen und nach den anderen Paaren Ausschau hielten, sah Martin zwei Taxis vor den Bussen parken; man winkte ihnen aus den offenen Fenstern zu, und es war Elsa, die seine Hand nahm und ihn mit sich zog.

2

Später natürlich fragte sich Martin, wessen Idee das „Teheran“ wirklich gewesen war. Aber an diesem Abend gab es gar keinen Zweifel: Es war Nemoczek, plötzlich verwandelt, der das Kommando an sich gerissen hatte, der dem Orchesterchef mitteilte, was die Gruppe hören wollte, der ungefragt für sie zu trinken bestellte, Cuba Libre zuerst, dann georgischen Champagner. Zuerst war alles noch mit einer gewissen Zurückhaltung geschehen, im Flüsterton mit den Kellnern. Aber als der *Guide* selber reichlich freizügig den Getränken zugesprochen hatte, teilte er nur noch Order aus, ganz mit dem Benehmen eines Neureichen.

Vielleicht lag der Grund dafür in einer bestimmten belgischen Lehrerin, Gabrielle, einer Hornbrille tragenden, üppig bebusten Brünetten, der Nemoczek heftig den Hof machte und mit der er die ganze Zeit tanzte. Im „Vlatana“, so bemerkte Martin, hatte der *Guide* noch einen einfachen goldenen Ehering getragen; er fehlte an der Hand, die jetzt das Champagnerglas hob:

„Auf alle hübschen Lehrerinnen der Welt! Auf dich, Gabrielle! Du bist schön. Magnifique... delicieuse... une belle!“

Der „Teheran-Club“ lag im obersten Stockwerk des gleichnamigen Hotels. Es war von einer ganz anderen Art als der Plüschpalast des „Vlatana“. Die Wände der Bar waren lindgrün gestrichen, die plastikbeschichteten Tische und Stühle weiß. Über der Tanzfläche rotierten farbige Lichtbatterien. Die Architekten hatten vermutlich eine moderne westliche Atmosphäre angestrebt, aber für Martin hatte das Ganze die sterile Atmosphäre eines Operationssaales, in dem nur noch die Notbeleuchtung funktionierte.

Sie schienen die einzigen Ausländer zu sein, die einzigen, die die Tanzfläche benützten. An der Bar, die eine Seite des Raumes einnahm, saßen drei Stewardessen, vermutlich über Nacht in der Stadt festgehalten. Sie hatten Soft-drinks vor sich stehen – warteten auf nichts Bestimmtes, schlugen nur die Zeit tot. An den anderen besetzten Tischen waren es zumeist Paare mittleren Alters, die stumm-verbissen vor sich hintranken, den lauten Tisch beobachteten ohne jede Bekundung von Belustigung oder Mißfallen.

Der sogenannte tschechische Jazz wurde von einem Viermannorchester in orangefarbenen Jacken gespielt; es waren einfach Schlager von gestern, die meisten aus dem sentimentalen Genre.

Das Jazzelement stellte vermutlich die Sängerin dar, eine hagere Blondine in einem langen grünen Kleid, die die englischen Worte mit einem starken Akzent sang. Sie nahm sich im Augenblick eines Beatles-Songs an, und nur weil Martin die Melodie und den Text kannte, verstand er die Bedeutung der Worte: *We all live in a yellow submarine, yellow submarine...*

„Sollen wir tanzen?" Strähnen von Elsas Haaraufbau lösten und kräuselten sich bereits wieder.

Er stand auf. Sie tanzten; sie legte ihren Kopf an seine Schulter, als sei er ihr zu schwer mit all dem Haar.

„Sie sind eigentlich sehr nett, findest du nicht?" Sie hatte sich zu dem Du entschlossen, das alle anderen auch gebrauchten. „Ja." Er war mit seinen Gedanken woanders.

„Dir gefällt es nicht?" Als er nicht antwortete, fuhr sie fort: „Warum gefällt es dir wenigstens nicht ein bißchen? Kannst du es nicht vortäuschen? Nur ein klein wenig. Daß dir mein Kleid gefällt, das Lokal, der Abend, was sie mit meinem Gesicht und meinem Haar angestellt haben. Um mehr bitte ich dich nicht – ein bißchen Hokuspokus, solange wir hier sind."

Sie lachte an seiner Schulter; er merkte, daß sie getrunken hatte.

„Ich finde, das war einfach nett von *denen,* daß sie uns beide zu diesem Kongreß eingeladen haben. Und setzen uns noch in denselben Wagen! Du bist nicht abergläubisch? Es gehört sich nicht für Männer, an Zufälle zu glauben?" Sie hörte plötzlich zu tanzen auf, nahm ihren Kopf von seiner Schulter, ließ die Arme sinken. Von einem Augenblick auf den anderen schien sie vollkommen nüchtern. „Laß uns weggehen. Du hast recht, es ist wirklich abscheulich hier..." Sie blickte ihn nicht an, sondern an ihm vorbei.

Das Orchester hörte auf zu spielen wie auf dieses Stichwort von Elsa hin, mitten in dem Stück. Als die Musik wieder einsetzte, fast übergangslos, war es etwas, was sie den ganzen Abend über bisher für unter ihrer Würde gehalten hatten, ein schmalziger Walzer; es war, als veränderte ein Chamäleon plötzlich seine Farben.

„Gehen wir?"

Martin gefror, als er drei Männer und zwei Frauen bemerkte, die die Bar betreten hatten und die ganz offensichtlich der Anlaß für das Orchester gewesen waren, ihr Stück abzubrechen.

„Wir müssen noch bezahlen." Er führte Elsa weg von der Tanzfläche.

Die Neuangekommenen hatten das Podium erreicht. Die Musiker verbeugten sich lächelnd; die zwei Saxophonisten brachten ihre Instrumente hoch in einer Art Salut. Die Männer grüßten zurück, die zusammengehaltenen Handflächen hoch erhoben. Der, der sie anführte, ein kahlköpfiger Mann mit hängenden Backen und Augen, die unter buschigen Brauen verschwanden, umarmte die Sängerin. Sie verließ die Bühne, folgte ihm zu dem reservierten Tisch in eine Ecke; sie hielt dabei den Arm um ihn geschlungen; es sah aus, als ranke sich ein schmales, grünes Pflänzchen um einen Baumstumpf.

Elsa mußte verstanden haben, daß etwas geschehen war, sich verändert hatte in dem Augenblick, als die Gruppe von Männern und Frauen aufgetaucht war; sie wurde still, und Martin merkte, daß sie seine Blicke zu dem Ecktisch verfolgte.

Wichtig war, daß Zimra ihn bisher nicht bemerkt hatte. Einen Augenblick lang suchte Martin sich sogar davon zu überzeugen, daß er sich geirrt habe.

Sie war verändert, das Haar vor allem. War es nicht möglich, daß er sich täuschte? Wegen der Beleuchtung in der Bar, wegen der Tatsache vor allem, daß er, weil er sich dauernd in Gedanken mit ihr beschäftigt hatte, nun in jeder Frau, die Zimra ähnlich sah, sie selber zu erkennen glaubte?

Früher oder später mußte sie ihn erkennen; es war der Augenblick, den Martin herbeiwünschte, gleichzeitig aber zu fürchten hatte. Ihre erste Reaktion – darin bestand die Gefahr. Was konnte sie anderes sein als Erschrecken?

Sobald die Gruppe Platz genommen hatte, war sie von den Kellnern umringt. Die Begrüßungsszene wiederholte sich, diesmal mit kräftigem Händeschütteln. Die Männerstimmen klangen schroff, mit dem Akzent, mit dem sie das Tschechische aussprachen, kam ein neuer Klang in den Raum. Die gebeugten Rücken der Kellner, die die Bestellung entgegennahmen, versperrten Martin für den Moment die Sicht, gaben ihm eine Frist, seine Entscheidung zu treffen.

In der Vorbereitungszeit hatte Carow ihm Bilder von MfS-Personal gezeigt, das möglicherweise mit nach Prag reiste – das nicht unbedingt an der Konferenz teilnahm, aber in den Kulissen gebraucht wurde. Obgleich es zum Teil alte Fotografien gewesen waren, selbst vergilbte Zeitungsausschnitte, war Martin sicher, in dem

Wortführer der Gruppe einen von Zentners Stellvertretern erkannt zu haben.

Außer Elsa hatte bisher niemand an ihrem Tisch groß auf die Neuankömmlinge geachtet. Nur Nemozcek reagierte, ahnte vermutlich, daß es sich bei ihnen um Geheimdienstleute oder ähnliches handelte; nicht, weil er es wußte, sondern weil einem Mann wie ihm ein solcher Instinkt zuzutrauen war. Er senkte jedenfalls seine Stimme, hörte auf, seine einfältigen zehn Worte Französisch zu gebrauchen. Aber langsam breitete sich etwas an ihrem Tisch aus, nichts, was man hätte mit Namen belegen können, irgendein Unbehagen, das von dem Ecktisch herüberkam: Man sprach dort nun Deutsch, die Stimmen der Männer laut und ungeniert; es war wie eine dunkle drohende Sprachwolke, die plötzlich an dem zuvor wolkenlosen Himmel erschien.

Nemozcek begann zu flüstern; Martin bemerkte, daß der *Guide* unter dem Tisch Dollar- und D-Mark-Scheine für die Rechnung einsammelte. Martin hatte keine Zeit mehr zu verlieren.

Er blickte nicht zu dem Ecktisch hinüber. Eigentlich ging nichts in seinem Kopf vor, außer daß er seinem Körper befahl, *langsam* zur Bar zu gehen. Geh langsam, sprich langsam zu dem Barkellner, verlaß die Bar langsam! Sie muß dich sehen. Es gab Martin ein Gefühl der Überlegenheit – diese Fähigkeit, seinen Körper davon abzuhalten, zu schnell zu gehen.

Das junge Mädchen in der Garderobe war dabei, ihr Zigarettentablett neu zu füllen. Von Zeit zu Zeit war sie in die Bar gekommen, den rotgestrichenen Kasten um den Hals gehängt. Sie hatte ein rundes, flaches Gesicht, das in eine flache Landschaft paßte, aber hier fehl am Platz war. Sie lächelte Martin zu; dem Lächeln fehlte jede Jugend, und ihr Alter, höchstens neunzehn, gab keine ausreichende Erklärung dafür. „Sie verlassen uns schon?"

Martin bat um Zigaretten, er nannte irgendeine Marke. Er nahm eine von den Zehndollarnoten, mit denen man ihn ausgestattet hatte. „Der Rest ist für Sie."

Ihr Lächeln wurde noch routinierter. „Wir schließen erst um ein Uhr. Es wird Viertel nach eins werden, bis ich hier weg kann. Wohnen Sie hier im Hotel? Am besten, Sie sagen mir Ihre Zimmernummer."

Er versuchte zu lächeln. „Die drei Männer und die Frauen, die vorhin in die Bar kamen – wohnen *sie* hier im Hotel?"

„Ja." Sie war dabei gewesen, die Dollarnote an sich zu nehmen, nun zögerte sie, plötzlich ohne Lächeln. „Soll ich ihre Zimmernummer herausfinden? Welche von den beiden? Die Dunkelhaarige?" Sie sprach vollkommen ruhig, die Stimme einer Expertin, die über etwas redete, wovon sie etwas verstand. „Das Haar ist gefärbt." Sie faßte an ihr eigenes. „Meines nicht."

Martin lauschte auf die Geräusche in seinem Rücken. Sie braucht Zeit, dachte er, sie kann mir nicht sofort folgen. Vielleicht kam sie gar nicht. Sie würde nicht glauben, daß dies ein zufälliges Wiedersehen war, ein purer Zufall, dieses Zusammentreffen nach fast sechs Jahren. Vielleicht suchte Zimra sich – wie er – davon zu überzeugen, daß es nur jemand gewesen war, der ihm ähnlich sah.

„Ich werde den Barkellner nach der Zimmernummer fragen."

„Nein, warten Sie." Martin ging hinüber in Richtung der Toiletten. Am Ende des Ganges sah er hohe Fenster, die auf eine Terrasse hinausführten. Er blickte auf zusammengestellte Stühle und Tische, zusammengerollte Sonnenschirme und dahinter auf die Lichter der Stadt. Er versuchte die Tür, und als sie sich öffnete, überfiel ihn die Kälte. Er spürte erst jetzt, daß er mehr getrunken hatte, als ihm bewußt war; der Gedanke allein ernüchterte ihn.

Sie würde nicht kommen. Warum sollte sie kommen? Sechs Jahre Trennung standen gegen sechs Monate Zusammensein. Ein halbes Jahr, das sie als nicht mehr zu ihr gehörig betrachtete, dem sie alle Bedeutung absprach. – Wer hatte sich das nur ausgedacht? Dieses unsinnige Szenario!

Er schloß die Türe zu der Terrasse hinter sich. Er hörte seine Gruppe in den Vorraum der Bar kommen. Nemozceks Stimme hatte wieder Kraft, er war in dem Zustand, in dem ein Betrunkener sich dauernd wiederholt.

„Gabrielle... komm her! *Camarade* Gabrielle! Laß uns tanzen ...Belle Gabrielle... Wo bist du?"

Er begann zu singen, sang für sich allein, tanzte für sich allein, die Arme weit ausgestreckt; sang, tanzte und starrte auf seine Beine, als sei er erstaunt darüber, was sie mit ihm anstellten. Dann erst sah Martin sie; Zimra hatte die Gelegenheit des Aufbruchs benutzt, war mitten in der Gruppe; Nemozcek griff sie sich, hielt sie fest, versuchte, sie in seinen Tanz einzubeziehen. „Laß uns tanzen, *Camarade,* laß uns tanzen..."

Martin blieb stehen, wartete, was geschehen würde. Sie hatte sich verändert; es war vor allem das Haar, sehr viel kürzer geschnitten, auf die Länge für ein junges Mädchen, dachte er, und ja, es war gefärbt, pechschwarz. Vor sechs Jahren hatte es begonnen, grau zu werden – „Mein Vater war mit vierzig grau“ – ein feines silbernes Netz über ihrem Haar. Es hatte ihm gefallen damals, dieses jugendliche Grauwerden; aus einem sehr oberflächlichen Grund wahrscheinlich: Es gab seinem einfachen, starken Begehren nach ihrem Körper eine andere, höhere Qualität – ein Gefühl, für sie verantwortlich zu sein, sie beschützen zu müssen.

Sie hatte sich – lachend! – aus Nemozceks Armen befreit. Sie kam auf ihn zu. Das blaue Kleid schien ein bißchen zu weit. Sie hatte seither noch mehr abgenommen. Das war auch etwas, was er vergessen hatte bis zu diesem Augenblick: In seinen Armen, nackt, war er immer wieder davon überrascht, wie klein sie war, während der Unterschied in der Größe fast verschwand, wenn sie neben einem ging.

Er wußte nicht, was geschehen würde. Er hatte sich auf diesen Augenblick vorbereitet, immer wieder hatte er in Gedanken die Möglichkeiten durchgespielt. Und doch war er sich nicht sicher. Alles, was er tun konnte, war, seinem Körper wieder zu befehlen, langsam auf sie zuzugehen.

Sie ging an ihm vorbei, ein, zwei Schritte, blieb stehen. Sie wandte sich um, eine Zigarette in den Händen. „Haben Sie Feuer?“

Furcht hatte er erwartet. Vielleicht dieses Lachen von vorhin, das seltsam geklungen hatte, gespannt. Aber da waren weder Furcht noch ein Bitten, sie in Ruhe zu lassen; weder das noch die geringste Ermutigung, nicht einmal eine vage Bestätigung von Dingen aus einer gemeinsamen Vergangenheit; es war wirklich, als spreche sie einen Fremden an.

„Tut mir leid. Ich rauche nicht. Warten Sie.“ Er suchte in seinen Taschen, erinnerte sich, daß sie früher nicht geraucht hatte. Mit dem Gedanken, daß er drauf und dran war, seine Chance zu verspielen, kam seine Ruhe zurück.

„Ich muß dich sprechen.“ Er zog das Blatt mit dem Programm des nächsten Tages aus der Tasche; da er sich ihr zugewandt hatte, verdeckte sein Körper die Bewegung vor der Gruppe in seinem Rücken. „Es ist wichtig, daß ich dich sehe, dringend. Nimm das!“

„Oh, Martin!“

Ihr bis dahin ausdrucksloses Gesicht wurde plötzlich lebendig; ihre dunklen Augen hatten einen prüfenden, fast feindseligen Blick. Eine Sekunde dachte er, er hätte alles durch seine Ungeschicklichkeit und Direktheit verdorben. Und dennoch war es der einzige Weg. Es war sinnlos, ihr die Wahrheit zu ersparen, ihr vorzumachen, daß dies ein zufälliges Wiedersehen war, daß er nichts von ihr wollte.

„Morgen, bitte! Du wählst den Ort aus."

Als sie die Hand nach dem Papier ausstreckte, machten die vier dünnen Metallreifen an ihrem Handgelenk ein helles Geräusch. Es war der einzige Schmuck, den sie trug, außer den Ohrringen, kleine, runde, blaue Steine; früher, als sie das Haar länger getragen hatte, waren sie nicht zu sehen gewesen. Sie steckte das Blatt weg. Sie sagte nichts. Ihr Gesicht war so ausdruckslos, so ohne jede Emotion wie zuvor.

„Tut mir wirklich leid." Er zeigte noch einmal, daß er kein Feuer für ihre Zigarette hatte. Er wandte sich ab, schloß sich den anderen an. Sie waren bereits alle in ihren Mänteln, Nemozcek in einem langen, hellen Staubmantel, wie Martin ihn nur aus alten Fotografien kannte.

Das Mädchen in der Garderobe händigte Martin seinen Mantel aus. „Es ist Zimmer dreinullfünf." Er mußte lächeln. Eine strenge Stimme hinter ihm sagte: „Du schuldest Nemozcek Geld für die Rechnung..."

Es war Elsa mit einem gekränkten Ausdruck auf ihrem Gesicht, der sie plötzlich trotz ihres Make-ups wie eine altjüngferliche Lehrerin aussehen ließ.

Er ging zu Nemozcek, fragte ihn, was er ausgelegt habe, aber der winkte gönnerhaft ab. Er begann, wieder zu singen und auf der Stelle zu tanzen. Es gab einen Lift, aber während sie noch darauf warteten, tanzte Nemozcek ihnen bereits voraus, die Treppen hinunter, und sie folgten ihm.

Dann und wann stolperte der *Guide*, schien sich in seinem langen, offenen Mantel zu verfangen, aber er wies jede angebotene Hilfe seiner *Camarades* verachtungsvoll zurück; er schien glücklich über etwas, von dem wohl nur er allein in seiner Trunkenheit wußte.

XXI. Kapitel

Carow wußte, es war zu früh am Abend für ein Signal aus Prag. Es konnte nicht vor Mitternacht eintreffen, wahrscheinlicher waren die frühen Morgenstunden. Dennoch hatte er nicht die Absicht, so bald schlafen zu gehen. Es bereitete ihm keine Mühe, die Nacht über wach zu bleiben, im Gegensatz zu Geißler, der im Nebenraum bereits schlief und den er durch die offene Türe von Zeit zu Zeit im Traum sprechen hörte. An die ausgefüllten Tage im Hauptquartier gewöhnt, waren es vielmehr die langen und ereignislosen Tage, seitdem Martin nicht mehr da war, die für Carow schwierig waren.

Natürlich, er war im Besitz des Zeitplans des Kongresses, und so war es ihm auf gewisse Weise möglich, Martin durch den Tag und den Abend zu folgen. Carow kannte Prag nur von den letzten Kriegstagen. Aber diese alten Städte veränderten sich wenig, vor allem nicht in ihrem inneren Kern, in den Teilen der Stadt, in denen Martin sich bewegen durfte.

So hatte Carow manchmal das Gefühl, daß er bei seinem Agenten war, mit ihm Überlegungen anstellte, sich Chancen ausrechnete – ja, er konnte sich wirklich in Martins Gedanken einschleichen. Es war etwas, was mit Rosell nie möglich gewesen wäre, und so war Carow froh, daß er Martin am Ort hatte.

Die Beunruhigung, die Carow manchmal empfand, was ihm Sorgen machte, waren zwei Dinge. Das eine war – daß er nichts tun konnte! Er saß hier mit gebundenen Händen. Ein Signal aus Prag würde zwar in Minuten bei ihm eintreffen – ein W 12,6 Sender in Prag, die 50 Meter hohen Antennenmasten unweit der Grenze, das grüne Telefon auf dem Tisch vor ihm, eine direkte Verbindung zum „Horchdienst“; fünf Minuten, überlegte Carow, vielleicht eine weniger, eine mehr, und die Zeit, die ich brauche, um den Text zu dechiffrieren. Aber er konnte Martin keine Ratschläge mehr erteilen, keine Warnungen aussprechen. Außer in einer extremen Notsituation konnte Carow seinem Agenten nicht die Hand hinstrecken.

Seine zweite Sorge lastete noch mehr auf ihm: die Tatsache, daß Martin von diesen Signalen nichts gesagt worden war. Es hatte nie zur Debatte gestanden – keinem Agenten, auch dem tüchtigsten nicht, wurde je alles gesagt, das stand nicht in den Spielregeln. Die Signale waren die verlängerten Augen und Ohren der „Organisation“, ein verlängerter Stock und wie der Stock eines Raubtierdompteurs dazu gedacht, den Agenten an seinen Platz zu dirigieren oder auch eine Gefahr von ihm abzuziehen.

Martin würde vermutlich nie wissen, daß man ihn im Auge behielt. Nicht einmal hinterher mußte er davon erfahren. Natürlich, wenn sich irgend etwas Besonderes ereignete... Allein zu dieser Stunde, allein mit seinen Gedanken hoffte Carow, daß sich die Notwendigkeit, Martin einzuweihen, nie ergab; so, wie Carow ihn einschätzte, würde das Folgen haben, die nicht vorhersehbar waren...

Geißler hatte wieder begonnen, im Schlaf zu sprechen. Dieses undeutliche Reden begann Carow zu irritieren, und er erhob sich, um die Türe zu schließen. In den Geschäftsräumen der Galerie läutete das Telefon. Einen Augenblick war Carow überrascht, bis er sich an das Gespräch erinnerte, das er nach Johannesburg angemeldet hatte.

Spotlights beleuchteten die Auslagen. Während des Tages mochte Carow den Laden nicht; all die Gesteine hatten für ihn etwas Künstliches, peinlich Widernatürliches. Die Galerie erinnerte ihn dann an ein anderes Geschäft, in dem man Dinge für die Anatomie verkaufte, künstliche Skelette von Händen, von Schädeln; durchsichtige Kunststoffherzen, Arterien und andere Organe. Während der Nacht allerdings, jetzt, wirkte der Raum auf Carow anders; als ob die Steine und Kristalle die Dunkelheit brauchten, aus der sie herausgebrochen worden waren, um ihre ursprüngliche Schönheit zurückzuerlangen.

„Johannesburg... Sie können jetzt sprechen.“ Endlich war die Verbindung hergestellt.

„Frau Grapentin, bitte.“ Er hätte sich beinahe mit dem Namen versprochen.

„... Ist nicht auf ihrem Zimmer.“

„Aber sie ist doch angekommen?“ Carow hatte sich bei der Stelle, die die Kliniknummer überwachte, erkundigt; es war kein Anruf für ihn registriert worden. Ich könnte schon operiert sein, dachte er, es könnte Komplikationen gegeben haben, sie würde es nicht einmal wissen; allein der Gedanke bewirkte, daß er wieder Schmerzen spürte.

„Mrs. Grapentin und Mr. Fehling sind eingetroffen... Ich höre gerade, sie sind ausgegangen. Verstehen Sie mich?... Wollen Sie eine Nachricht hinterlassen?“

Er hängte auf, ohne etwas zu sagen. *Mrs. Grapentin und Mr. Fehling!* Fehling war ein junger Professional des Clubs, und der Ton des Portiers hatte Carow nicht behagt. Er kam sich vor wie ein Narr. Seine spontane Reaktion war, einen Mann aus Johannesburg – es war ein Ort, an dem die „Organisation“ gut vertreten war – auf sie anzusetzen. Der Gedanke entsprang weniger echter Eifersucht, es war einfach Gewohnheit, und natürlich würde er es nicht tun. Der Versuchung war man immer ausgesetzt, diesem Machtgefühl nachzugeben, das die Position innerhalb der „Organisation“ einem gab. Die Tatsache irritierte ihn plötzlich. – Dich beunruhigen zu viele Dinge, dachte er. Es war wie ein Warnsignal, das aufleuchtete.

Er hörte Geißler im Hinterzimmer. Der war aufgestanden, wartete in seinem gestreiften Pyjama, den Bauch heraushängend, das Haar zerwühlt, sein Gesicht gerötet vom Schlaf. „Nachricht von Prag?“

Carow schüttelte den Kopf. „Es ist noch zu früh.“

„Martin läßt sich Zeit.“

„Geh wieder schlafen.“

„Ich weiß nicht, ob ich wieder einschlafen kann.“

„Du redest im Schlaf.“

Geißler blickte erstaunt. „Meine Frau behauptet das immer.“

„Sie hat recht.“

„Ich hab' ihr das nie geglaubt.“

Was ist dies, dachte Carow: Zwei erwachsene Männer, verheiratet, mit erwachsenen Kindern; sie sitzen die Nacht über im Hinterzimmer einer Scheinfirma, spielen ein seltsames Kinderspiel mit Figuren, die sie sich selber erschaffen hatten: Edelmann, Bettelmann, Doktor, Pastor, König, Bauer, Lump, Major...

„Er zögert die Fühlungnahme hinaus...“

„Das war zu erwarten.“ Carow wäre lieber wieder allein gewesen. Er hatte Geißler nicht eingeweiht, daß er am Morgen ein Signal nach Prag gesandt hatte mit der Anweisung an Martins Babysitter, den Kontakt zu beschleunigen.

„Soll ich uns Kaffee machen?“

„Es ist noch genug in der Thermos.“

„Ich glaube, ich ziehe mich an."

Als Geißler zurückkam, schenkte er Kaffee ein, mit Milch für Carow und einem kräftigen Schluck Kognak für sich selber. Carow beobachtete, wie er trank, die Flasche vorsorglich zu sich herauszog. Es erinnerte ihn an den Morgen auf dem Golfplatz, an die Art, wie Geißler von ihm Anerkennung und Aufmunterung gesucht hatte. Er vergaß seine eigene Beunruhigung. „Was ist mit dir?"

„Nichts... Nur... Ich denke manchmal an diesen Cichosz..."

„Wer ist Cichosz?"

„... Ich sehe ihn noch immer sterben an diesem Morgen."

Carow, dem der Name wirklich entfallen war, machte eine Bewegung in den Raum. „Wenn dir die Arbeit in einer Außenstation auf die Nerven geht – sag es. Wir finden etwas für dich im Hauptquartier."

„Um Himmels willen, nein, du verstehst mich vollkommen falsch." Jetzt erst zeigte Geißler wirklich Erschrecken. „Meine Nerven sind vollkommen okay. Dieser Zwischenfall an der Grenze – verdammt, du legst das wirklich völlig falsch aus! Es ist das genaue Gegenteil, ich meine, dieser Morgen... es war wie in den alten Zeiten!" Er lächelte entschuldigend; es war nicht klar: Bat er um Nachsicht für seine Worte oder dafür, daß er seine Tasse wieder mit Kognak füllte?

„Als diese ganze Austauscherei begann; ihre Agenten gegen unsere Agenten; als sich alles aufweichte... *Tauwetter* und *Détente*, keine Feindbilder mehr." Er sprach nun wie zu sich selber, das undeutliche Reden im Schlaf. „Es waren einfachere Zeiten damals. Man kannte seinen Feind..."

Das grüne Telefon läutete. Geißler reagierte sofort, schob die Tassen zur Seite, holte Block und Bleistift und setzte sich bereit. Es war Carow, der zögerte, der wieder dachte, wie sehr er es vorziehen würde, in diesem Augenblick allein zu sein, selber den Text mitzuschreiben, die Nachricht eine Weile für sich allein zu haben, ehe sie ein Bestandteil in den Akten der „Organisation" über diesen Fall wurde. Er sah, wie Geißler die Zeit der Aufnahme an den oberen Rand des Blocks schrieb.

Carow nahm den Hörer ab. Er gab sein Zeichen durch. Er wiederholte das Signal, so, wie es über die Leitung kam; er verfolgte, wie Geißler die Worte in großen Lettern mitschrieb.

Er nahm den Schlüssel. Dechiffriert lautete das Signal: „Kontakt hergestellt. Weiteres Vorgehen nicht bekannt."

Einen Augenblick schwiegen beide wie Kinder, bei denen die Bescherung nicht so ausgefallen war, wie sie es sich erhofft hatten.

„Er geht wirklich mit Samthandschuhen mit ihr um!" Geißler riß das Blatt vom Block. Aus der Stimmung heraus war er einen Augenblick versucht, nach dem Namen von Martins Babysitter in Prag zu fragen. Aber da Carow darüber geschwiegen hatte, war er sich nicht sicher, was seine Frage auslösen konnte. So sagte er nur: „Soll ich es weitergeben?"

Carow nickte. Er stand hinter Geißler, blickte ihm über die Schulter, als dieser den Text – wieder codiert – über den Fernschreiber ins Hauptquartier tippte. Da die Nachricht nicht als dringend eingestuft war, würde sie erst morgen früh auf C.s Schreibtisch liegen.

Sicher würde C. hinterher anrufen, fragen, drängen. Aber das war Carows geringste Sorge im Augenblick. Er war wirklich im Moment enttäuscht, fühlte sich sitzengelassen, müde. Vor allem natürlich, weil er wußte, daß nun vierundzwanzig Stunden und mehr vergehen würden, ehe er auf ein neues Signal hoffen konnte.

XXII. Kapitel

1

Gegen Mittag war der Himmel über Prag noch immer grau und düster. Es war kälter geworden über Nacht. „Einkauf von Souvenirs" stand auf dem Programm nach einem langen, ermüdenden Vormittagssymposium. Der Teil der Národi, in dem dies geschehen sollte, war für Busse gesperrt, und so hatten sie das letzte Stück des Weges zu Fuß zurückzulegen. Martin hatte keinen Mantel mitgenommen, er fror; er hatte nicht gewußt, wie sehr er an das Inselklima gewöhnt war.

Es war nicht Nemozcek, der ihre Gruppe führte. Beim Frühstück war er nicht aufgetaucht. Eine matronenhafte Frau von fünfzig mit grauem Haar, in einem dünnen, grauen Kostüm vertrat ihn – oder hatte sie den *Guide* für immer ersetzt? Sie sah so grimmig aus, daß niemand gewagt hatte, sie zu fragen.

Sie marschierte der Gruppe im Schnellschritt voraus, erklärte etwas nur, wenn ausdrücklich und wiederholt danach gefragt wurde, blickte über die Schulter zurück, blieb stehen, um die Gruppe wie ein Wachhund an sich vorübergehen zu lassen, immer wieder abzählend.

Es gab hier keine besonderen Sehenswürdigkeiten, die einer Erklärung bedurft hätten. Die Geschäfte, an denen sie vorbeikamen, waren staatseigene, staatskontrollierte Betriebe. Trotz des Überflusses, den die Schaufenster zeigten – Modeschmuck in dem einen, Glas oder Porzellan, Objets d'Art oder goldene Uhren und goldene Feuerzeuge in anderen, und natürlich Kaviar, russischer Wodka und kubanische Zigarren – seltsamerweise wirkten alle diese Dinge wie Attrappen; in allen Schaufenstern hing der Hinweis: *Sale for foreign currency only.*

Ihr Ziel war das Dům Evropa, ein ebenfalls vom Staat kontrolliertes Pfand- und Auktionshaus, wo die Prager – alte Leute, vermutete Martin, verarmte bürgerliche Familien – ihre letzten verborgenen Schätze zu Geld machen konnten. Als Martin das Tagesprogramm durchgesehen hatte, war ihm klargeworden, daß dieses der wahrscheinlichste Ort war, den Zimra wählen könnte.

„Sie sagen, man kauft dort phantastisch günstig! Echte Okkasionen. Sie denken wirklich an alles!“

Elsa ging neben ihm, sichtlich bemüht, leicht und fröhlich zu klingen. Der Abend war noch schwierig gewesen: im „Vlatana“ hatte sie unbedingt in die Bar gewollt; irgendwie hatte sich der Gedanke in ihr festgesetzt, daß dieser Abend ihre einzige und letzte Chance mit Martin sei. Vor ihrem Zimmer war sie über sich hinausgewachsen, hatte ihm mehr oder weniger deutlich zu verstehen gegeben, daß ihre Zimmergenossin sicher nichts dagegen hätte, für eine oder zwei Stunden das Feld zu räumen. Am Morgen war sie lächelnd aufgetaucht, behauptete, sich an nichts mehr zu erinnern: „Was war eigentlich gestern? Ich habe mich schrecklich benommen, nicht wahr? Ich darf einfach nichts trinken.“ Aber es klang alles forciert, und manchmal, wenn sie ihn ansah wie jetzt, hatte sie wieder diesen etwas beleidigten, altjüngferlichen Ausdruck.

Sie hatten das Dům Evropa erreicht, ein großes, ehemaliges Herrschaftspalais. Wie das „Vlatana“ suggerierte auch dies vergangene Herrlichkeiten. Die graue, matronenhafte Reiseführerin wartete abzählend, bis auch der letzte ihrer Gruppe die ehemalige Einfahrt passierte, die an pferdegezogenen Kutschen, Männer und Frauen in Abendtoilette und flammende Kandelaber denken ließ. Es gab die Kandelaber tatsächlich, das Glas herausgebrochen, an dem Mauerwerk rechts und links von der Tür, durch die die Gruppe den ersten der vielen hallenartigen Räume betrat.

„Es ist schon eigenartig – daß sie uns alle diese Bourgeoisiesachen und -orte zeigen. Als seien sie darauf am meisten stolz.“

Elsa sprach genau seine Gefühle aus. Sie sprach gedämpft in dem Tonfall, den Leute in Museen bekommen. Sie waren nicht allein, nicht die einzige Gruppe von Lehrern, nicht die einzigen Besucher. In den Sälen drängten und schoben sich die Käufer an den Vitrinen vorbei, die die hohen Räume aufteilten. Auf Martin wirkten die meisten nicht wie Käufer, sondern er hatte das Gefühl, als seien es die Besitzer der verschiedenen Erinnerungsstücke selbst, die sich da über die Vitrinen beugten, um ihre Schätze zu bewachen. In einem weiter entfernten Saal wurde eine Auktion abgehalten.

„Suchen Sie etwas Bestimmtes?“ Elsa blieb vor einem der Schaukästen stehen, der mit einer willkürlichen Ansammlung von unnötigen Gegenständen gefüllt war; leere Parfumfläschchen mit

Silberverschluß, alte, brüchige Fächer, gestickte Handtäschchen, Zigarettenetuis, Haarschmuck...

Sie erfragte seine Meinung zu etwas, er antwortete, sie gingen weiter, Martin nur darauf bedacht, den richtigen Augenblick zu finden, sich von Elsa, von der Gruppe abzusondern; in dem Gedränge und Gestoße würde dies nicht allzu schwer sein.

Kannte Zimra das Dům Evropa überhaupt? fragte er sich plötzlich. Und wenn, würde sie kommen? Er hatte Zweifel daran erst gar nicht in sich aufkommen lassen, hatte sich auf die Möglichkeit, daß er nichts mehr von ihr hörte, nicht vorbereitet. Statt dessen galten alle seine Überlegungen seit dem gestrigen Abend nur dem Augenblick, wenn er ihr wieder gegenüberstehen würde. Und alle seine Fragen endeten bei der einen Frage: Worin lag die Hoffnung begründet, daß sie einwilligte, ihm zu geben, was er von ihr wollte? Er hatte plötzlich das Gefühl, nicht mehr Herr seiner eigenen Entschlüsse zu sein, gefangen in einem Automatismus, einem zwangsläufigen, unaufhaltsamen Fortschreiten der Dinge.

Er war vor einer flachen Vitrine stehengeblieben. Elsa war nicht in seiner Nähe, auch niemand anders von der Gruppe. Unter dem Glas lagen ein Paar Haarspangen. Sie hatten die Form eines kleinen runden Straußes aus Blüten von Primeln. Das Elfenbein war gelb geworden. Der Preis, 40 Dollar das Paar, schien horrend.

„Gefallen Sie Ihnen?" Ein Mann mit einem gebrochenen Nasenbein in einem langen, grauen Kittel, wie alle Verkäufer ihn hier trugen, hatte sein Interesse bemerkt. „Soll ich Sie Ihnen herausschreiben?"

Martin hatte nicht die Absicht gehabt, die Spangen zu kaufen, obgleich das Paar gut zu Zimras neuem, kurz geschnittenen, schwarzen Haar passen würde. Er zögerte noch, als er sie am anderen Ende des Saales bemerkte; sie blickte sich suchend um.

„Der Preis scheint mir irrsinnig hoch."

Der Verkäufer hatte begonnen, eine Quittung auszuschreiben. Er hörte damit auf. „Sie brauchen nichts zu kaufen!" Er warf Martin einen harten Blick zu, was seine Nase noch gebrochener aussehen ließ.

„Gut, ich kaufe sie." Es würde ihm Bewegungsfreiheit verschaffen, Zeit vor allem; lange Schlangen standen vor den Kassen, wo die erstandenen Objekte zu bezahlen waren, ehe man mit seiner abgestempelten Quittung zurückkam.

Zimra hatte ihn bemerkt, und sie kam auf ihn zu, während der Verkäufer ihm immer noch lang und breit erklärte, was er zu tun hatte.

2

Am Abend zuvor, als es natürlich gewesen wäre, daß sie mit Furcht reagiert hätte, war sie sehr ruhig gewesen. Dafür schien sie jetzt sehr viel angespannter und nervöser. Sie hatte Schatten unter den Augen, die gestern nicht dagewesen waren. Sie vergrößerten ihre dunklen Augen noch mehr. Aber wieder verriet der Blick in ihnen Martin nichts über seine Chancen. Er drückte eher ein Gefühl des Erstaunens aus, daß sie wirklich hier bei ihm war.

„Wieviel Zeit haben wir?" Er hatte den Satz vorbereitet wie den ersten Zug in einem Spiel, das man in Gedanken vorausplant. Sie antwortete nicht sofort, sie schloß sich ihm nur schweigend an, als er sich auf den Weg zu einer der weiter entfernten Kassen machte. Als sie sprach, wurde ihm klar, daß das, was im Augenblick in ihr vorging, nichts mit seinem Spiel zu tun hatte; daß ihre Begriffe von Zeit sehr verschieden waren:

„Du hast etwas gekauft?"

Er nickte; es erschien ihm lächerlich, ihr zu sagen, daß es ein Paar Haarspangen war.

„Ich hätte nie gedacht, daß irgend jemand wirklich dieses Zeug kauft." Sie blieb kurz vor einer Vitrine stehen. „Es ist gespenstisch. So etwas sollte es nicht geben! Euch das anzubieten – wer kommt auf solche Ideen?"

Die Figuren seines Spiels standen plötzlich in Positionen, die er sich nicht ausgedacht hatte. Als versuche er, zur Eröffnung zurückzufinden, sagte er: „Dies ist kein zufälliges Zusammentreffen. Die Wahrheit ist, ich arbeite wieder für sie..."

Sie blickte ihn an. „Kannst du mir nicht Zeit lassen?"

„Wir haben keine Zeit, nicht jetzt." Er fügte etwas hinzu, das ihm schon leid tat, während er es aussprach. „Kann sein, daß wir sie haben, in der Zukunft."

„Wir hatten das schon einmal – und es hat nichts genützt."

„Es geht um die Konferenz. Sie wissen davon." Das einzige Zugeständnis, zu dem er sich bereit fühlte, war dieses anonyme *sie*; als stünde es weder in seiner noch ihrer Macht, an den Tatbeständen etwas zu ändern.

„Ein bißchen Zeit?“

Er zögerte. Sie standen am Ende der Schlange, weit entfernt von der Kasse. „Du hast dein Haar anders.“

„Eine Freundin hat mich dazu überredet; sagte, ich würde mich besser fühlen. Es ist unsinnig. Kostet viel Zeit und viel Geld.“

„Ich mochte es, als es grau war.“

Sie lächelte zum erstenmal. „Aber du warst nicht mehr da; und du warst der einzige, der es so mochte.“

„Ich habe daran gedacht, dich rauszuholen, hinterher. Aber du hast mich nicht ermutigt.“

„Ich weiß, das habe ich nicht. Manchmal wissen wir einfach zuwenig von uns. Ich habe wirklich darauf gewartet...“

Es war, als ob sie das Spiel neu aufstellte, die Figuren zu seinem Vorteil. „Dieses Mal werde ich dich nicht zurücklassen.“

Sie schüttelte den Kopf. „Sag das nicht. Fang nicht wieder davon an. Zukunft und Vergangenheit – bei den Worten wird mir kalt. Zukunft und Vergangenheit – das sind Frost und Schnee auf eine erste Frühlungsblume.“

Er erinnerte sich, daß sie Gedichte geschrieben hatte damals. Sie hatte sie ihm nie gezeigt, aber einmal hatte sie gesagt: „Alle halten mich für ungeheuer tüchtig, ungeheuer zuverlässig, sehr ehrgeizig. Aber mein Ideal, die Vorstellung, die ich von meinem Leben habe, besteht darin, jeden Tag ein Gedicht zu schreiben und jemanden zu lieben.“

Sie waren an der Kasse angelangt. Er bezahlte und bekam seine Quittung gestempelt. Die ganze Zeit hatte er die Leute um sich herum beobachtet, darauf geachtet, ob ein und dieselbe Person mehrmals auftauchte. Er bat sie, hier zu warten; und während er zurückging, um die Haarspangen zu holen, hielt er weiter Ausschau. Aber niemand erregte seinen Verdacht. Als er zurückkam, nahm er ihren Arm und stellte sich mit ihr an das Ende einer anderen Schlange.

Er hatte immer gefunden, daß sie schön war. Es bedeutete nicht, daß Einzelheiten in ihrem Gesicht schön waren; es hatte etwas Unharmonisches, Unregelmäßiges: Die Augen paßten nicht zusammen, sie standen etwas zu weit auseinander; ihre Nase war etwas zu groß, zu schwer für das schmale Gesicht, der Mund war zu klein; wenn sie beim Küssen lächelte, waren plötzlich die Lippen nicht mehr groß genug. Und dennoch war der Gesamteindruck Schönheit.

Wieso kamen ihm solche Gedanken jetzt? Er hatte keine Zeit dafür. Aber er hatte Mühe, zu dem Dialog zurückzufinden, den er gestern abend für sich geprobt hatte. Es war schließlich sie, die sagte: „Warum schicken sie dich? Es geschieht selten, daß sie jemand ein zweites Mal hinter dem Vorhang einsetzen."

„Es sind wir beide – die Tatsache, daß wir uns kennen."

„Sie wissen es von dir?"

„Ich habe geschwiegen. Sie haben es trotzdem herausgefunden."

„Wieso wissen sie von dem Treffen in Prag?" Sie war nun voller Aufmerksamkeit, nur an dem Sachverhalt interessiert.

„Von einem Agenten hier."

„Was wollen sie?"

„Das Ei und die Henne."

„In der Hauptsache?"

„Worum es bei dem Treffen geht! Welche Beschlüsse gefaßt werden. Es muß einen wichtigen Grund für ein solches Treffen geben... Wie viele Tage sind vorgesehen?"

„Das ist nie vorauszusagen. Was soll ich dabei tun?"

Wieder war es nicht entfernt der Dialog, den er sich vorgestellt hatte, aber er hatte keine Zeit, um sich Gedanken zu machen. „Wie wird es festgehalten, Stenogramme oder Bänder?"

„Stenogramme. Die Bänder werden nur gebraucht, falls es in den schriftlichen Protokollen Unstimmigkeiten gibt, zur Kontrolle."

„Wie viele Kopien?"

„Abgezählte Kopien. Sie werden jeden Abend getippt, eine für jeden Teilnehmer."

„Die Bänder werden archiviert?"

„Ja."

„Archiviert und nicht mehr angesehen, nachdem die schriftlichen Protokolle vorliegen. Das Sicherste wäre, die Bänder zu beschaffen. Kann man sie überspielen?"

Das Lächeln auf ihrem Gesicht war wie hingeschminkt. „Wessen Idee war das? Wie konnten sie hoffen, daß ich dabei mitmache? Hast du ihnen nicht gesagt, daß es aussichtslos ist? Daß ich meine Seite gewählt habe, für immer?"

„Ich hab' es gesagt, mehr oder weniger."

„Was hast du in der Hand? Was haben sie dir gegeben, das du gegen mich verwenden kannst? Sie haben dir gesagt, daß sie Kontakt mit mir aufgenommen haben?"

„Moment... Wann war das?"

„Versuchen sie, mich damit zu erpressen?"

Seine erste Reaktion war Zorn, Schock über die Tatsache, wie wenig sie ihm vertraut hatten. Als die Überraschung abklang, als er nüchtern darüber nachdachte, sah er darin im Gegenteil fast einen Vertrauensbeweis: Carow, der ihn kannte, mußte C. gewarnt haben; so war es erst gar nicht dazu gekommen, daß man es ihm mitteilte. Carow vertraute ihm! Vertraute darauf, daß er sein Ziel ohne schmutzige Tricks erreichte.

„Sie haben mir nichts davon gesagt. Also war nie daran gedacht, es zu verwenden."

„Warum also, Martin? Warum sollte ich dies tun?" Sie versuchte, ihrer Stimme Ironie zu geben, aber es gelang ihr nicht. „Was bezahlen sie mir?"

„Einen sicheren Weg nach draußen – zusammen mit mir."

Sie schien ernsthaft darüber nachzudenken. Dann sagte sie: „Kannst du mir einen besseren Grund nennen?"

Er hatte die Antwort darauf; es war eine der Fragen, von denen er gewußt hatte, daß sie sie stellen würde. Er hatte darauf keine bessere Antwort gefunden als die, die er ihr nun gab: „Tu es für dich selbst – so, wie ich dies allein für mich tue."

Sie blickte um sich, als sei irgendwo hier in diesem Saal die Antwort zu finden. „Ist das genug? Ich bin anders aufgewachsen, mit anderen Idealen. Sie mögen – der Wirklichkeit nicht standhalten, aber ich habe keine anderen."

„Damals, als wir darüber redeten, weißt du, wie ich dich damals manchmal in Gedanken genannt habe? Kleiner Soldat. Sag mir, kleiner Soldat, wo stehen wir beide, was haben deine Ideale uns gebracht?"

„Ich sehe, sie haben mir wirklich nichts zu bieten." Wieder suchte sie Zuflucht in der Ironie, ganz und gar ungeeignet für sie. „Und du, was bezahlst *du* mir? Kannst du mir eine Nacht geben? Es wäre immerhin etwas, was ich mir überlegen würde."

Er spürte, wie sie zitterte, plötzlich Angst hatte. Die Angst sprang auf ihn über wie ein Stromschlag, so daß er sich abrupt um drehte, sicher, daß sie die ganze Zeit über beobachtet worden waren. Er erwartete, sie zu sehen, zwei oder drei, erwartete, daß sie näher kamen, ruhig, langsam; sie würden jedes Aufsehen vermeiden, sie einfach einkreisen, ein stummes Nicken würde ihnen bedeuten, ihnen zu folgen. Es war fast dieselbe Szene, die er sich auf dem Treppenabsatz vor Dlubeks Tür vorgestellt hatte, er sah es mit derselben Realität, den Ausschnitt eines Films, der in Zeitlupe und ohne Ton vor ihm ablief...

Aber niemand nahm Notiz von ihnen. Der große Saal war der gleiche, die Bedrückung ging von vielen toten Objekten in den Vitrinen aus, von den Menschen, die vor ihnen und hinter ihnen warteten, geduldig mit ihren Quittungen in den Händen; das Klingeln der Kassen war dasselbe; die waren so alt, daß man auch sie als antik hätte verkaufen können.

„Zimra..."

„Ich hab' den Namen aufgegeben. Er ist Anna wie meine Mutter."

„Was sagt dein Vater dazu?"

„Sie haben dir nicht gesagt, daß er tot ist?"

Wieder fragte Martin sich: Hatten C. und Carow es gewußt – was wahrscheinlich war – und ihm nichts davon gesagt? Eine Tatsache von solcher Bedeutung! Sie erklärte Martin, warum sie überhaupt hier war. Sie veränderte alles. Er hatte immer das Gefühl gehabt, wenn Zimra von „ihrem Land" sprach, meinte sie in Wahrheit ihren Vater. – Warum hatten sie ihn nicht eingeweiht?

„Wann ist es geschehen?"

„Ein Jahr, nachdem du weg warst. Sie haben es dir also nicht gesagt? Er hat sich umgebracht." Wieder sah sie sich um mit diesem nach Erklärungen suchenden Blick. „Ich hasse das hier wirklich! Sie sagen, was zähle, seien Erinnerungen. In Wirklichkeit bedeuten sie nichts! Der Tod ist das Ende aller Erinnerung – das hab' ich erfahren. Mein Vater ist nicht mehr da, wenn ich ihn brauche... *Das ist ein guter Grund!* Vielleicht hast du recht... Vielleicht kann ich keinen besseren erwarten. Ich werde es versuchen..."

Martin fühlte keinen Triumph, nur ein plötzliches Mißtrauen. Ein Verdacht keimte in ihm auf: War das Ganze eine klug eingefädelte Falle, die Zentner ihm stellte? Wie damals in Bernau: Zimra wissend oder unwissend der Köder, den der Apparat ihm hinhielt? Aber hatte er eine andere Wahl, als ihr zu trauen? Außerdem hatte er bisher nicht mehr als ein vages Versprechen.

„Kannst du an die Bänder heran?“

„Leichter an die Stenogramme.“

„Ein Band wäre besser.“ Er brauchte ihr nicht zu erklären warum; alle Geheimdienste hatten Angst, daß man ihnen falsches Material unterschob, und ein Band war leichter auf seine Echtheit zu überprüfen. „Geh kein Risiko ein mit irgend etwas weniger Wichtigem. Konzentriere dich auf die Beschlüsse.“

„Wenn es mir gelingt...“

„Warte... Wenn du nicht sicher bist, rühr nichts an! *Merke* dir die Dinge. Wir könnten sie vielleicht rekonstruieren.“ Das war zwar nicht sein Auftrag, aber er sagte es trotzdem.

„Wie übergebe ich es?“

Er gab ihr Vordrucke der Programme des Kongresses. Sie steckte sie weg, ohne sie anzusehen. „Am besten, du wählst wieder selbst den Ort... Bist du sicher, daß du es tun willst?“

Sie lächelte ihr angemaltes Lächeln. „Für dich... ja.“

„Und für dich.“

Sie schüttelte den Kopf. „Ich tue es, obwohl ich weiß, daß es mich umbringen wird, selbst wenn es nicht entdeckt wird. Der Verrat wird mich umbringen. Vielleicht ist das mein wahrer Grund. Ich bin nicht so stark wie mein Vater, es selber zu tun... Ich wollte, wir hätten die Zeit, darüber zu sprechen.“

Er mußte sie von solchen Gedanken wegbringen. Ihre Schwäche mochte sich im Augenblick zu seinen Gunsten auswirken. Aber wenn es darauf ankam, nutzte sie nichts: Das Band an sich zu bringen. Die Übergabe. Das alles bedeutete Gefahr und Angst; dann war Schwäche nicht genug. Sie brauchte dazu Mut. Mehr noch würde ihr eine Überzeugung helfen, eine Rechtfertigung.

„Denk daran, daß du vielleicht etwas Gutes tust.“ Ausgesprochen klang es phrasenhaft, unter ihrer Würde. Es hatte keinen Sinn, ihr etwas vorzumachen. Hoffnung dann vielleicht? Am Ende sagte er nur: „Ich brauche ein Paßfoto von dir! Ein Automatenbild genügt. Leg es bei.“

„Oh, Martin. Du bist so lange in diesem Gewerbe und glaubst immer noch an Versprechungen!“

„Wenn die Konferenz endet – finde einen Grund, länger in Prag zu bleiben.“

Sie zögerte. „Ich könnte eine der anderen Sekretärinnen bitten, mit mir hierzubleiben. Das würde besser aussehen. Wir könnten planen, am Sonntag mit dem Zug zurück nach Berlin fahren."

„Bis dahin sind wir beide draußen."

„Ein Agent mit Illusionen – wenn wir genug Zeit hätten, ich glaube, ich würde mich wieder in dich verlieben."

„Wir werden sie haben."

„Damals hatten wir mehr..." Sie war plötzlich nicht mehr an seiner Seite. Sie war in der Menge verschwunden, ehe er sie zurückhalten konnte.

Aber er wollte es in Wirklichkeit gar nicht. Es war besser so. Schließlich war alles gutgegangen. Anders zwar, als er es sich vorgestellt hatte, ein vollkommen anderes Spiel, eine andere Eröffnung, andere Züge; aber am Ende standen die Figuren so, wie er es sich erhofft hatte, gaben ihm ein Übergewicht. Wer hatte sie in diese Stellung gebracht? Für einen Augenblick erwachte sein Mißtrauen erneut. Es war einfach alles zu einfach gegangen...

Er verließ seinen Platz in der Schlange, begann, nach den anderen zu suchen. In dem Saal, in dem die Auktion abgehalten wurde, fand er einen Teil der Gruppe. Sie saßen in der letzten Stuhlreihe ohne Interesse für das, was sich oben auf dem Podium abspielte. Sie ruhten sich dort nur aus, ermüdet, mit wehen Füßen von dem langen Herumlaufen durch die Säle. „Mein Gott!" Eine ältere Lehrerin hatte ihre Schuhe abgestreift. „Die halten uns wirklich in Trab!"

Martin setzte sich zu ihnen, blieb bei ihnen sitzen, bis ihre Reiseführerin sie dort fand und – Hände in den Hüften – sie antrieb: „Auf, auf! Wir müssen zurück ins Hotel. Alles wartet am Ausgang!"

Die Lehrerin hatte Mühe, ihre Schuhe wieder anzubekommen. Martin wartete, bis sie damit fertig war. Die meisten waren schon am Ausgang versammelt, aber ihre Führerin brauchte eine weitere halbe Stunde, bis sie die ganze Gruppe zusammen hatte. Fast jeder hatte etwas gekauft; sie trugen ihre Päckchen alle so ostentativ zur Schau, als hätten sie damit irgend etwas zu beweisen.

Als Elsa sich im Bus neben ihn setzte, ebenfalls mit einem verschnürten Päckchen, war Martin froh, daß auch er etwas vorzuweisen hatte.

XXIII. Kapitel

1

Sie hatten Sitze in der siebten Reihe, weit draußen auf der Seite. Das Publikum war wie leblos, erstarrt. Ein einziges Mal hatte es Applaus gegeben, ein schwaches Klatschen von den hinteren Reihen nach einer Arie der Turandot; wie es schien, zu einem völlig ungeeigneten Augenblick, denn es hatte selbst die Sänger auf der Bühne irritiert. Seitdem saßen alle noch stiller und steifer auf ihren Plätzen.

Es war eine Sondervorstellung für die Mitglieder des Kongresses im „Kulturpalast". Man hatte ihnen Blätter mit der Handlung der Oper gegeben – in den verschiedenen Sprachen – aber entweder hatte sich niemand die Mühe gemacht, sie zu lesen, oder aber die Lehrer interessierten sich nicht für das Schicksal der launenhaften Prinzessin von China. Martin hatte plötzlich die Vorstellung von dem Mann aus dem Kultusministerium, der die Oper ausgewählt hatte; vielleicht der schwitzende Mann in der Loge zu seiner Rechten? Er sah so unglücklich aus, als fürchte er um seinen Kopf.

Elsa betrachtete die Vorgänge auf der Bühne durch ein perlmuttbesetztes Opernglas; das war der Gegenstand gewesen, den sie in der staatlichen Pfandleihe erstanden hatte. Ihre Frisur befand sich im Stadium der Auflösung, und sie wenigstens schien die Oper zu genießen; ihr Körper machte das Auf und Ab der Musik mit; wahrscheinlich hielt sie nur mühsam an sich, nicht mitzusingen. Sie war in bester Laune, sozusagen wieder im Zustand jener Jungfräulichkeit, in dem sie bereit war, alles, was ihre Gastgeber für sie taten, phantastisch zu finden.

Sie ließ ihr Glas sinken, bot es Martin an. Als er den Kopf schüttelte, beugte sie sich zu ihm herüber, flüsterte in sein Ohr: „Das sind alles Kunstbanausen, richtige Möpse!" Ein Räuspern hinter ihnen beeindruckte sie nicht. „Möpse!"

Er hätte fast laut gelacht über den Ausdruck, der aus ihrem Mund so seltsam klang. Er fragte sich, wo sie ihn aufgeschnappt haben könnte; von ihren Schülern? Er wußte immer noch nicht viel mehr von ihr, als daß sie ihre Stelle als Lehrerin verloren hatte, weil sie ein Mitglied der Deutschen KP war, oder daß sie augenblicklich vom Dienst suspendiert war, so etwas Ähnliches jedenfalls.

Der Akt schien sich ewig hinzuziehen. Es fiel Martin immer schwerer, sich auf die Bühne zu konzentrieren. Immer wieder dachte er an Zimra. Wo war sie? Was tat sie? Hatte sie es ernst gemeint? Wenn ja, würde es ihr gelingen, Bänder an sich zu bringen? Wie würde sie es ihm übergeben? Wann? Er konnte keine der Fragen beantworten.

Er hatte sich ihr Gespräch nachher noch oft ins Gedächtnis zurückgerufen, so als spiele er sich ein Band vor; er fand, daß er absurd optimistisch gewesen war. Er hatte sich eine Frist gesetzt und bis dahin alle Gedanken als sinnlos aus seinem Kopf verbannt.

Auf der Bühne senkte sich der Vorhang. Für einen Augenblick waren die Erstarrung, das Schweigen der Zuschauer noch stärker. Elsa war eine der ersten, die mit dem Beifall begann, und sie war eine der letzten, im Seitengang stehend, die ihn am Leben erhielt.

„Kommen Sie", sagte er schließlich, „es gibt sicher ein kaltes Büfett."

Das Foyer war eine riesige, zugige Halle. Von den hohen Fenstern blickte man hinaus auf eine Eisfläche, hell angestrahlt, mit so vielen jungen Leuten, daß man kaum etwas von dem Eis selber sah.

Um sie herum waren alle laut, erleichtert. Das Büfett wurde gestürmt, eingenommen, nicht mehr aus der Hand gegeben. Türsteher in abgetragenen violetten Livreen standen wachsam bereit, zeigten auf die Rauchverbotstafeln, sobald sich jemand eine Zigarette anzündete. Insbesondere einer fiel Martin auf, ein Mann mit einem Gesicht, das kein Alter zu haben schien; er blieb in seiner Nähe, schlich um ihn herum, als erwartete er jeden Augenblick, er könne Martin bei der Übertretung ertappen.

Martin spürte, wie sein Körper kalt wurde, wie der Raum um ihn plötzlich ohne Geräusche war. Begann er, weil dieses Warten schon so lange dauerte, an Einbildungen zu leiden? In dem alterslosen Gesicht stand nichts. Kein Zeichen, keine Bewegung, der starre Ausdruck eines Mannes, der für Ordnung zu sorgen hatte. Aber ein Sinn außerhalb der normalen Sinne, etwas in Martin, das wie eine chemische Reaktion war, zwei Flüssigkeiten in seinem Körper, die zusammenkamen, hießen ihn, dem Mann zuzunicken.

Der Türsteher kam auf ihn zu. „Sie dürfen nur draußen rauchen.“

„Wo draußen?“ Seine Kehle war eng, ausgetrocknet.

„Bei den Garderoben.“

„Ich habe meine Zigaretten vergessen.“

„Vielleicht in Ihrem Mantel?“ Der Mann wandte sich ab. Sein Rücken in der abgetragenen, etwas zu großen Livree zeigte Angst, mehr, als sein Gesicht gezeigt hatte.

Martin blickte sich nach Elsa um; sie kam vom Büfett zurück, einen hochgefüllten Teller in der Hand. „Für Sie.“ Er schüttelte den Kopf. „Ich glaube, ich brauche frische Luft.“ Sie lächelte. „Verpassen Sie den letzten Akt über Ihren Drinks nicht.“

Du siehst Gespenster, dachte Martin, als er seine Marke hervorholte und der Garderobenfrau hinhielt. „Kann ich meinen Mantel haben?“ Sie legte ihr Strickzeug weg, brachte den Mantel; sie wartete uninteressiert, sprach mit einer anderen Frau.

Er fühlte die Taschen an. Er hielt den Atem an, als er das Päckchen fühlte. *Es war da! Sie hatte es getan!* Er zog seine Hand weg, als könnte er nicht sicher sein, daß er der Versuchung widerstehe, das Päckchen hervorzuholen. Er nahm ein paar Münzen aus der Tasche. Sie machten ein viel zu lautes Geräusch, bis sie endlich auf dem Tisch zur Ruhe kamen; die Frau hatte gar nicht darauf geachtet. Er lächelte, aber er wußte es nicht, alles, was er fühlte, war Anspannung, die wie ein chemisches Mittel seinen Körper vereiste.

Hinter ihm kam das Zeichen für den dritten Akt. Es klang in seinen Ohren wie ein heiseres Schiffssignal. Er begann, wieder klarer zu denken; er mußte sich auf der Stelle entscheiden. Konnte er den Mantel zurückgeben, ihn dort lassen, das Päckchen in der Tasche, noch einen ganzen Opernakt lang? Es bei sich haben, später im Bus, im Hotel? Es eine ganze Nacht in seinem Zimmer aufbewahren? Nein! Er mußte es so schnell wie möglich loswerden.

Er zog den Mantel über den Tisch hinweg an sich, hängte ihn über den Arm. Die Frau streckte die Hand nach den Münzen aus, als Martin sich besann. Er nahm die Münzen an sich, reichte der Frau einen Geldschein. Es war zuviel Geld; wenn das Schlimmste eintrat, würde sie sich nun an ihn erinnern, aber die Münzen brauchte er! Die Beunruhigung darüber, daß er fast diesen Fehler gemacht hätte, war im Augenblick größer als die Zufriedenheit über das Band.

2

Er zählte die Schritte, die er brauchte, um über den Platz hinweg zu der erleuchteten Telefonzelle zu kommen. Einhundert. Und noch vier. Einhundertundvier. Das ergab eine Quersumme von fünf. Fünf war keine schlechte Zahl. Martins Lieblingszahl war die Zwei, dann die Fünf, vielleicht noch die Acht. Er hätte nicht genau sagen können, warum; es waren einfach Zahlen, von denen er das Gefühl hatte, daß sie ihm Glück brachten. Das Zimmer im „Vlatana“ – 425. Quersumme 11, was wiederum die Zwei ergab!

Er blickte ein letztes Mal hinter sich über den einsamen Platz. Vier junge Männer in dunkler Kleidung auf vier Mopeds kreisten langsam um einen Brunnen, die Füße am Boden. Sie waren Martin schon eine ganze Weile aufgefallen, während er sich zu vergewissern suchte, daß ihm niemand folgte.

Er betrat die Zelle. Es war innen kühler als draußen. Er warf die Münzen ein. Er wählte die Nummer, ließ es zweimal läuten und hängte ein. Die Münzen fielen heraus, er steckte sie zurück und ließ es diesmal viermal läuten, ehe er mit der linken Hand den Halter für den Hörer herunterdrückte. Er wiederholte das Ganze, wählte dann dieselbe Nummer ein drittes Mal, aber dieses Mal wartete er; er zählte das Läuten, bis die andere Seite den Hörer aufnahm; wie verabredet sechsmal – Martin hängte ein, zum erstenmal mit einem Gefühl der Erleichterung.

Er verließ die Zelle, steckte die Hände in die Manteltasche, befühlte das Paket, die Verschnürung, die Form. Er hatte bisher keine Gelegenheit gehabt, es sich anzusehen; er wußte auch nicht, wessen Nummer er gewählt hatte, wer der Verbindungsmann war. Er hätte seinen „Fang“ sehr viel lieber einem toten Briefkasten anvertraut; es war die normale Handhabung, Agent und Verbindungsmann hatten sich nicht zu kennen. Carow hatte die Ausnahme mit dem Zeitfaktor begründet: „C. will es sofort.“

Martin wußte nicht, wie sie das Band herausbrachten; eigentlich könnte es nur mit der Diplomatenpost gehen, das bedeutete, ein Mann in irgendeiner der westlichen Botschaften. Martin interessierte auch das nicht. Das lag in Carows Hand, und Carow wußte, was er tat. „Gib ihm fünfzehn bis zwanzig Minuten“, hatte er gesagt.

Er blickte auf die Uhr. 21.30 Uhr. Er war bereits in der Nähe seines Treffpunkts, und so beschloß er, in eine der belebteren Straßen der Altstadt hinüberzuwechseln, irgendwo etwas zu trinken und sich das Päckchen anzusehen. Er bemerkte, daß die vier jungen Männer auf den Mopeds aufhörten, den Brunnen zu umkreisen.

Seine Besuche in der Stadt mit seiner Mutter hatten fast alle – außer wenn es notwendig wurde, zum Arzt oder zu irgendwelchen Behörden zu gehen – zur Weihnachtszeit stattgefunden. Er erinnerte sich an viele Lichter, an viele Menschen, an die ständige Sorge der Mutter, ihn aus den Augen zu verlieren, an die Pakete, die immer mehr wurden.

Er hatte die Fahrten in die Stadt geliebt. Es gab nichts, was ihm seine Mutter abschlug. Wenn er vor einem Stand stehengeblieben war, wo ein Mann Zuckerwatte auf feine Stöckchen drehte, brauchte er nur darauf zu zeigen, und er bekam sie. Der einzige Widerstand, den sie ihm entgegensetzte, wenn man es so nennen konnte, war, daß seine Mutter alles mit der Bemerkung versah: „Aber erzähl es nicht zu Hause!“ Prag, das war ihr Geheimnis; zu Hause, mit all den vielen armen Verwandten, wagte sie es nie, ihn so zu verwöhnen.

Ihm war jedesmal schlecht gewesen von den vielen Süßigkeiten später im Zug; schlecht, müde, glücklich. Er erinnerte sich besonders an diese Fahrten zurück in der Nacht. Er schlief, den Kopf auf dem Schoß seiner Mutter, wachte auf, wenn der Zug an den vielen Stationen hielt. Zuerst war das Abteil immer überfüllt, dann wurde es leerer und leerer, und zuletzt, wenn sie in die Nähe der Grenze kamen, waren sie ganz allein, seine Mutter und er und die vielen Pakete...

In dieser Nacht schien es keine belebten Straßen zu geben. Die Stadt kam ihm verlassen vor, eine Geisterstadt, aus der die Bevölkerung geflohen war. Es verlangte ihn danach, etwas zu trinken, genauso wie ihn damals die Süßigkeiten verlockt hatten. Dieses Verlangen irritierte ihn. Zuerst war es wirklich nur ein Mittel zum Zweck gewesen, dieses Trinken am Abend. Von den ersten Kognaks war ihm fast schlecht geworden. Aber dann hatte er sich daran gewöhnt; er brauchte es, weil er sich besser fühlte, leichter, ruhiger, weil es ihn in eine Stimmung der Zuversicht versetzte. Nie zuvor hatte er das nötig gehabt.

Als er die Lichter einer kleinen Gaststätte entdeckte, überquerte er die Straße und betrat sie. Der schmale, dunkle Raum war überfüllt mit Männern und Frauen in Arbeitskleidung. Sie starrten ihn an, als er sich zur Theke begab. Er wußte nicht, was es an ihm war – sein Mantel war hochgeschlossen, so daß sie den dunklen Anzug nicht sehen konnten – aber alle schienen sofort zu wissen, daß er ein Mann aus dem Westen war, als trüge er das an sich wie ein sichtbares Kainszeichen. Er bestellte Kognak, und als das große Glas vor ihn hingestellt wurde, trank er schnell. Er bezahlte, trank den Rest und ging nach draußen. Die vier Mopedfahrer waren wieder da.

Er wußte immer noch nichts über den Inhalt des Päckchens. Er blickte auf seine Uhr; es war nicht die Uhr, die er in München gekauft hatte, sondern eine spanische; seine lag zusammen mit den anderen Dingen in dem Karton im Hinterzimmer der Scheinfirma; sie gehörten zu einer Scheinexistenz, die ihm in diesem Augenblick sehr fern war.

Es würde Zeit für sein Rendezvous. Er bog in die Jáchymova ein, das Prager Getto. Er kam an koscheren Geschäften vorbei, die alle so aussahen, als würden sie auch am Tage nicht öffnen. Er begegnete niemandem. Einmal sah er einen Lichtschein durch geschlossene Läden und hörte Männerstimmen singen.

Er hatte plötzlich Schwierigkeiten, die richtige Synagoge zu finden. Er hatte den Plan im Kopf, und Carow hatte ihm Fotografien gezeigt, aber die, die er suchte, die Pinkassynagoge, schien nicht zu existieren, bis er merkte, daß er schon zweimal an ihr vorbeigelaufen war. Carows Fotos und Informationen hatten nichts davon gesagt, daß sie sich im Wiederaufbau befand und unter einem Baugerüst völlig verschwand. Über einem Bodenschacht hingen brennende Karbidlampen. Von seinem Verbindungsmann war noch nichts zu sehen.

Er nahm das Päckchen aus der Tasche; einfaches braunes Papier, von einer Schnur zusammengehalten. Der Stärke nach enthielt es zwei Bänder; aber Martin war nur interessiert an dem zusammengefalteten Kuvert, das unter die Verschnürung geschoben war. Er zog es sorgfältig heraus und öffnete es. Die Paßfotos waren da, eine Serie von drei Stück, nicht auseinandergeschnitten; er sah nicht viel, nur die Augen, die etwas verengt waren als Reaktion auf das Blitzlicht; es machte sie jünger.

Er hätte Triumph fühlen müssen – sie wollte also raus! Aber er mußte an die Bemerkung denken: „Zukunft und Vergangenheit –

das sind Frost und Schnee ...“; dort hatten die Worte pathetisch geklungen, aber hier, in dieser Umgebung, ließen sie ihn frieren.

Er brachte das Päckchen wieder in den ursprünglichen Zustand, steckte es ein. Er war auf dem Weg zu dem freien Platz vor der Synagoge, als er die vier Männer bemerkte. Einer wartete im Hintergrund bei den vier abgestellten Mopeds, die drei anderen kamen auf ihn zu, einer an der Spitze, die anderen rechts und links hinter ihm. Martin wußte sofort, daß er einen Fehler gemacht hatte, sie nicht abzuhängen.

Die drei kamen näher, sehr langsam, bis der Mittlere nur noch einen Schritt von ihm entfernt stehenblieb, die Arme zu beiden Seiten herabhängend, grinsend. „Kannst du uns sagen, wie spät es ist?“

Er war so erleichtert darüber, daß sie es offensichtlich nur auf seine Uhr abgesehen hatten, daß er einen Augenblick zu spät die Messer in ihren Händen sah; erst das Geräusch der aufspringenden Klingen machte ihn darauf aufmerksam. Zwei waren nun bei ihm, rissen ihm die Arme auf den Rücken. Er wehrte sich nicht, ja, er war froh, als er den Schmerz spürte, als sie die Uhr mit dem flexiblen Metallband von seinem Handgelenk rissen.

Er hörte einen Pfiff, merkte, daß man ihn losließ. Er sah Scheinwerfer; in ihrem Licht stand der leere Platz plötzlich voller junger Bäume, die man dort neu angepflanzt hatte. Daß es die Lichter eines Wagens waren, wurde Martin erst klar, als dieser am Eingang des Platzes auftauchte.

Die vier jungen Männer, gewarnt durch den Pfiff, hatten sich auf ihre Mopeds geschwungen; eine Weile hörte er noch das Geknatter der Motoren, dann war es still. Der Wagen hatte angehalten. Die Lichter waren jetzt abgeblendet. Die Fenster blieben geschlossen. Martin wollte, er hätte lachen können, aber er konnte es nicht. Er dachte an die Möglichkeit, daß die drei jungen Männer, nachdem sie so leicht an die Uhr herangekommen waren, ihn weiter durchsucht und das Päckchen gefunden hätten; später hätten sie es geöffnet und im besten Fall enttäuscht weggeworfen.

Die Fenster des Wagens blieben geschlossen, als er darauf zuging. Es war eine amerikanische Automarke mit einer Zollnummer. Das Wagenfenster öffnete sich nur zur Hälfte. Er sah von dem Mann nicht mehr, als daß er überraschend jung war und schwarze, straff anliegende Haare hatte. Er trug ein modisches Hemd mit blauem Brustteil und weißem Kragen.

„Hatten Sie Ärger?“

Martin antwortete nicht. Der Mann hinter dem Steuer besann sich auf das, was er zu sagen hatte.

„Wissen Sie zufällig, wann der alte jüdische Friedhof geöffnet hat?“

„Von 9 bis 17 Uhr außer Samstag.“

An der Hand, die das Päckchen entgegennahm, bemerkte Martin einen schmalen Goldring mit einem Brillanten. Das Fenster schloß sich mit dem leisen Geräusch einer Automatik. Martin wartete nicht darauf, daß der Wagen wegfuhr. Er verließ den Platz, das Getto, langsamen Schrittes zuerst, dann schneller.

Er fand eine Straßenuhr und sah zu seiner Überraschung, daß er noch Zeit für einen zweiten Kognak hatte. Er trank ihn in derselben Gaststätte und löste dort dasselbe schweigende Anstarren aus. Er erreichte den „Kulturpalast“, als die ersten Zuschauer zu den Garderoben stürzten, um nicht zu lange warten zu müssen.

Er ließ sich Elsas Mantel geben. Er mußte lange auf sie warten; sie war eine der letzten. Vermutlich hatte sie wieder den Applaus animiert. Sie war in Hochstimmung, das Gesicht gerötet, das Haar aufgelöst. Sie machte keine Bemerkung, aber als sie den Kognak roch, schüttelte sie den Kopf. Es wirkte auf Martin eigenartigerweise nicht als ernsthafte Ermahnung; es war eher wie die Bemerkung seiner Mutter: ein Geheimnis, das Elsa nur mit ihm teilen wollte.

XXIV. Kapitel

Es war auf gelbem Papier geschrieben. Drei Stöße lagen vor C. auf seinem Schreibtisch, jeder bedeutete fünfundvierzig Minuten Band. Ein vierter Teil würde noch dazukommen, die Pauly selbst tippte im Augenblick die Seiten in einem besonderen Raum.

Gelb war *sein* Papier, in der „Organisation" nur ihm vorbehalten. So wie die rote Tinte. Er war bekannt dafür, daß er freizügig damit umging, daß jedes Schriftstück, das über seinen Schreibtisch ging, reichlich mit diesen roten Zeichen versehen war; man ließ ihm schon einen extra breiten Rand. Aber bisher hatte C. das Rot nicht benützt. Nicht einmal seine Paraphe hatte er angebracht. Der Faun beobachtete, wie er nur manchmal eine bestimmte Seite aus einem der Stöße nahm, sie langsam durchlas, dann wieder ordentlich zurücklegte mit einem zustimmenden Kopfnicken.

Er hat den Ausdruck eines alten Mannes, der sich Fotografien aus seiner Vergangenheit ansieht, dachte der Faun, als er das Glas mit eiskaltem Saft vor C. hinstellte.

„Alle bereit für den großen Kriegsrat?" C. blickte auf, lächelnd. Sie beide wußten, daß C. sich sonst nicht auf diese Weise äußerte. Er deutete auf die gelben Stöße. „Ich muß an das ‚Gelbe Haus' denken – an das letzte Zusammentreffen mit Zentner."

Es gab für den Faun darauf nichts zu sagen. Selbst ein Nicken von ihm wäre schon zuviel gewesen, hätte C. nur in der Magie des Augenblicks gestört. Das war das Schicksal des Fauns: Er war zu nichts anderem da, als C. das Album seiner Erinnerungen hinzuhalten, es an bestimmten Stellen aufzuschlagen – der Gedanke ließ den Faun sich plötzlich wieder ein ganz anderes Bild ausmalen: Wenn diese Operation nicht so ausging, wie C. es sich vorstellte? Wenn er, vielleicht eher, als er dachte, zurücktreten mußte. *Dann wird er mich brauchen!*

Der Gedanke schien weit hergeholt, besonders in diesem Augenblick. Der Faun erinnerte sich, mit welchem Gefühl von Stolz und Triumph er am Morgen zum Flugplatz hinausgefahren war, um den ankommenden Verbindungsmann zu treffen. C. hatte ihn damit betraut! Fast spürte der Faun noch mit Wohlgefühl die Ketten an seinem Handgelenk, mit der das schmale Attachéköfferchen festgemacht war; die Wichtigkeit, die es ihm gab; er allein hinten im Fond von C.s Wagen! Und doch war der Triumph, den er in diesem Moment fühlte, größer und befriedigender: Er wird mich brauchen! Und wie er mich brauchen wird!

„Du erinnerst dich an das ‚Gelbe Haus'?"

Wieder antwortete der Faun nicht, dieses Mal, weil er nicht sicher war, ob seine Stimme nicht irgend etwas von seinen Gedanken verraten hätte. – Natürlich erinnerte er sich: Es war wirklich ein gelbes Haus gewesen, chromgelb gestrichen, eines der drei Häuser, das die Amerikaner der „Organisation" nach dem Krieg zur Verfügung gestellt hatten. Es war dort gewesen, wo die letzte Auseinandersetzung zwischen C. und Zentner stattgefunden hatte; der Faun war plötzlich sicher, daß die Seiten, die C. aus den gelben Stößen herausgezogen hatte, diejenigen waren, die Passagen von Zentners Äußerungen enthielten.

„Wir haben einen langen Weg zurückgelegt, Faun, seit damals. Mal waren wir obenauf, mal er. Aber dieses hier", C. deutete auf die gelben Stöße, „macht Zentner den Garaus, wenn es richtig benützt wird!"

Er gibt sich nicht einmal mehr die Mühe, seinen Haß zu verbergen, dachte der Faun. Es war eine Tatsache, die aus den Annalen der „Organisation" getilgt war: C. und Zentner hatten, bevor sie zu erbitterten Gegnern wurden, einmal zusammengearbeitet; ja, es war lange Zeit fraglich gewesen, wer von beiden in der „Organisation" die Oberhand behielt.

Bei den Auseinandersetzungen im „Gelben Haus" war es immer um dasselbe gegangen: Zentner, der für die „Unabhängigkeit" des Dienstes plädierte, „für ein neues Deutschland, das kommen wird". C. realistischer, der auf die „amerikanische Karte" setzte. Eines Tages mußte es C. oder Z. sein. C. hatte den Machtkampf damals gewonnen. Er hatte Don Langtree auf seiner Seite, die Quelle, aus der das Geld sprudelte. Der amerikanische Adler, Zentners Worte, hatte die „Organisation" unter seine „goldenen Flügel" genommen. Zentner hatte die andere Seite gewählt, war zu den „Roten" übergegangen.

Schon manchmal hatte der Faun sich gefragt, ob C.s Eifer, sein Fanatismus in der Bekämpfung dieses einen Feindes nicht in Wirklichkeit der grollende, feurige Ausbruch einer tiefen persönlichen

Enttäuschung war: Der eine Freund, den C. für ebenbürtig gehalten hatte, hatte ihn verraten! Der Faun erinnerte sich an Gerüchte, daß C. später versucht habe, Zentner in den Westen zurückzulocken; Gerüchte vermutlich, ohne Bedeutung, da Zentners Stern damals bereits im Osten aufgegangen war...

„Ich hoffe, daß man in Bonn nur dieses eine Mal sieht, was wir ihnen in die Hand geben."

Es erinnerte den Faun an etwas Gegenwärtiges. „Wir gehen damit nach Bonn? Heute?"

„Ja, ich denke doch..."

„Bleibt es bei dem verabredeten Treffen mit Langtree? Er drängt, sagt, er muß dich sprechen, ehe er zurückfliegt."

„Jaja... Die meisten, Faun, haben eine falsche Vorstellung von Spionage. Sie sagen, die bereitet den Krieg vor. Ich sage, *sie ersetzt* den Krieg. Ihre hohe Kunst besteht darin, den Feind ohne Kampf auf dem Schlachtfeld zu zerstören, in seinem Land! Die Kommunisten haben das begriffen. ‚Verbreitet Uneinigkeit und Streit unter den Bürgern des feindlichen Landes, zersetzt alles, was im Lande des Gegners gut ist'... Weißt du, wer das gesagt hat?..." C. blickte auf, ungehalten, unterbrochen von Pauly, die mit der Abschrift der letzten fünfundvierzig Minuten Band hereinkam.

Sie legte den gelben Stoß zu den anderen auf C.s Schreibtisch. „Sie sind bereit für die Sitzung."

Pauly deutete auf die Stöße. „Wie viele Kopien brauchen Sie – fünf?"

C. schüttelte den Kopf. „Vier genügen."

„Keine für Carow?"

„Er bekommt seine später. Ich möchte nicht, daß es aus dem Haus herausgeht."

„Weiß er schon davon?"

Wieder blickte C. ungehalten auf, aber dann sagte er: „Verbinden Sie mich mit ihm. Nachher können Sie Ziegler und Blumenschein hereinschicken."

Der Faun beobachtete, wie C. die vier Stöße zu einem vereinte. Wieder bemerkte er verwundert den Ausdruck von Zufriedenheit, ja Vergnügen auf dem sonst so verschlossenen Gesicht. Und er wunderte sich über die Reaktion, die es wieder bei *ihm* auslöste: Sie werden dir eines Tages dein Spielzeug wegnehmen! Ein bißchen lassen sie dich damit noch spielen. Aber nicht mehr lange. Und was ist dann!? – Er entfernte sich schnell, um den Kaffee für die Sitzung vorzubereiten, froh, daß es ihm einen Grund gab, C. alleinzulassen.

„Heiner... Ich habe Nachrichten für dich." Es war wieder C.s normale Stimme, trocken, ohne Betonung, die einzelnen Worte zusammenziehend, abschleifend; als wolle er damit das, was er zu sagen hatte, herabmindern, verkleinern. „Gute Nachrichten." Er hatte die Anlage so eingestellt, daß der Faun das Gespräch mitverfolgen konnte. Aber es kam keine Antwort von Carow. „Willst du nicht wissen, was es ist?"

„Natürlich."

„Es ist uns gelungen! Drei Stunden wörtliche Protokolle von dem Prager Treffen."

„Du meinst, es ist ihm gelungen."

„Deine Agenten gehen dir über alles, wie? Ja, es ist ihm gelungen. Ich hatte doch nicht so unrecht. Amalgamierung... Jedenfalls sind sie zusammengekommen. Es ist passiert, Heiner! Wir haben eine Sternstunde."

„Unsere Vermutungen waren richtig?"

„Hundertprozent. Sie haben Dutzende von Unruheherden in fast allen in Frage stehenden Ländern, vor allem in der Zone. Sie werden ihrer kaum Herr, diskutieren Gegenmaßnahmen. Sie hoffen, daß es möglich sein wird, die Gefahr ohne Eingreifen der Russen zu bannen... Wir sind dabei, die Details auszuwerten. Jedenfalls sind es keine ‚Erkenntnisse' mehr. Wir haben die Fakten."

„Wann kam es herein?"

„Du hast wirklich den Beweis erbracht, was ein guter Agent und eine gute ‚Quelle' ... Wann? Es liegt erst seit vier Stunden auf meinem Tisch."

„Wörtliche Protokolle, Bänder also?"

„Drei Stunden..."

„Es kam den verabredeten Weg?"

„Du stellst viele Fragen. Ja, es kam den offenen Weg."

„Das wäre dann gestern geschehen?"

„Gestern abend. 21.50 Uhr genau."

„Was ist mit den Paßfotos? Lagen sie bei? Wann geht ihr Paß zurück?"

„Noch heute, wie abgesprochen, auf demselben Weg... Wenn unsere Politiker nur einen Funken Verstand haben..."

„Die Bestätigung von den ‚Vogelhändlern‘ liegt vor?“ Was Carow meinte, waren die Stimmenexperten.

„Warum so skeptisch, Heiner? Es ist dein Agent schließlich. Wir haben ihnen Teile gegeben, stückchenweise, von allen Stimmen auf beiden Bändern. Sie haben alles gemacht, was man machen kann, Mundart, Satzaufbau, Gebrauch von bestimmten Phrasen... Sie sagen, so wie bei Fingerabdrücken gebe es jede Stimme nur einmal, und sie bestätigen die Echtheit.“ C. nahm eine der gelben Seiten. „Ich habe mir Zentners Part durchgelesen, es gibt gar keine Zweifel!“

„Ihr habt eine Sitzung? Willst du, daß ich komme?“

„Wie, Heiner? Aus der Klinik? Ich möchte, daß du deine Tarnung nicht gefährdest. Wir werden unseren kleinen Kriegsrat ohne dich abhalten. Ich fliege erst später damit nach Bonn. Diesmal müssen sie eine Entscheidung treffen!“

„Bevor irgendwelche Entscheidungen fallen...“ Carows Beunruhigung kam über den Lautsprecher, als wäre er plötzlich hier mit ihnen im Raum. „... Unser Agent ist noch drüben!“

Als hätte C. es überhört, sagte er: „Er wird sich still verhalten? Er wird nicht übermütig werden, nur weil ihm das gelungen ist!?“

Diesmal kam Carows Antwort ohne Zögern. „Er wird eher schläfrig sein, geistig, meine ich, eher bedrückt.“

„Der Agent ist nach dem Koitus traurig...“

Es war für den prüden C. eine solche skandalöse, überspannte Bemerkung, daß der Faun fast eine Gänsehaut bekam. Er fragte sich, was Carows Reaktion sein würde, aber nach einem Moment des Schweigens klang dessen Stimme ruhig, sachlich.

„Die verbleibenden Tage werden die schwersten für Martin sein.“

„Ich will auf keinen Fall von dort Störungen!“

„Was ist mit Borchers? Irgendwelche *Störungen* von dort zu erwarten?“

Wieder spürte der Faun die eigenartige Spannung, die plötzlich in der Luft lag; für den immer loyalen Carow war die Bemerkung fast so etwas wie eine Majestätsbeleidigung.

„Zerbrich dir nicht unseren Kopf, Heiner. Kümmere dich um deinen Mann. Er soll den Kopf einziehen, sich absolut still verhalten... Ich glaub’, das wär’s. Ich melde mich wieder, entweder von Bonn aus oder nach meiner Rückkehr.“

Für C. war das Gespräch zu Ende, aber bevor er auflegen konnte, kam Carows Stimme noch einmal über die Anlage, drängend, fordernd: „... Bitte, *vor* irgendwelchen Entscheidungen, die den Agenten betreffen! Wir müssen sie erst rausholen, beide, Agent und ‚Quelle'."

„Eigentlich jammerschade! Wenn ich denke, wie wertvoll sie für uns sein könnte in Zukunft. Wirklich ein Jammer."

„Es ist in seinem Vertrag!"

„Was ist los mit dir? Verstehst du keinen Spaß mehr? Werde nicht gleich nervös."

„Bekomme ich eine Abschrift?"

Diesmal hatte C. die Verbindung mit einem trockenen „Ende" unterbrochen. Er schüttelte seinen Kopf, nicht heftig, unmutig, eher als amüsiere ihn etwas. „Carow – meint, ich habe kein Herz für sie."

Es lag kein Sarkasmus in seiner Stimme; es klang einfach wie etwas, was ihm im nachhinein in den Sinn kam, ein Nachhall seines Gespräches mit seinem Stellvertreter. Aber der Faun hatte wieder dieses Gefühl eines Schauderns, das ihn beschlich. Was, fragte er sich, berechtigte ihn dazu außer seinem eigenen, veränderten Gefühl C. gegenüber?

Aus C.s Gesicht war nichts abzulesen. Er saß dort, wie es schien, völlig abwesend, rückte ein paar Dinge auf seinem Schreibtisch zurecht, die Tinte, den Füllfederhalter.

Die anderen würden hereinkommen, Ziegler, Blumenschein. Sie würden ihren „Kriegsrat" abhalten, zu viert. Es würde nur eine Geste von C. sein, der Mechanismus einer Maschine, die vorprogrammiert war. Was immer in der Sitzung gesagt werden würde, die Entscheidungen waren längst in der Mechanik von C.s Gehirn ausgestanzt.

C. unterbrach die Gedanken des Fauns.

„Okay, fangen wir an." Seine Hand, die Hand eines alten Mannes, drückte auf den Knopf, der das Licht draußen über seiner Tür von rot auf grün schaltete.

XXV. Kapitel

Der Zug der Demonstranten bewegte sich durch die breite Vitězného února mit ihren Kaufhäusern und Versicherungspalästen. Weit vorne, über den Köpfen, sah Martin die plumpe Silhouette der Karlskirche. Sie konnte kaum ihr Ziel sein, aber was es sonst war, schien keiner zu wissen. Die mitgetragenen Transparente gaben auch keine Antwort; ihre Slogans waren so allgemein, für alles verwendbar, daß sie sicher schon einmal gebraucht worden waren.

Der Zug hatte nicht einmal eine ständige geordnete Vorwärtsbewegung, plötzliche Halts preßten die Demonstranten in dichten Pulks zusammen, sie standen dann Leib an Leib; dann gab es ein ebenso plötzliches Auseinanderziehen, das kurze Zwischensprints auslöste. Manchmal versperrten Militärfahrzeuge den Weg, manchmal waren es einzelne Polizisten, die den Zug in eine neue Richtung abdrängten.

Auch hatte die Demonstration nichts Feierliches an sich; ihr fehlte, so empfand es Martin, jede Kraft, jede Übezeugung. Trotz der vielen pflichtgemäß hochgehaltenen roten und weißen Transparente und der von Zeit zu Zeit gesungenen Slogans erschien ihm das Ganze wie der Festzug einer Kleinstadt, ohne dessen Fröhlichkeit allerdings. An dem Wetter konnte es nicht liegen; es war ein herrlicher Herbsttag voller Sonne.

Hätte Martin Carows Bemerkung über ihn gekannt, er hätte ihr zugestimmt: Er war müde, bedrückt; sie marschierten nun schon fast zwei Stunden auf der Straße, und es war die Zeit am späten Nachmittag, wo er gewöhnlich seine Drinks hatte. Aber es war nicht allein die Müdigkeit, andere Dinge beschäftigten ihn: Was war mit den Bändern? Was mit den Paßfotos? Was mit Zimra selbst?

Die Demonstration hatte nicht im Programm gestanden, vielleicht, weil es wie eine spontane Sache wirken sollte. Der letzte Sprecher der Nachmittagssitzung hatte die Idee gehabt: Zeigen wir unseren Gastgebern unsere Dankbarkeit, unterstützen wir ihren Kampf um Frieden und Nichteinmischung. Antrag eingebracht. Verabschiedung einstimmig. Aber die Fernsehkameras waren schon auf dem Platz vor der „Akademie“ aufgebaut gewesen, die Transparente erschienen aus dem Nichts...

„Heute müssen wir uns unser Abendessen wirklich verdienen.“ Elsa, die sich bei ihm eingehängt hatte, meinte es nicht als Kritik. Sie schien auch dieses zu genießen, sie winkte zu einer Fernsehkamera hinüber, die auf einen Brunnenrand montiert war.

„Glauben Sie, sie senden es heute abend? Es ist wirklich aufregend!“ Sie fiel in einen der Redegesänge ein, die noch einmal aufkamen: „Freundschaft ja – Einmischung nein!“

Auch Nemozcek war da, in der Reihe vor ihm, schwitzend, den Staubmantel über dem Arm. Er war aufgetaucht, wie er verschwunden war, ohne Erklärung, hatte die Gruppe wieder übernommen. Sein Gesicht war bleich mit müden Augen, als hätte er in der Zeit, in der er weg gewesen war, wenig geschlafen.

Die Bewegung des Zuges stockte, kam zum Stehen. Martin sah, daß sie auf dem großen Platz hielten, von dem alles ausgegangen war. Der Betonklotz der „Akademie der Pädagogischen Wissenschaften“, ein moderner Supermarkt für Kultur, war kaisergelb gestrichen, aber in dem Licht der untergehenden Sonne wirkte der Bau wie eine schmutzige, rechteckige Orange.

Die Redegesänge verstummten, die Transparente sanken herunter. Noch zögerten alle, als sei man nicht sicher, ob die Demonstration wirklich vorbei war. Einzelne Gruppen splitterten sich ab, man stand zusammen. So wie in den Pausen zwischen den Vorträgen oder in der Halle des „Vlatana“ hingen verschiedene Sprachwolken über den einzelnen Gruppen, fast wie Fahnen der verschiedenen Nationalitäten. Da waren die ziemlich lauten, hart klingenden deutschen und niederländischen Kontingente; die redseligen, sich dennoch isolierenden Franzosen; die Italiener, die mehr Sprachfahnen schwenkten, als sie Leute dabei hatten; die großen Heerhaufen der Skandinavier, vergnügt und sich wohl fühlend, auf alle Eventualitäten bestens vorbereitet; in ihren Hüfttaschen steckten flache Schnapsflaschen.

Einige der Gruppen schienen durch Ermüdungsanfälle verdünnt. Martin fragte sich, ob er nicht besser die Gelegenheit der Demonstration benützt hätte, zwei Stunden immerhin – aber was hätte er tun können? Daß Zimras Paß rechtzeitig zurückkam, lag nicht in seinen Händen, war Carows Sache; er konnte nur warten bis zum Sonntagmorgen, bis zur Stunde des Rendezvous an der Bahnstation.

Es war für Martin ein Prozeß des Sichabfindens damit, daß er praktisch nichts tun konnte, zur Inaktivität verdammt war. War das früher auch so gewesen? fragte er sich. Nach so vielen Jahren der Abstinenz hatte er vielleicht verklärte oder falsche Erinnerungen an die alten Zeiten als Agent. Es erschien ihm, als hätte es damals viel mehr Aktion, mehr Anspannung gegeben. Er fragte sich: Was war falsch, seine Erinnerung an jene Zeiten, oder war es die *Droge* selbst, zeigte der „Stoff" keine Wirkung mehr bei ihm, war die Entziehungskur, die er sich selber verordnet hatte, zu radikal, zu endgültig gewesen...

Die Gruppen standen schweigend auf dem Platz, warteten geduldig auf Anweisungen. Es mußte ein Mißverständnis gegeben haben mit den Bussen, die die einzelnen Gruppen in ihre Hotels zurückzubringen hatten. Vielleicht war es auch nur ein letzter Beweis für die Spontaneität der Sache, der hier demonstriert werden sollte.

Nemozcek war bemüht, seine Gruppe zusammenzuhalten. Er hatte keine große Mühe damit, alle waren müde von dem langen Nachmittag. Martin erinnerte sich an das Geld, das er dem *Guide* noch von dem Abend in der Bar schuldete und das der an jenem Abend mit großer Allüre abgelehnt hatte.

„Ich möchte meinen Anteil von dem Abend begleichen."

Der *Guide* zog an den Manschetten seines Hemdes, Seide mit einem roten Streifen. „Ich möchte nicht gierig erscheinen, bitte... Aber Prag ist eine teure Stadt."

Martin reichte ihm einen Fünfzigmarkschein. Er fragte sich, wohin das ganze Geld ging, das Nemozcek zweifellos „nebenbei" verdiente. Er hatte ein Zimmer im „Vlatana", freies Essen vermutlich. „Sie müssen mit der Zeit Reichtümer anhäufen."

Er lächelte wächsern und bleich. „Nicht wirklich. Geld verschwindet..."

Er hatte etwas von einem Spieler – nicht das, was für Martin „harte Spiele" waren: Roulette, Poker – aber Nemozcek war der Mann, den man auf Rennbahnen antraf, in den Wettbüros der Buchmacher. Denn sah man genauer hin, war nichts von dem in seinem Gesicht, was einen wirklichen Spieler ausmachte: Leichtsinn und Tatkraft, der sichere Glaube, gewinnen zu können gegen alle Logik; im Gesicht des alten *Guide* lag nur die traurige Erkenntnis, daß man Glück nicht erzwingen konnte, die Gekränktheit eines Mannes, der sich damit abgefunden hatte draufzuzahlen...

„Frauen?" tippte Martin.

„Nur eine..."

Sie hatten sich von den anderen getrennt, standen etwas abseits.

„Sie würden mich auslachen, wenn ich Ihnen die Geschichte erzählte, so alltäglich, so lächerlich ist sie: Ein alter Mann, der sich an eine junge Frau klammert – der sie festhält mit Geld. Geld für die Wohnung, für ein Auto, für Pelze im Winter und Bikinis im Sommer – wissen Sie, wie teuer ein ‚West-Bikini' sein kann? Und der die ganze Zeit weiß, es wird nur so lange dauern, wie das Geld dauert..."

Martin fragte sich: Konnte Nemozcek wirklich so viel auf die Seite bringen, allein von dem Gewinn, den er beim Geldumtausch erzielte?

„Es tut mir leid, daß ich davon angefangen habe. Aber ich kann mit niemand mehr über Movina sprechen. Meine Freunde nennen sie Movina Hada, die goldene Movina. In ihren Augen bin ich einfach ein Narr, sie meinen, ich sollte sie loswerden."

„Vielleicht sollten Sie das wirklich."

„Ich glaube, ich sollte mich um unseren Bus kümmern..." Er ging zu den anderen, ermahnte sie, zusammenzubleiben, sich nicht von der Stelle wegzurühren. Im Weggehen zog er seinen langen Staubmantel an.

Elsa kam näher. Sie sah Nemozcek an. „Was wollte er?" Als Martin nicht antwortete, ließ sie sich auf den Stufen einer Betonplastik nieder. Er setzte sich neben sie. Die Sonne war untergegangen, es wurde plötzlich empfindlich kalt. Elsa rückte näher an ihn heran, die Arme vor ihrem Körper verschränkt.

„Glauben Sie, daß er Ärger hatte?"

„Ich glaube schon."

„Seine Tauschgeschäfte sind – unstatthaft, nicht wahr?"

Martin hatte nicht daran gedacht; ihn beschäftigte noch immer die Quelle, aus der Nemozcek das Geld schöpfte. „Vielleicht spioniert er uns nach."

„Das ist nicht Ihr Ernst. Was könnte er schon berichten?"

„Kleine Bemerkungen, die er gehört hat, Kleinigkeiten, die er herausgefunden hat, nichts Bedeutendes. Dieser ganze Kongreß, es wäre möglich, daß sich das für unsere Gastgeber so nebenbei ergibt: Information sammeln von uns."

„Manchmal überraschen Sie mich, Martin."

„Die Hotelbar, die über die Polizeistunde für uns offen ist; die Abende, die mit Verbrüderungsszenen enden; alle sind ein bißchen betrunken, glücklich, haben das Herz auf der Zunge."

„Und was hätten sie davon?"

„Eines Tages, nicht morgen, irgendwann in der Zukunft klopft jemand in Holland, in Belgien... klopft jemand an Ihre Tür, Elsa, ein freundlicher, zuvorkommender Mann. Sie werden sich vermutlich nicht an ihn erinnern, aber er erinnert Sie an einen netten Abend in Prag, er hat ein gutes Gedächtnis, weiß von Dingen, die Sie dort gesagt haben... Möglich, daß er Sie um einen kleinen Gefallen bittet, aus Nettigkeit, ich weiß nicht was, die Lehrpläne von... was Harmloses zuerst jedenfalls."

„Sie meinen, sie versuchen, zukünftige Spione zu finden?"

„Es wird so gemacht."

Sie lachte plötzlich. „Auf mich würden sie sicher nicht verfallen!"

Ihr Lachen klang echt, die Überraschung schien nicht gespielt; der Gedanke amüsierte sie einfach, daß er so etwas von ihr für möglich gehalten hatte.

„Wo leben Sie, Elsa?"

„Sie kennen Köln? In einer kleinen Stadt in der Nähe."

„Erzählen Sie!"

„Es gibt da nichts Wichtiges. Nur Braunkohle. Man sagt, daß das ‚Buch der Bücher' dort einen anderen Anfang hat und die Kinder in der Schule in der ersten Bibelstunde lernen: ‚Am Anfang war die Braunkohle...'"

„Bringen Sie ihnen das bei?"

„Das lernen sie selbst. Meine Familie lebt dort seit Generationen, alles Lehrer..."

Martin hatte diese Fähigkeit, ein Gespräch weiterzuführen, ohne daß er mit seinen Gedanken dabei war. Die gesprochenen Worte waren nur Tarnung für das, was ihn wirklich beschäftigte: Die Bänder waren vermutlich außer Landes. Was sie wert waren, würde er erst erfahren, wenn er wieder mit Carow zusammentraf. Oder wenn sie mehr brauchten! Aber damit rechnete er nicht. Im Grunde war alles abgeschlossen – und es war genau das, was ihn irritierte, seine Nerven angriff.

Was für ein Mißverständnis zwischen seinem Auftrag und der

Wirklichkeit. Der erste Kontakt mit Zimra – ein purer Zufall! Ihr Treffen im „Dům Evropa" – ein völlig anderer Verlauf, als er ihn vorbereitet hatte! Das Tonband in seiner Manteltasche – eine Variante, die wiederum nicht er ersonnen hatte! Die einzige Gefahr, der sein Auftrag ausgesetzt gewesen war, kam von einem fast lächerlichen Zwischenfall, vier Jugendliche, die es auf seine Uhr abgesehen hatten. – Zu leicht das Ganze, dachte er, aber gleichzeitig warnte er sich: Du weißt von früher, daß die Dinge so ablaufen können, sieh keine Gefahren, wo keine sind…

„… einmal versuchte ich rauszukommen. Weg von der Braunkohle, weg von der Schularbeit. Es war die einzige Möglichkeit, die ich sah, welche andere Möglichkeit hat eine Frau schon…"

Nur einen Moment wurde Martin abgelenkt von der überraschenden Tatsache, daß Elsa verheiratet gewesen war; das hatte sie doch gesagt?

Warum blieb es, dieses Gefühl von Gefahr? Von Schuld vor allem, Zimra in diese Sache hineingezogen zu haben. Was, wenn man sie bereits verhaftet hatte? Es war kein abstrakter, kalter Gedanke; Martin wußte zu gut, was er bedeutete: das grelle Licht in den Augen, die Stimmen, die Fragen der Verhörer, die aus dem Licht kamen wie glühend gemachte Pfeile…

Schuld? Martin hatte geglaubt, er kenne seine verwundbaren Stellen – eine gewisse Überheblichkeit, der *Reiz*, den Gefahr auf ihn ausübt – und er hatte sich, als er sich auf diesen Auftrag vorbereitete, bemüht, die Stellen abzudecken. Schuldgefühle? Das war das Letzte, womit er gerechnet hatte – und dennoch mußte er sie an sich feststellen – seine Gedanken waren nichts als Manifestationen von Schuld.

Und dann kam ihm noch ein überraschender Gedanke, überwältigte und traf ihn, als beobachtete er an sich ein okkultes Phänomen: Vielleicht ist es Liebe? Vielleicht liebe ich sie – Aber wie die Demonstration den Zweck gehabt hatte, Kraft und Überzeugung darzustellen – in Wirklichkeit aber zu nichts geführt, sich verlaufen hatte, so fehlte es auch diesem überraschenden Gedanken an Kraft und Überzeugung.

„…und so verkaufte ich am Ende den Ring, den er mir geschenkt hatte, unter Wert natürlich. Immerhin brachte er soviel, daß ich zurückfliegen konnte, und sie haben mir auch die Stelle als Lehrerin wiedergegeben."

Wieder hatte Martin einen Teil ihrer Geschichte verpaßt. In dem Blick, mit dem sie ihn ansah, lagen die ganze Enttäuschung und Erschöpfung einer Frau, die in einer Welt lebte, in der die Gesetze über Liebe von Männern eingebracht und verabschiedet wurden; und sie hatte es aufgegeben, Gegenentwürfe durchzusetzen.

Martin fühlte sich schwach genug, den Arm um sie zu legen. Elsa fröstelte. Vielleicht war es die Kälte. Vielleicht war es, weil sie wußte, wie wenig seine Geste bedeutete, und daß sie dennoch für so wenig dankbar war.

Auf dem weiten asphaltierten Platz standen die Gruppen verloren herum; sie füllten ihn plötzlich nicht mehr. Es war bereits ziemlich dunkel. Die Straßenbeleuchtung wurde eingeschaltet; wie fallende Dominosteine sprang das Licht von Lampe zu Lampe. Applaus kam auf, als die Scheinwerfer der Busse hinter dem „Kulturpalast“ erschienen.

Martin und Elsa erhoben sich. Der Applaus verstärkte sich, als der erste Bus auf den Platz vorfuhr. Der Fahrer des Wagens gab mit seiner Hupe Antwort. Er hämmerte mit der flachen Hand auf das Lenkrad, über das ganze Gesicht strahlend – und dann, unvermittelt, unvermutet, tauchte jemand aus dem hinteren Teil des Wagens auf, stand plötzlich hinter dem Fahrer, legte eine Hand auf seine Schulter!

Und Martin, der es beobachtete, der hörte, wie das Horn mit einem Mißklang abbrach, der sah, wie das Lächeln auf dem Gesicht des Fahrers erstarb, wie er in seinem Sitz versteinerte, kleiner wurde, weil der Kopf in die Schultern einsank, alles das von einer Sekunde auf die andere, weil der Fahrer eine Hand auf seiner Schulter verspürte – Martin, der das alles beobachtet hatte, fühlte sich mit derselben Schnelligkeit von alldem, was einen Agenten nach der Tat heimsucht – Müdigkeit, Schuldgefühlen, der Versuchung, sich Gefahren auszumalen – von alledem fühlte er sich befreit.

XXVI. Kapitel

1

Die drei Wagen, nicht die in Bonn üblichen Mercedes, sondern drei dunkle BMW, verließen den Parkplatz, sobald das Signal eintraf. Sie fuhren langsam auf das lichtüberflutete Palais des Kanzleramtes zu. Als sie unter dem vorspringenden Dach anhielten, stieg nur der Faun aus.

Durch die hohen Glastüren sah er C. die Haupttreppe herunterkommen. Er war von einem der dunkellivrierten Angestellten begleitet; C. trug seinen schwarzen Aktenkoffer selbst. Die zwei Wachsoldaten draußen machten sich fertig für den Salut. Die weißen Handschuhe an ihren Händen lenkten für einen Augenblick die Aufmerksamkeit des Fauns ab: sie erschienen ihm zu weit für die Hände der Soldaten, als müßten ihnen nun beim Salutieren die Waffen entgleiten.

C. stand jetzt im Freien. Er schien zu zögern, ob er die Wachen grüßen sollte. Dann überraschte er den Faun mit etwas, was dieser seit langem nicht mehr beobachtet hatte: C. griff an seine Brusttasche und zog eine Brille mit dunklen Gläsern hervor. Sie war altmodisch, groß; die runden, schwarz wirkenden Gläser bedeckten viel mehr als nur die Augen, als C. sie aufsetzte. Der Faun hatte nicht gewußt, daß dieses Requisit überhaupt noch existierte.

„Was ist? Was hält uns auf?"

Der Faun öffnete die Tür zu dem mittleren Wagen. C. reichte dem Faun seinen Koffer und stieg ein. Der Faun setzte sich neben ihn. Der erste Wagen fuhr sofort an, rollte lautlos weg von den Lichtern des Palais, fuhr durch den Park mit den alten, hohen Bäumen. Der Faun fragte sich, ob C. durch seine Brille überhaupt etwas davon sah.

Außerhalb des Tores fädelten sich die Wagen in den Verkehr auf der breiten Allee ein. Er war immer noch sehr stark.

„Können wir nicht schneller fahren?"

Der Faun sagte nichts; C. wußte selbst, daß der Verkehr und die Ampeln ihre Fahrt verlangsamten und daß die drei Fahrzeuge aus Sicherheitsgründen zusammenbleiben mußten.

C. beugte sich in seinem Sitz vor, irritiert. „Wohin fahren Sie?"

„Don Langtree. Du bist mit ihm verabredet."

„Sag dem Fahrer, er soll die Heizung abstellen."

„Sie ist abgestellt."

C. ließ sich in den Fond zurücksinken. Der Faun wartete, aber C. schwieg. Gewöhnlich, wenn er aus dem Kanzleramt kam, konnte man einige spöttische Bemerkungen von ihm erwarten. Das klärte die Atmosphäre, und spätestens wenn sie im Hubschrauber saßen, war er in bester Stimmung. Irgend etwas war anders heute. Da er nichts sagte, kehrten die Gedanken des Fauns zu der Brille zurück, die C. auch im Wagen nicht abgelegt hatte.

Er versuchte, sich zu erinnern, wann C. sie zum letztenmal getragen hatte. Vor zehn Jahren? Mehr! Sie stammte aus jenen Nachkriegsjahren, als der Griff an die Brusttasche zur Angewohnheit geworden war. Sobald C. seinen Schreibtisch verließ, sich in die Öffentlichkeit begann, hatte er die Brille aufgesetzt, immer in Sorge, jemand könnte nahe genug an ihn herankommen, um ihn zu fotografieren. Schon damals war das Ganze eine Unmöglichkeit; die großen schwarzen Gläser hatten mehr Aufmerksamkeit auf sich gezogen als verhindert. Es war wie mit dem breitrandigen Hut der Garbo, und so hatte man denn auch innerhalb der „Organisation" das Ganze getauft: C.s. Garbo-Auftritt.

Er würde nicht etwa wieder damit anfangen, dachte der Faun, jetzt, am Ende seiner Karriere?

Das Ende... Ja, das machte wahrscheinlich den Unterschied aus! Das ging von ihm aus, fast körperlich. Die Gedanken des Fauns schweiften noch weiter ab: Wem gehörte das Haus, in dem sie wohnten? Mußte C. es verlassen, wenn er in den Ruhestand trat? *Er* fühlte sich wohl darin, besonders seit dem Tod von C.s Frau, seitdem es ihnen allein gehörte. Aber wem gehörte es wirklich? Er mußte es herausfinden. Er mußte C. raten, seine Macht auszunützen, solange er sie noch hatte. C. war wie ein Kind in diesen Dingen. Aber er würde sich darum kümmern. Er mußte mit ihm darüber sprechen. Nicht jetzt natürlich, später, zu Hause!

Sie hatten Bad Godesberg erreicht. C. benützte nie den Flughafen Köln-Wahn; sein Helikopter wartete auf dem privten Landeplatz eines Süßwarenherstellers. C. hatte viele Freunde unter Industriellen, die zu allen möglichen Diensten bereit waren. Du wirst sehen, dachte der Faun, was mit deinen sogenannten Freunden geschieht, sobald du die Flagge streichst... Aber auch das mußte nicht eintreten: Wenn C. sein persönliches Archiv behielt, wenn man seinen Ruf auch nach seinem Rücktritt am Leben erhielt! Dann natürlich würde niemand wissen, wieviel Macht er noch heute hatte... Ich muß ihn beraten! Ich muß das in meine Hände nehmen.

Die Wagen hielten. Es war eine schmale Straße, Privathäuser, Klinker, Erker und Türmchen. In einer anderen Stadt wären sie fast wertlos gewesen, aber hier mit all den vielen Leuten, die sich an der Hauptstadt nährten, waren sie Gold wert. Der „weiße Pfau" war ein weißgestrichener Klinkerbau. Das Restaurant war „in", weil es von der Frau eines ehemaligen Ministers geführt wurde.

Die Fahrer hatten sich um den Eingang postiert.

„Ich möchte um elf Uhr aufbrechen."

C. trug immer noch seine Brille. Es irritierte den Faun, die Augen nicht sehen zu können. „Deine Brille!"

„Was ist damit?"

„Nichts..." Der Faun war nicht sicher, ob das Zucken der schmalen Lippen ein Lächeln war.

„Du meinst, sie wissen ohnehin, wer ich bin?" C. nahm die Brille ab; er mußte die Augen zusammenkneifen wegen des hellen Lichtes über dem Eingang.

Das Zucken war kein Lächeln gewesen. C.s Gesicht war so verschlossen und hart wie immer. Und für einen Augenblick, als der Blick aus den blauen Augen ihn traf, hatte der Faun das Gefühl, C. lese seine Gedanken.

2

Donald Langtree war ein kräftiger, großer Mann, gegen den C. schmächtig wirkte. Der Name, seine Größe und das Vermögen, ungeheure Mengen Alkohol zu sich zu nehmen, hatten ihm bei den Russen den Namen „Trinkbaum" eingetragen. Das war in Moskau gewesen, wo Langtree einige Jahre die USA als Botschafter vertreten hatte; als der Begriff Détente am Horizont auftauchte, war er abberufen worden.

Während er an dem Ecktisch auf C. wartete, hatte er einige von seinem geliebten Scotch gehabt. Er trank ihn hell, nur mit Wasser und wie Wasser. C. hatte Whisky immer gehaßt, der Geruch allein machte ihn krank. Auch an diesem Abend ließ er sich nicht überreden, trank nur Wasser, während Langtree auch während des Essens bei seinem Whisky blieb.

Sie waren beide keine starken Esser. Das meiste von dem, was sie bestellten, ging unberührt zurück. Das einzige, was Langtree wirklich gern gegessen hätte, ein kräftiges durchwachsenes Steak, lag unter der Würde des Hauses.

Ihre Unterhaltung hatte mit den Dingen begonnen, über die zwei Freunde, die sich längere Zeit nicht gesehen hatten, sprechen würden: die Familie, Gesundheit, Ferien. Langtree sprach Englisch, wechselte aber schon bald ins Deutsche über. C. war schwach in Fremdsprachen, am besten hielt er sich noch im Russischen, das er leidlich lesen konnte; das Geschenk zu seinem 65. Geburtstag – vom Faun – das ihm am meisten Freude gemacht hatte, war ein russischer Sprachkurs gewesen.

„Du siehst wirklich gut aus – unverändert, meine ich. Danke, daß wir uns hier treffen können, ich weiß, dich hält es keine Stunde länger in Bonn als nötig."

„Was hat dich hergeführt?"

„Ich weiß nicht, warum sie diese unangenehmen Jobs immer mir auftragen."

„Ich nehme an, ihr Amerikaner wollt Geld von uns – und du legst unseren Leuten die Daumenschrauben an. Darin warst du schon immer besonders gut."

„Aber es macht keinen Spaß mehr – ich werde zu alt für so etwas." Langtree machte eine längere Pause, seine Hände drehten das Whiskyglas. „Sie haben mir zum 60. Geburtstag in meiner Bank gekündigt."

„Ist es nicht deine Bank?"

„Die Jugend will ans Ruder. Natürlich, das ist Amerika."

„Und das Bankgeschäft", bemerkte C. „Ich nehme an, es ist schwieriger als jedes andere Geschäft heute – wirklicher Streß."

„Die Dinge ändern sich. Du machst heute Geld mit Sachen, die dich früher in den Ruin geführt hätten. Veränderung überall. Das ist das Credo." Er blickte über den Tisch. „Denkst du manchmal daran, zurückzutreten?"

Sie beide wußten, das Vorgeplänkel war vorüber, sie näherten sich der Kampfzone. C. sagte: „Ich denke eigentlich dauernd daran... es scheint nur nie der geeignete Augenblick zu kommen. Irgendein besonderer Grund, weshalb du das zur Sprache bringst?"

„Eine gewisse Unruhe unter den befreundeten Diensten. Man munkelt, du trägst dich mit dem Gedanken, in den Ruhestand zu gehen. Sie würden es gerne vorher wissen – lieber von dir, als daß sie es aus Ost-Berlin hören."

„Aber Don! Was spielst du – ‚Fang den Hut'?"

Langtree trank seinen Whisky. Trank er mehr, so hatte das die eigenartige Wirkung, daß seine Haare rötlicher erschienen, als sie waren. „Zum Teufel, warum müssen sie immer mich dafür aussuchen!"

„Was ist es, Don?"

„Sie wollen, daß du dich zurückziehst."

„Sie?" C. holte seine Brille aus der Brusttasche. Er legte sie auf den Tisch, auf das weiße Tischtuch, genau in die Mitte zwischen ihnen, als handle es sich um ein wertvolles antikes Stück, den Gegenstand ihres Gespräches: zwei Experten, die sich bereitmachten, seinen Preis auszuhandeln.

„Du bist länger im Amt als irgendein Geheimdienstchef, den ich kenne. Sie haben deine Amtszeit über dein Pensionsalter zweimal verlängert."

„Sie?" C. bestand auf einer Antwort.

„Du weißt, wie diese Dinge laufen. Niemand will, daß sein Name fällt. Aber es ist ernst, es sind höchste Stellen. Sowohl in Washington wie hier! Es kann dich nicht wirklich überraschen, mach mir das nicht vor! Die Zeiten ändern sich, die offizielle Politik ändert sich. Und du spielst immer noch deine alten Kriegsspiele. Du lebst im falschen Zeitalter."

„Die Russen haben ihre Politik nicht geändert."

„Das ist nicht die Frage. Du weißt, was sie mit mir gemacht haben; ein Stirnrunzeln der Russen und Moskau ade! Natürlich, so leicht können sie mit dir nicht umspringen. Du hast Macht. So, wenn du meinen Rat willst..."

„Warum haben sie dich gewählt?"

„Weil wir Freunde sind und sie diese Sache freundschaftlich regeln wollen. Weil sie mit sich handeln lassen, nehme ich an. Mein Rat ist, tritt freiwillig zurück, solange sie dich noch fürchten... Meine Ratschläge waren nie schlecht."

„Don, wenn wir uns in einer Situation befänden, so ernst wie

Berlin 61, wie Prag 68, und ihr Amerikaner wärt vorher davon unterrichtet – ich meine, *exakt* informiert mit allen Details. Was wäre euch das wert?"

Von seinem Tisch aus konnte der Faun nichts von der Unterhaltung hören. Er hatte seine Aufgabe – alles, was um C.s Tisch herum vorging, genau zu beobachten – außerdem genoß er sein Essen. Er, nicht C., würde später die Rechnung begleichen; auch das war etwas, was dem Faun gefiel, und er war immer großzügig mit Trinkgeldern, ein Vergnügen, das nur leicht getrübt wurde durch das Wissen, daß die Rechnungsabteilung später die Höhe beanstanden würde...

Der Faun beobachtete, wie C., weit über den Tisch gebeugt, jetzt schon eine ganze Weile eindringlich auf Langtree einredete. Auf dessen Gesicht lag... War es wirklich Bewunderung? fragte sich der Faun.

C. hatte seinen Bericht beendet. Er hatte fast dieselben Worte wie gegenüber dem Kanzler gebraucht, aber er selber empfand, daß er viel überzeugender gesprochen hatte. Weil Langtree ihm aufmerksamer zugehört hatte?

„Das ist die Situation, Don! Hältst du das für den richtigen Augenblick, zurücktreten?"

„Ich nehme an, es sind Fakten?"

„Ich würde sonst nicht darüber sprechen. Wir haben das Protokoll der Geheimsitzung, wörtlich. Wir haben eine ‚Quelle', so nahe an der Macht, wie du dir nur wünschen kannst."

„Wer weiß bisher davon?"

C. verrückte die Brille ein wenig. „Ich biete es deinen Freunden an! Exklusiv! Die ganzen Fakten. Abschriften und Originale. Und vielleicht..." C. vollendete den Satz nicht, als wolle er sich etwas offenlassen.

Sie schwiegen für eine Weile. Beide waren kühle, kalte Männer, frei von Emotionen in entscheidenden Augenblicken. Und sie wußten beide, daß sie sich in einem Minenfeld bewegten.

„Du wagst dich weit vor", sagte Langtree schließlich. „Das ist ein gefährliches Gebiet. Ich bin nicht sicher, daß dir meine Freunde da folgen."

„Du könntest mit ihnen reden."

„Der Kanzler hat es dir nicht abgekauft?"

Es schien, als sei C. versucht, die Brille aufzusetzen. „Im Gegenteil, aber er hat mir die Hände gefesselt! Keine weiteren Aktionen unsererseits! Dabei kann er sich jederzeit davon distanzieren, was wir tun... Von Rücktritt übrigens kein Wort."

„Was war die Idee?"

„Die Situation im Block ist ernst. Unzufriedenheit, Unruhen, Streiks. Wir hatten vor, das Feuer... sagen wir, nicht ausgehen zu lassen."

„Provokateure?"

„Wenn es zur Explosion käme, und der Westen wäre bereit, Don..."

„Das ist Politik, nicht Spionage! Ihr Deutschen seid unmögliche Spione! Dein Vorschlag ist unmöglich!"

„Es sind ihre eigenen Waffen..."

„Alles denkt an Détente, Entspannung, Koexistenz."

„Aber Don! Ich kenne die Russen! Ihre Ideologie kennt keine Koexistenz. Sie verlieren ihr Ziel nie aus den Augen. Sie sind immer in der Offensive, wo immer sie eine Chance sehen. Was augenblicklich hier in Europa geschieht, das ist nur Vorbereitung für die entscheidende Auseinandersetzung mit den USA..."

„Du gehst zu weit..."

„Lenin hat sie gelehrt: ‚Umarmung und Aufweichung'..."

Langtree lachte. „Laß dich pensionieren und schreib ein Buch darüber."

C.s Hände spielten mit der Brille. „Kein Geschäft also?" Seine Stimme war trocken, ausdruckslos.

„Zu heiß."

„Was ist mit der ‚Quelle', von der ich gesprochen habe? Eine Spitzenquelle, Don, für jeden Dienst ein *Traum!* Ich übergebe sie deinen Freunden zur Ausschöpfung."

„Ich kann das weitergeben, mehr nicht. Du hast viel Gutes für uns getan. Du hast uns die „Organisation" zu einer Zeit gebracht, als wir sie wirklich brauchten. Es sind noch einige da, die sich daran erinnern, so wie ich. Aber es sind nicht mehr viele. Warum einigen wir uns nicht jetzt?"

„Worüber?"

„Dein Haus, nur ein Beispiel. Ich glaube, es gehört *uns*, richtig? Du könntest dort bleiben, es würde dir gehören."

„Ich brauche nicht so viel Platz."

„Trotzdem, es wäre kein schlechter Alterssitz, das mußt du zugeben. Zweitens ein zusätzliches Ruhegehalt von meinen Freunden. Selbst wenn du das Geld nicht für dich brauchst – du willst vielleicht den Faun bei dir behalten, du mußt eine Sekretärin bezahlen; ich denke, du wirst aktiv bleiben wollen! So wie ich. Man würde dich immer noch um Rat fragen. Du könntest dein Buch schreiben, Vorträge halten."

„Du bist gut vorbereitet."

„Dein persönliches Archiv – es ist umstritten, wem es zusteht; in diesem Fall würdest du es behalten. Man würde dir für eine Übergangszeit – ein Jahr? – ein Büro im Hauptquartier lassen, so daß du kommen und gehen kannst. Warte... Und du kannst deinen Nachfolger bestimmen."

„Was soll das heißen?"

„Daß ich nicht sicher bin, ob man in Bonn nicht daran denkt, jemand von draußen an die Spitze der ‚Organisation' zu setzen."

„Einen Nichtfachmann?"

„Einen Verwaltungsbeamten, ja, einen Politiker."

„Damit richten sie die ‚Organisation' zugrunde."

„Sie sehen es vielleicht anders, wollen keinen Mann mehr mit so viel Macht... Du weißt jetzt Bescheid. Das ist das Angebot."

„Warum bieten sie mir überhaupt etwas? In sieben Monaten läuft meine Zeit ab, wenn der Vertrag nicht verlängert wird."

„Jetzt spielst du das Unschuldslamm! Sie wollen, daß alles geräuschlos vonstatten geht. Dieser Wechsel geht die ganze Gemeinschaft an, alle befreundeten Dienste. Sie wollen keinen Sand im Getriebe der ‚Organisation'... Der Faun macht dir Zeichen."

„Wir müssen um elf Uhr aufbrechen."

„Was kann ich meinen Freunden sagen?"

„Ich brauche Zeit. Das ist eine zu wichtige Entscheidung. Nicht für mich allein. Wenn ich nur an mich denken würde..."

Es gab in C.s Charakter Züge, die Langtree nie verstanden hatte. Oder hatte er nur die Augen davor geschlossen, weil ihm nicht gefallen hatte, was er dort sah? C. hatte einen Haß in sich, den er erfolgreich als Liebe tarnte, und er war voller Vorurteile, die er als Ideale darstellte. Ja, seine Legende bestand eben darin, daß er alle davon überzeugt hatte, hier stelle ein Mann sein ganzes Streben in den Dienst einer Sache – der Bekämpfung eines drohenden Übels! Nicht zum erstenmal spürte Langtree, daß dieser brennende Haß etwas anderes war und daß, wenn jemand sich die Mühe machte, dieses Gefühl wie eine Gewebeprobe unter dem Mikroskop zu untersuchen, eine ganz andere Krankheit gefunden würde.

Aber was nützte es? Sie beide waren Verbündete. Sie standen auf einer Seite. Und: Taten solch sinistre Gedanken dem Mann, der nun seine Brille nahm und in die Brusttasche steckte, nicht zuviel Ehre an?

„Laß mich nicht zu lange auf die Antwort warten."

„Ich werde darüber nachdenken. Können wir dich irgendwo absetzen?"

„Ich nehme ein Taxi. Ich möchte nicht, daß du weißt, wo ich die Nacht verbringe... Du hast nie Mühe damit gehabt, wie?"

„Womit?"

„Die Eitelkeit alter Männer, die zu nichts führt." Langtree lachte. „Die Illusion der Sünde: Die Vorstellung, daß, solange du sündigen kannst, du noch lebst! Meine Frau nennt es sehr viel einfacher ‚Dons dritten Wind'. Sie weiß, es ist nur mehr ein Lüftchen. Aber sie lebt in der ständigen Furcht, sie könne von irgendeiner Bordellmutter angerufen werden und erfahren, ihr guter alter Don sei in den Armen einer Prostituierten verschieden." Er schien noch etwas hinzufügen zu wollen, aber er sah, wie das Gesicht C.s versteinerte, und er erinnerte sich, wie prüde C. in diesen Dingen war.

„*Good bye* denn, Mönch. Schließ mich in deine Gebete ein." Und als C. das Lokal verließ, gefolgt von dem Faun mit seinem leicht hüpfenden Gang, dachte Langtree: Er sieht wirklich wie ein Mönch aus, der Abt des Klosters, begleitet von einem Bruder, der sich für die Nacht in seine Zelle zurückzieht, um für alle Sündigen dieser Welt zu beten; besonders für die Ausgeburten der Phantasie in alten Männern...

Draußen machten sich die drei Wagen wieder auf den Weg. Der Faun wartete, aber C. gab keinen Kommentar zu seinem Gespräch mit Langtree.

Die Straße zu dem Helikopterlandeplatz führte an der russischen Botschaft vorbei. Am Tag war das Eingangstor immer von Demonstranten umlagert, schweigende, von Polizei bewachte Gruppen. Jetzt, als sie dort vorbeifuhren, hatte nur ein einziges Paar ausgehalten, eine Frau und ein Mann Ende Zwanzig. Sie hatten ein Schild auf einem kleinen Leiterwagen befestigt – zum besseren An- und Abtransport. Die Inschrift, lesbar durch die auf dem Wagen aufgesetzten Kerzen, sagte nur: „Wo ist mein Mann, wo ist mein Vater – Peter Sabrock?"

Auch an dieser Stelle konnte der Faun für gewöhnlich von C. einige entsprechende Bemerkungen erwarten. C. blickte auch aus dem Wagenfenster, als das Paar und die Posten in dem Lichtkegel der Scheinwerfer auftauchten. Seine Gedanken aber schienen woanders zu sein.

„Ich hab' lange keine unserer Außenstationen mehr besucht... Gib Carow Nachricht, daß wir kommen."

„Heute noch?"

„Mir ist heute danach."

Der Faun griff nach dem Wagentelefon, um die Außenstation anzurufen; er hatte plötzlich das Gefühl, daß der alte Mann an seiner Seite noch lange nicht an seinem Ende war.

XXVII. Kapitel

In Prag war es kurz nach elf, als Martin aus dem Lift stieg, der ihn ins Terrassengeschoß des „Teheran“ brachte. Er hatte erwartet, dasselbe Mädchen in der Garderobe vorzufinden, aber eine andere war da, ein schlanker Mannequintyp, so groß, daß Martin sich fragte, ob sie in den Lift passen würde.

Er hatte mit der anderen gerechnet; für einen Augenblick überkam ihn das Gefühl, irgend etwas sei nicht in Ordnung. Aber es war einfach, weil er sich im Osten befand; das allein bewirkte, daß man sich dauernd Dinge vorstellte. Man vergaß, daß auch die eigenen Leute Propaganda betrieben; die meisten Menschen hier empfanden ihr Leben als natürlich und normal. – Die andere hatte ihren freien Tag, nichts sonst lag zugrunde.

„Kann ich etwas für Sie tun?“

Sie hatte ein schlaues, arrogantes Lächeln und nichts, um es auszugleichen. Aus der Bar kam Musik, derselbe „tschechische Jazz“, und dieselbe Sängerin mühte sich mit den englischen Worten ab.

„Wirklich nichts?“

„Nein, danke.“

Er betrat die Bar. Er sah, daß der Ecktisch der Ostdeutschen nicht besetzt war. Das Orchester spielte, aber niemand war auf der Tanzfläche. Der Barmann saß allein hinter der Theke und sah sich auf einem kleinen Fernseher die Übertragung eines Fußballspiels an.

Martin bestellte einen Cuba Libre. Er hatte den ganzen Abend nichts getrunken, und er hatte auch jetzt kein Bedürfnis danach. Er war in einer seltsamen Stimmung; er konnte sie sich selber nicht erklären, aber er fühlte sich gut, fast *high*. Sicher hing es damit zusammen, daß er sich entschlossen hatte, die Initiative zu ergreifen.

„Wenn Sie Lust haben, trinken Sie einen mit mir.“

„Vielen Dank!“ Das Lächeln des Barmanns war nicht viel besser; vielleicht war es das Westgeld, das ihrem Lächeln so übel mitspielte.

Der Fernseher lief ohne Ton. Es war ein wichtiges Spiel der Bohemians. Im „Vlatana“ war die Halle, wo der Fernseher stand, überfüllt gewesen; selbst die Angestellten hatten in den Eingängen gestanden. Als Martin das Hotel verließ, waren die Straßen leer gewesen; durch die Fenster sah er überall die violetten Lichtflächen in verdunkelten Räumen; die Bewegungen erinnerten ihn an eine primitive Laterna magica, die seine Mutter für ihn in Prag erstanden hatte.

„Irgend etwas nicht in Ordnung mit Ihrem Drink?"

Martin spürte Widerwillen gegen den Alkohol. Er deutete hinüber zu dem Ecktisch. „Keine Gäste dort heute abend?"

„Der Tisch ist abbestellt worden... Sie waren schon mal hier? Warten Sie... Mit Nemozcek?"

„Er bringt viele Gäste?"

„Das Leben in Prag ist teuer."

Es waren dieselben Worte, die Nemozcek gebraucht hatte. Martin legte einen Schein von dem Geld der „Organisation" auf die Theke. Das einzige, was dem Barmann daran mißfiel, war, daß er ihn nicht heimlich an sich nehmen konnte. „Was tue ich dafür?"

„Rufen Sie Zimmer 305 an. Fragen Sie die Dame, ob sie Lust hat, mit mir ein Glas zu trinken." Er gab ihm ihren Namen, nicht Zimra, sondern Anna. „Sagen Sie, ein alter Freund erwarte sie."

Der Barmann nahm das Geld und begab sich an das Ende der Bar. Als er zurückkam, sagte er: „Die alten Tricks wirken immer am besten. Sie kommt..." Er beugte sich vor, obwohl niemand da war, der ihn hätte hören können, flüsterte: „Wollen Sie Champagner? Richtigen, nicht georgischen!"

„Warum nicht", sagte Martin aus seiner neuen, eigenartigen Stimmung heraus. Er hatte bisher kaum etwas von dem Geld der „Organisation" ausgegeben. Das Ganze war eine billige Aktion! Nur allgemeine Unkosten.

Er verließ die Bar, um sich einen Platz zu suchen. Er mußte plötzlich an den richtigen Martin denken, den Lehrer. Hatten sie ihn bezahlt? Wenn, sicher nicht viel. Oder sie hatten etwas in seinem Leben gefunden, genug, um ihm einen Schrecken einzujagen! Es gab in jedem Leben etwas, und sie scheuten sich nie, es zu gebrauchen. Er sah sich um und dachte: Freiheit und Gewalt – sie sprechen davon, als seien es festgelegte Himmelsrichtungen.

Als Zimra die Bar betrat, stand er auf, um ihr entgegenzugehen. Die vier Männer des Orchesters verbeugten sich vor ihr so wie an dem Abend vor drei Tagen. Ihre Begrüßung schloß Martin nicht ein, sie spielten auch kein anderes Stück. Martin mochte die Bar weniger denn je; die nachgemachte Eleganz, die imitierte Musik, die nicht viel echter wirkenden Gäste der Prager Oberklasse, die brütend vor sich hintranken.

Sie trug dasselbe blaue Kleid. Er hatte sie früher nie Make-up benützen sehen, aber sie hatte sich zurechtgemacht: Lippenstift, starkes Rouge auf den Wangen, sogar die Wimpern waren getuscht. Was immer sie damit bezweckt hatte – zusammen mit dem schwarzen, gefärbten Haar sah sie aus wie ein junger Indianer auf dem Kriegspfad.

„Was bedeutet das Lächeln?" fragte sie, als sie sich niedersetzte.

„Dein Make-up."

„Ich verstehe... Ich hatte das Gefühl, es sei nötig." Sie blickte sich um. „Ist das nicht ein wenig riskant, sich ausgerechnet hier zu treffen?"

„Nicht riskanter als anderswo." Der Kellner kam und füllte ihre Gläser. „Laß uns nur nicht zu ernst dreinschauen... Das Treffen ist beendet? Lächle zwischendurch."

„Ich will es versuchen... Ist mit den Bändern alles gutgegangen?"

„Ja, keine Probleme. Die Konferenz ist beendet?"

„Nach einer kurzen Sitzung heute morgen sind alle abgereist. Was seltsam war, was mir Sorgen macht, ist, daß sie nie beabsichtigt hatten, länger zu tagen."

„Das ist üblich, nicht wahr, das normale Ablenkungsmanöver."

„Da ist etwas, was ich dir sagen muß."

„Hattest du Schwierigkeiten, hierzubleiben?"

„Das auch."

„Du hast ihnen gesagt, du wolltest das Wochenende..."

Sie schüttelte den Kopf. „Das wäre kein ausreichender Grund gewesen – der Arzt ließ mich nicht reisen."

„Was..."

„Ich hatte es zum erstenmal, als wir uns im ‚Dům Evorpa' trafen, deshalb konnte ich auch weg, eine Blinddarmreizung. Heute morgen trat es wieder auf, ziemlich starke stechende Schmerzen. Nein, keine Sorge! Ich muß ihn mal entfernen lassen. Im Augenblick bin ich ein bißchen schwach auf den Beinen, aber sonst in Ordnung. Der Arzt sagt, wenn es morgen noch so ist, kann ich Prag verlassen."

Er nahm ihre Hand. Er hielt sie eine Weile. „Kannst du tanzen?" Sie nickte. Er stand auf und führte sie zur Tanzfläche. Sie waren das einzige Paar. „Du hast dich also entschieden, mitzukommen!"

„Bitte, Martin, bitte! Erwarte nicht zuviel. Es ist keine wirkliche Entscheidung... Oder vielleicht hat es sich entschieden, als ich die Bänder an mich nahm. Ich weiß es nicht. Ich bin müde, ausgelaugt. *Sie wissen Bescheid!* Und Martin – Sie wissen, die ‚Organisation' hat einen Agenten hier."

Er fühlte die Furcht, aber er lächelte, und er war keineswegs alarmiert. Furcht war etwas Normales, sie gehörte zu seinem Auftrag; sie war nicht mehr als die stechenden Schmerzen einer Blinddarmreizung, das Signal einer beginnenden Krankheit. Alarm war etwas anderes. Alarm war Furcht ohne irgendwelche Vorwarnung.

„Unmöglich! Ich müßte es bemerkt haben." Martin blickte über ihre Schulter durch den Raum. „Wir wären nicht hier allein, unbeobachtet."

„Ich wollte damit nicht sagen, daß sie von dir wissen. Nur, daß sie die ganze Zeit wußten, daß deine Leute planten, einen Agenten hierherzuschicken. Es kam heute morgen zur Sprache, kurz bevor ich die Sitzung verließ."

„Kein Name natürlich?"

„Die Nummer des Agenten. A 7 Z 115... Kann das stimmen? Was ist?"

Diesmal schlug der Alarm aus. Er konnte plötzlich nicht mehr tanzen. „Laß uns zurück zum Tisch gehen." *Seine* alte Agentennummer! Sie würde ihnen nichts nützen – an die Hoffnung klammerte Martin sich! Aber wie konnte irgend jemand an die Nummer herankommen...

„Sagt dir die Nummer etwas?"

„Sie haben jemand innerhalb der ‚Organisation'?"

Zimra nickte, und einen Augenblick dachte Martin, er lese fast so etwas wie Stolz auf ihrem Gesicht. „Ich weiß keinen Namen. Aber er ist im Hauptquartier plaziert. Die Meldung kommt von ihm, letzte Woche, bevor das Treffen in Prag begann."

Diesmal war es ernst! Wußte Carow davon? fragte Martin sich. Hatten sie es gewußt, als sie ihn losschickten? Sie würden ihn nicht einweihen, natürlich nicht. Aber wenn sie es wußten, wenn sie es unter Kontrolle hatten, wie war der „Schläfer" in den Besitz einer solchen Information gelangt!?

„Da ist noch etwas anderes, Martin. Ich weiß nicht, was es bedeutet."

„Gib mir nur die Tatsachen." Er war eigentlich nicht neugierig darauf, mehr zu wissen; ja, er hatte das absurde Gefühl, daß, wenn er sie daran hindern könnte, weiterzusprechen, die Gefahr von allein weggehen würde.

„Es gab vor vierzehn Tagen an der Grenze einen Zwischenfall. Ein Agent, einer von euren Agenten, wurde – getötet. Ich kann dir mehr dazu nicht sagen. Es scheint, er hatte herausgefunden, daß dieses Treffen in Prag stattfinden sollte... Und trotzdem hat es stattgefunden! Verstehst du das?"

Er hatte plötzlich eine Idee, wahnwitzig, fernab jeder Realität; er hätte darüber gelacht, wenn die Furcht dem Lachen erlaubt hätte, seine Kehle zu passieren.

„Die Bänder, Zimra, die ich weitergegeben habe – sie waren echt?" Der Blick, mit dem sie ihn anstarrte, gab ihm die Antwort, dennoch folgte er weiter seiner Idee. „Es waren keine Fälschungen? Da ist nicht daran herumgedoktert worden?"

„Wie? Es sind wörtliche Protokolle der Sitzung. Sie stimmen mit den Abschriften überein. Ich war da während der ganzen Zeit..."

„Und wenn sie nun wollten, daß sie in unsere Hände fielen – auch wenn sie echt waren!?"

Sie sagten einen Augenblick lang nichts. Es war ein Schweigen voller Anspannung und Ängstlichkeit; sie sahen sich dabei an, fühlten sich wie Kinder, die sich in einem Irrgarten verlaufen hatten, der von Riesen ausgedacht und angelegt worden war.

„Ich hatte das Gefühl. Aber das ist unsinnig!" Sie war plötzlich bleich unter dem starken Make-up. Sie schüttelte den Kopf. „Ich wäre nicht hier – wenn sie wüßten, ich hätte die Bänder genommen und weitergegeben. Das ist nicht Zentners Art. Und wenn – dann hätten wir nie eine Chance."

Sie hatte recht. Dann allerdings wären ihre Chancen, aus Prag herauszukommen, gleich null. Und dennoch, da war etwas! Martin konnte nicht denken: Ost – West. Er konnte sich nur die Personen in Erinnerung rufen, und da er Zentner und C. kannte, stellte er sich unwillkürlich vor, wie die beiden sich abtasteten und zu unterlaufen versuchten. Plötzlich schien ein vager Sinn hinter der absurden Idee zu stehen!

„Haben wir wirklich eine Chance, Martin?"

Es nützte nichts, sie unnötig zu beunruhigen. „Ich denke doch." Er griff an die Tasche, um sich daran zu erinnern, daß der Schlüssel da war; ein einfacher Zimmerschlüssel – nicht der prätentiöse des „Vlatana" – mit einer kleinen runden Messingplatte, auf der die Zimmernummer stand.

„Bist du allein in Prag zurückgeblieben?"

„Das wäre zu verdächtig gewesen. Eine Kollegin ist dageblieben."

„Ich werde dir einen Schlüssel geben. Eine kleine Pension gleich hinter dem Hauptbahnhof, Tetinská 56, Zimmer 17. Ich habe es für zwei Tage gemietet." Sie sagte nichts, fragte nichts, aber er merkte, daß sie genau zuhörte. „Wir haben morgen einen vollen Tag, Dampferfahrt nach Štěchovice am Vormittag, abends die offizielle Abschiedsfeier. Unser Sonderzug nach Wien geht am Sonntag um 8.12 Uhr. Ich möchte, daß du morgen abend in die Pension gehst."

„Wann?"

„Nicht zu früh. Ich möchte, daß du hier bist, falls man nach dir fragt. Sagen wir zwölf Uhr." Er erinnerte sich an die Pension, an den seltsamen Geruch. „Es ist nicht mehr als eine Absteige, aber sie liegt günstig."

Die Idee dazu war Martin gekommen, als er sich entschlossen hatte, nach der Demonstration seine Untätigkeit aufzugeben. Carows Plan für Zimra sah vor, daß er sie am Sonntagmorgen um 7.30 Uhr dem Mann übergab, der ihren neuen Paß hatte und der sie zum Flugplatz an die Maschine nach Wien bringen würde. Er hatte keinen Grund, Carows Plan zu mißtrauen; aber jetzt erschien Martin plötzlich alles in einem neuen Licht.

„Es gibt zwei Möglichkeiten für uns, herauszukommen. Wir brauchen uns jetzt nicht zu entscheiden. Ich möchte, daß wir für beide vorbereitet sind."

„Was soll ich tun?"

„Kauf einfache Umhängetaschen oder besser noch einen kleinen Rucksack, wenn es das gibt. Nicht zu groß, nicht zu schwer, nicht zu auffallend, so, wie sich jemand ausrüsten würde, der eine Wanderung macht. Eine Thermos für Kaffee, etwas zu essen, je weniger, desto besser."

„Feste Schuhe?"

Er nickte, nun beruhigt. „Kauf es irgendwann im Laufe des Tages und stell es in der Pension ab. Aber halt dich dort nicht auf. Brauchst du Geld?"

„Ich muß mein Geld ausgeben. Es wäre nicht viel wert – drüben..." Es war der erste Ton von Unsicherheit.

„Du tust das Richtige, Zimra!"

„Was noch?"

Er hatte sich nach den Zügen erkundigt. Der letzte zu der Station in Grenznähe ging um kurz vor ein Uhr; das hieß, daß sie einen großen Teil der Nacht im Freien verbringen mußten. Der erste Zug ging um 5.35 Uhr, und mit ihm wurde die Zeit knapp, um vor Anbruch der Helligkeit den Platz zu erreichen, an dem er sich Szeŝc verabredet hatte.

„Kennst du jemand in der Stadt mit einem Wagen? Der ihn für eine Nacht ausleiht?"

„Nur Vlatkos Bruder."

„Vlatko?"

„Er hat dir die Bänder zugesteckt."

„Frag ihn, ob er uns fahren würde, keine dritte Person. Er soll sich ab Mitternacht bereithalten."

Sie sahen sich an, plötzlich beide zweifelnd, als sei nichts von dem real, was sie hier besprachen. Er versuchte zu denken: Es sind nur noch dreiunddreißig Stunden – aber mit dem Gedanken verband sich nicht einmal eine besondere Hoffnung. Und weiter voraus in die Zukunft – die Insel, das Haus? Was konnte es ihr bedeuten, wenn er davon sprach? Was bedeutete es ihm? Es schien Martin, als hätten sie, um dorthin zu kommen, ganze Sonnensysteme zu durchqueren. Der einzige Gedanke, der real war, an den er sich klammern konnte, war: Dieses Mal lasse ich sie nicht zurück.

„Was ist mit deiner Kollegin? Ich möchte nicht, daß sie am Sonntagmorgen zu früh Alarm schlägt."

„Sie wird es irgendwann tun. Was ist – ‚nicht zu früh'?"

„Nicht vor neun Uhr."

„Ich glaube, das geht."

„Sie werden sie verhören. Sie werden ihr nicht glauben, daß sie von nichts gewußt hat." Auch das war real, und Martin versuchte nicht, ihrem Blick auszuweichen, als er es sagte.

Sie reagierte ruhig und gefaßt, als habe sie sich mit dem Gedanken auseinandergesetzt. „Ich weiß. Und selbst wenn sie ihr am Ende glauben, wird sie ihre Stelle verlieren, ihre ganzen Freunde.

Es ist ein schrecklicher Gedanke, daß dein eigenes Glück immer auf Kosten anderer geht. Der Zweck rechtfertigt die Mittel – das ist das Prinzip, nicht wahr?"

„Ich glaube, wir haben alles besprochen."

„Vielleicht sitze ich auch deshalb hier, weil ich selber so lange für dieses Prinzip gelebt habe. Man schließt einfach die Augen. Mein Vater sagte immer, das sei der schlimmste Vorwurf, den man einem Menschen machen könne, nicht gegen dieses Prinzip zu handeln!"

„Kann man es? Er starb."

„Er glaubte an das andere Prinzip – die gute Welt! Er hatte diese Überzeugung bis zuletzt: Die Welt muß besser sein, wenn wir sie verlassen."

„Wir sollten uns jetzt trennen."

„Wenn ich drüben bin, wenn es uns wirklich gelingt, glaubst du, sie werden mich in Ruhe lassen? Sie werden mich verhören. Es gibt vieles, was ich weiß. Wenn es vielleicht auch nicht wichtig ist, es genügt, daß *sie* es für wichtig halten. Siehst du die Ironie – das Prinzip geht weiter! Ich fliehe vom einen zum anderen."

Sie nahm ihr Glas. „Du hast überhaupt nichts getrunken. Er muß schrecklich teuer sein."

„Ich mache mir nichts aus Champagner."

Sie trank ihr Glas leer. Als sie es auf den Tisch zurückstellte, waren am Rand die Spuren ihres Lippenstiftes. „Nur eines noch: Was ist mit meinen Sachen?"

„Du mußt alles zurücklassen." Er winkte dem Kellner.

„Nur Paß und Lippenstift also."

Er bezahlte. Die Orchestermitglieder winkten ihr zu, als sie die Bar verließen. Der Barmann grinste verschwörerisch. Martin war plötzlich froh, daß er nie mehr in seinem Leben hierher zurückkehren mußte...

Später, auf dem Weg zurück zum „Vlatana", ließ Martin die Dinge, die er erfahren hatte, möglichst nüchtern an sich vorüberziehen: Sie wußten von einem Agenten. Sie hatten die Codenummer. Konnten sie den Code brechen? Wieviel Zeit brauchten sie dazu? Aber er konnte nichts dagegen tun als hoffen, daß die Zeit – zweiunddreißig Stunden nun – für ihn arbeitete. So verbannte er diesen Gedanken.

Das andere war wichtiger: Sie besaßen einen Spion innerhalb der „Organisation". Und irgend etwas stimmte nicht mit den Bändern!

Martin glaubte, die Absicht zu durchschauen, einen Zipfel des Geheimnisses lüften zu können. Den Westen zu provozieren, es dann an die große Glocke zu hängen, auszuschlachten. Es wäre nicht das erstemal, und es wäre sicher die beste Taktik, um von den eigenen ernsten Problemen abzulenken...

Aber das waren Überlegungen, nicht eigentlich *Fakten*. Mußte er es also melden? Aber die Tatsache des „Schläfers" – konnte er die überhaupt unterschlagen? Der Mann stellte eine Gefahr dar, nicht nur für ihn und Zimra, sondern für die „Organisation" selbst. Warum also zögerte Martin?

Er hatte nur eine Möglichkeit, eine Nachricht weiterzugeben, und Carow hatte ihn immer wieder ermahnt, davon nicht leichtsinnig Gebrauch zu machen. Es war der einzige Punkt, bei dem Martin bei Carow Unruhe und Nervosität festgestellt hatte. Würde er herausfinden, daß sein Verdacht begründet war: daß Carow ihm zwar gesagt hatte, dieses sei ein „Solo", ihn jedoch überwachen ließ? Heute abend, als er sich auf den Weg zu der Pension machte, war Martin nicht entgangen, daß ihm jemand gefolgt war.

Der Gedanke mißfiel ihm, seinen Babysitter – wenn sich sein Verdacht als begründet herausstellen sollte – bloßzustellen. Aber sein Zögern, die Nachricht weiterzugeben, war nur ein Hinausschieben. Im Grunde kannte Martin die Antwort: Er war ein Agent. Er wurde bezahlt. Er hatte einen Vertrag geschlossen, eine bestimmte Aufgabe übernommen. Er würde tun, was seine Aufgabe erforderte... Er überlegte sich schon, wie er die Meldung zu formulieren hatte.

XXVIII. Kapitel

1

Er hatte C. in ihrem letzten Telefongespräch gesagt, der Rest sei für einen Agenten das Schwerste; er hätte genausogut sagen können, es seien die schwersten Tage und Stunden für die Aufsicht. Weil ihm das Darvon ausgegangen war, mehr aber noch wegen der verstummten Telefone – keine Nachricht aus Bonn, kein Signal aus Prag – hatte Carow einen Spaziergang unternommen. Es hatte ihm nicht viel genützt.

Der Arzt – Carow hatte sein Rezept vergessen – hatte ihm lange Vorträge gehalten, ihm gesagt, was er selber längst wußte, daß das Schlucken von Darvon auf die Dauer keine Lösung war. Auch durch die verlassenen Straßen der Kleinstadt zu gehen hatte ihm nicht geholfen.

Nur einen einzigen Augenblick hatte er sich besser gefühlt, als er das Rezept durch den schmalen Schalter der Nachtapotheke schob und das Mädchen dort ihn angelächelt hatte. „Für Sie selber? Sie sollten sie nicht nehmen. Es gibt bessere Dinge, sich zu beruhigen, meinen Sie nicht?“ – Sie war hübsch auf eine reinliche, nonnenhafte Art; aber ihre dunklen Augen und ihr Mund deuteten etwas anderes an; und deshalb hatte Carow anstatt der Schmerzen plötzlich einen Stich von Freude empfunden, eine törichte Hoffnung; aber schon nach kurzer Zeit, als er das erleuchtete Schaufenster der Galerie vor sich auftauchen sah, war das Gefühl vorbei.

Geißler wartete auf ihn, öffnete ihm die Türe. „Du hast dir aber Zeit gelassen! Du sagtest, eine halbe Stunde.“

Carow bemerkte, daß Geißler im Mantel war. „Was gibt es?“

„C. ist auf dem Weg hierher! Und es gibt ein Signal aus Prag.“

„Hast du es dechiffriert?“

Geißler sah ihn beunruhigt an. „Du wirst keine Freude daran haben – dein Agent macht sich selbständig. Er hat in einer Pension in der Nähe des Bahnhofs ein Zimmer gemietet. Er versucht, seine Nabelschnur durchzuschneiden, so jedenfalls deute ich das Signal.“

„Ich muß es mir ansehen."

Geißler fragte sich: Hatte Carow die Tatsache, daß C. sich angekündigt hatte, überhaupt nicht registriert? „Ich muß weg, ich habe nur auf deine Rückkehr gewartet."

„Er kommt hierher?"

„Er will, daß ich sie abhole. Unser Krankenhaus hat einen Landeplatz für Hubschrauber... Es ist nie vorgekommen bisher, Heiner. Er hat meine Station nie besucht."

„Mach keinen Aufmarsch daraus! Nicht, daß du hier groß mit dem Mercedes vorfährst."

Er schloß die Türe hinter Geißler. Er hatte das bittere Gefühl eines Mannes, der sich verraten fühlt. Wie konnte Martin so etwas tun? Er war in Versuchung gewesen, aus eben diesem Gefühl heraus Geißler zu bitten, über das Signal zu schweigen. Aber es hätte nur Gefühle verraten, von denen Carow nicht wollte, daß irgend jemand anders sie kannte.

Er ging in die hinteren Räume, nahm die Meldung aus dem Safe und legte sie ungelesen auf den Schreibtisch; die großen Buchstaben starrten ihn wie Hohn an. Er zog den Mantel aus, holte sich ein Glas Wasser, aber er vergaß, ein Darvon zu nehmen; der andere Schmerz war einfach zu groß: Warum? fragte er, als sei es tatsächlich möglich, daß Martin ihn hören und ihm antworten konnte, warum in diesem Moment? Du weißt, daß du mir vertrauen kannst! Wie konnte ein Agent *dort draußen* existieren, einen Schritt tun, atmen ohne dieses Vertrauen?

Er begann, die Nachricht zu lesen. Sie war kurz, nur die Tatsache, die Geißler erwähnt hatte, der Name der Pension, die Straße. Der Babysitter hatte keinen Kommentar hinzugefügt, was auch nicht seine Aufgabe war. Was Carow vor allem erstaunte, war, daß der Babysitter überhaupt die Möglichkeit gehabt hatte, etwas herauszufinden. Wenn Martin sich wirklich abnabeln wollte, hätte er nicht vorsichtiger gehandelt?

Carow legte das Signal zurück in den Safe, entschlossen, im Moment nicht darauf zu reagieren. Erst jetzt wurde ihm bewußt, daß C. hierher unterwegs war. Er ging in den Schlafraum, zog sich um, vertauschte Sporthemd und Wollweste gegen ein Hemd mit Krawatte. Er überlegte, ob er ein Jackett anziehen sollte, aber es war einfach zu heiß dafür. Er fühlte sich nachher nicht viel anders, aber irgendwie kam er sich besser vorbereitet vor, C. gegenüberzutreten.

Er ging zurück und machte Kaffee, füllte beide Thermosflaschen damit. Er fühlte, es würde eine lange Nacht werden. Er überlegte nicht weiter, warum, hatte nur dieses Gefühl, daß eine lange und wichtige Nacht bevorstand. Es lag nicht nur an einigen Bemerkungen, die C. bei ihrem letzten Telefongespräch gemacht hatte – noch an der wirklich erstaunlichen Tatsache, daß er sich persönlich hierher bemühte – es lag tiefer.

Carow konnte und wollte nicht weiter darüber nachdenken. Im Grunde war er ein einfacher, unkomplizierter Mensch, ein Mann, der mit den Händen besser war als mit dem Kopf. Ein Bauer eben, dachte er. Nur – daß er eben nicht so gelebt hatte! Du hast dir etwas aufgehalst, was für dich zu groß war, zu kompliziert...

2

Sie saßen sich an dem Tisch im Hinterzimmer gegenüber; der Faun und Geißler waren wieder gegangen, um für C. und den Faun selber in Geißlers Haus Quartier für die Nacht zu machen. Sie würden belegte Brote mitbringen und Fruchtsaft, der ausgegangen war. C. hatte die letzte Flasche Cola vor sich stehen; das Eis klickte gegen das Glas, als er damit in den Raum deutete.

„Ein Schützengraben, in dem man es aushalten kann. Da geht also unser ganzes Geld hin."

Er hatte mehr oder weniger dasselbe gesagt – in viel mehr Worten – während er Geißlers Außenstation „inspizierte", ein jovialer, gutgelaunter C. Eine spontane Idee! Höchste Zeit, daß er sich mal zeigte. Aber sie alle wußten, daß es einen besonderen Grund dafür geben mußte, daß C. hier um ein Uhr in der Frühe auftauchte; nur, in der Welt, in der sie lebten, war Vorspiegelung alles, und so hatten sie alle den Schein gewahrt.

Wir zwei müssen die Komödie nicht weiterspielen, dachte Carow. Er hatte nicht vor, seine Verteidigungslinie zu öffnen. Aber C. war ihm in diesem Spiel immer überlegen gewesen, und so war es schließlich doch Carow, der sagte: „Was war in Bonn? Wie haben sie es aufgenommen?"

C. seufzte. Er hatte sein Jackett ausgezogen. Er trug die üblichen altmodischen Gummibänder, die die Ärmel seines Hemdes hochhielten. Kaufte, dachte Carow, er seine Hemden extra zu groß, um die Dinger benützen zu können?

„Ich werde in den Ruhestand gehen."

Carow war überrascht, aber er dachte: Mir machst du nichts vor! „Das ist offiziell?"

„Endgültig. Nicht offiziell. Im Augenblick wissen es nur wir beide... Langtree hat mir die Medizin verschrieben. Sie schmeckte zuerst bitter, aber auf dem Weg nach hier, als ich darüber nachdachte, sah ich die Sache schon anders. Der Gedanke beginnt mir zu gefallen: In Zukunft wird einer von euch sich beim Kanzler die Körbe holen... Ich werde meinen Nachfolger in Kürze bestimmen, sobald diese Operation abgeschlossen ist. Dies wieder vertraulich!"

Keine Zeugen, dachte Carow. Aber so, wie C. es sagte, konnte man fast daran glauben, daß er es ehrlich meinte. Der Kanzler muß seinen Plänen nicht zugestimmt haben, dachte er. Im Grunde überraschte es ihn nicht: Er hatte immer die Meinung vertreten, die „Organisation" solle sich auf das beschränken, was ihre Aufgabe war: Das Sammeln von Nachrichten in fremden Ländern. Sammeln und weitergeben. Nicht mehr, nicht weniger.

Carow wartete, daß C. davon sprechen würde, statt dessen sagte C. väterlich, sorgenvoll: „Ich höre, du hast Probleme mit deinem Agenten?"

Geißler hatte also geplaudert. Vielleicht hatte C. es aus ihm herausgefragt. Trotzdem empfand Carow Enttäuschung. Er stand auf, öffnete den Safe und nahm die Meldung heraus. Er legte sie in die ausgestreckte Hand C.s „Ich sehe kein wirkliches Problem."

C. schwenkte das Papier in der Luft. „Er weiß, daß er jemand im Rücken hat?"

„Nein." Carow war nicht sicher, ob C. die Nachricht überhaupt gelesen hatte.

„Nur zur Sicherheit, ich verstehe. Vertraue nie jemand vollkommen."

„Aber ich vertraue ihm vollkommen!" Als er die Worte ausgesprochen hatte, klangen sie ihm selber zu bedeutsam.

„Trotzdem nabelt er sich ab."

„Eine Frage der Auslegung."

C. legte die Meldung vor sich auf den Tisch. „Die Nachricht ist bereits weitergegeben?"

„Noch nicht. Wir wußten, du warst unterwegs." Worauf will er wirklich hinaus? fragte Carow sich wieder.

C. lächelte. „Ich weiß, es ist im Grunde unwichtig, aber ich möchte, daß eine Akte über eine Operation alles enthält. Eine kleine Unwichtigkeit wie diese, und ein Fall sieht hinterher ganz anders aus. Wenn dein Agent wirklich plant, sich abzunabeln..."

„Aber er hat keinen Grund dafür." Carow kam plötzlich ein Gedanke. „Er muß seine ‚Quelle' irgendwo unterbringen, wenn die Konferenz morgen zu Ende geht! Er bereitet ihre ‚Ausreise' vor – das ist alles." Carow fühlte sich plötzlich besser; seine Absicht war gewesen, seinen Agenten zu verteidigen, aber was er gesagt hatte, erschien logisch und stimmend.

„Nimm an, du hättest nicht recht – was könnte er planen? Seinen eigenen Fluchtweg?"

„Warum? Wir haben für beide einen sicheren Weg. Ich sehe keinen Grund, weshalb er ein Risiko eingehen würde."

„Welche Möglichkeiten hätte er sonst?"

„Keine, die so sicher wären. Martin ist kein Mann unnötiger Risiken – es war mit ein Grund, weshalb wir ihn ausgewählt haben."

„Wann bekommt sie ihren Paß?"

„Erst am Sonntagmorgen, im letzten Augenblick, auf dem Weg zum Flugplatz."

„Der andere Weg, seine Route – das kann es also nicht sein, ein Flugzeug oder ein Zug?"

„Warum diese Fragen?"

„Ich wollte, ich hätte mich länger mit ihm unterhalten. Ich würde ihn vielleicht besser verstehen; wissen, was in ihm vorgeht, was er plant."

„Du wußtest genug von ihm, daß deine Idee aufging." Carow ahnte, daß C. langsam zur Sache kam, wenn er auch nicht durchschaute, was es war.

„Ja, meine Idee... Eine Eingebung. Trotzdem... Ich hätte gern mehr gewußt. Sag mir, passiert das oft, daß Frauen sich anwerben lassen, weil sie einen Mann lieben? Weil sie einfach keine andere Wahl haben – sie helfen ihm oder sie verlieren ihn?"

„In unwichtigen Fällen – ja; Beschaffung von gemeinem Material. Nicht da, wo es sich um Topinformationen handelt. Nicht in diesem Fall! Sie muß aus eigenem Antrieb gehandelt haben, so sehe ich die Steffin jedenfalls. Sie ist nicht irgendeine Frau! Als du mir von den Bändern erzählt hast – da hatte ich einen Augenblick fast das Gefühl: Es ist zu unwahrscheinlich, einfach zu gut!"

„Was meinst du damit?"

„Daß ich sie einfach nicht in dieser Rolle sehe – jemand, der sein Land so leicht verrät. Es ist Landesverrat, immerhin."

„Tatsache ist – sie hat es getan. Wie du sagst – aus eigenem Antrieb. Heiner... Wir müssen sie dort lassen! Deshalb bin ich hierhergekommen, um mit dir zu besprechen, wie wir am besten vorgehen. Wir können diese ‚Quelle' nicht zuschütten. Du selbst hast mir eben den besten aller Gründe genannt, als du gesagt hast, sie tut es aus eigenem Antrieb..."

Wann hatte es begonnen? dachte Carow. Vor wie vielen Jahren habe ich den ersten falschen Schritt getan, wann bin ich das erstemal zurückgewichen, als ich mich hätte gegen ihn stellen müssen? Es mußte einen Beginn geben, ein erstes Mal, als er die Ideale verraten hatte, von denen er glaubte, daß es sie selbst in ihrem Beruf geben sollte. Er fühlte sich unfähig, diesen Anfang zu finden unter der Halde von Verrat, die sich seither angehäuft hatte.

Und dennoch: Wie konnte C. ihm mit einem solchen Vorschlag kommen, dort sitzen mit der Miene eines Buchhalters, der einen Fehler in seiner Berechnung gefunden hatte? Carow fühlte nicht einmal so sehr Zorn gegen C., sondern gegen sich selbst, weil er dies möglich gemacht hatte.

„Dein Vorschlag – das ist nicht zu machen!"

„Was soll das heißen? Du hast keine Verbindung mit Prag?" Es klang harmlos und unwissend.

„Wenn dies bekannt würde – kein Agent würde mehr für uns arbeiten wollen."

„Du klangst schon am Telefon überreizt! Was schlage ich vor? Haben wir solche Sachen nie gemacht? Wir haben immer versucht, sauber zu arbeiten, aber wir haben uns manchmal die Hände schmutzig gemacht. Ist es dazu nicht ein bißchen zu spät, plötzlich die Augen zuzumachen?"

„Die Sicherheit des Agenten..."

„Deinem Agenten geschieht nichts. Ich habe von Zimra Steffin gesprochen."

„Er hat es in seinem Kontrakt."

„Zum Teufel! Kontrakte werden gebrochen. Agenten brechen sie. Wir brechen sie. Das hier ist keine Kinderschule, wo man Anstand lernt: ‚Habt ihr saubere Hände? Sonst gibt es keine Belohnung!' Was ich vorschlage, ist niederträchtig, schäbig, schmutzig – okay, zugegeben. Aber Dinge ändern sich..."

„Was hat sich geändert?"

Für einen Augenblick schien es, als würde C. zu einer seiner endlos langen Tiraden ansetzen. Dann sagte er nur: „Es ist eine Frage der Abwägung von Interessen, von Werten. Hier die einzelne Person, dort die Interessen unseres Landes. Wir brauchen die Steffin dort. Du vor allem wirst sie brauchen, wenn du meinen Platz einnimmst..."

Ich sollte nicht hier sitzen und ihm zuhören, dachte Carow. Aber er sagte: „Nein, unmöglich. Es ist einfach unmöglich. Und – Martin läßt sie nie zurück. Er weiß, daß sie in Gefahr sein wird."

„Wir müssen sie nicht unbegrenzt an ihrem Platz lassen. Nur im Augenblick, nur für die Dauer dieser Operation. Das kannst du versprechen, du kannst es in den neuen Kontrakt schreiben; wir bringen sie raus, sobald dieser Fall abgeschlossen ist."

„Er ist abgeschlossen, oder? Bis auf die Rückkehr der Agenten."

„Das möchte Zentner, daß der Sturm stirbt, daß er seinen Nakken aus der Schlinge zieht, daß er länger aushält, den längeren Atem hat... Aber dies ist noch nicht entschieden. Ich sage dir, er wird fallen, bevor ich falle; und sie fallen härter dort drüben, härter, Heiner, viel härter! Deshalb brauche ich sie... Sie sitzt in seinem Pelz. Ich brauche sie, nur diese Zeit noch. Kannst du das nicht einsehen?"

Die beiden hatten ihre vielen Meinungsverschiedenheiten nie ausgetragen. Carow war der letzten Konfrontation immer ausgewichen, hatte am Ende nachgegeben. Er wußte, es war jetzt oder nie. Er sagte: „Ich bin immer mit dir gegangen – aber nicht auf diesem Weg!"

C. sah plötzlich zusammengefallen aus, mit einer flachen Brust, als reiche die Luft, die er einatmete, nicht mehr aus, seine Lungen zu füllen. Er öffnete den Mund, sagte mühsam: „Wo bleiben nur der Faun und Geißler?" Er verfiel in Schweigen.

Jemand, der C. nicht so gut kannte wie Carow, hätte seine ganze Haltung und sein Schweigen für das gehalten, was es zu sein schien: die bedrückte Zustimmung eines Mannes, der den besseren Argumenten unterlegen war.

XXIX. Kapitel

1

Er saß an dem Tisch, an dem sonst der Lehrer aus Saragossa seine Briefe schrieb. Die Lampe war auf die Bronzefigur einer Frau montiert. Sie trug ein langes, wallendes Gewand. Ihre Brüste lagen offen, und jemand vom Hotelpersonal hatte sich einen Spaß daraus gemacht, sie immer wieder zu polieren; so leuchteten die Brüste in einem hellen Goldton, während der Rest der Figur schwarzbraun war.

Von seiner kleinen Lichtinsel aus wirkte der Raum noch größer. Sein Zimmergenosse schlief, halb verborgen von den düsterroten Samtvorhängen um sein Prunkbett. Martin, ohne Uhr, war nicht sicher, wie spät es war. Er hatte sonst ein ziemlich genaues Zeitgefühl, aber es ließ ihn jetzt im Stich. Er war nicht einmal sicher, ob er nicht, wenn er aufstand und die dichten Vorhänge vor den Fenstern beiseite zog, schon das erste Grau des neuen Tages über der Stadt sehen würde.

Er hatte keine Antwort auf sein Telefonsignal erhalten. „Warte. Unternimm nichts selber. Werd nicht nervös." Es war Martin, als höre er Carows mahnende Stimme. „Er kommt auf dich zu, *in keinem Fall* umgekehrt."

Ich gebe ihm noch eine halbe Stunde, dachte Martin. Er schob die beiden Telefonbücher von Prag an den Rand des Tisches. Dann entfaltete er das Papier, auf das er seine Meldung niedergeschrieben hatte.

Er hatte im Laufe der letzten Stunden die verschiedensten Stadien durchgemacht: Einmal verflüchtigte sich der Sinn des Ganzen, und er fragte sich, ob es nicht besser war, die Meldung zu unterdrücken. Ein andermal war ihm alles klar, verstand und durchblickte er das makabre Spiel, das die beiden alten Männer da arrangierten, wie sie versuchten, sich gegenseitig aus dem Sattel zu stechen. Eines sah er jedenfalls klar und ohne Illusionen: wie unwichtig er selber nun für die Operation war! Carow, seine Aufsicht, würde weiter auf seiner Seite stehen, damit konnte er rechnen, das war eine bekannte Größe im Agentenspiel. Dennoch, im „großen Ganzen“ war er einfach ein Nichts.

Nicht, daß Martin das beklagte. Er fühlte sich weiterhin gut, sein Stimmungsumschwung zum Besseren hielt an. Er genoß es, hier zu sitzen, allein in der Nacht, er genoß diese innere Anspannung, diese innere Unruhe. Vielleicht war das die Droge, die er gesucht hatte, nicht Aktion, Handlung.

Als er jetzt in den Raum blickte, erinnerte er sich plötzlich an seinen Vater: Er war eines Tages mit einem alten Überseekoffer nach Hause gekommen, riesig, schwarz, beklebt mit vielen Etiketten. Vielleicht erinnerte Martin sich deshalb daran, weil es ein Stück war, das gut in diesen Raum gepaßt hätte.

Zu Hause war der Koffer mehr als sinnlos gewesen. Es gab keinen Platz für ihn, er diente zu nichts. Soweit Martin sich erinnerte, hatte sein Vater den Kauf nie begründet: Warum er, ein schon etwas müder, resignierter Gefängniswärter, sein Herz so daran hängte, daß er sogar riskierte, deswegen seine Ehe aufs Spiel zu setzen. Denn von dem Tag an, als der Überseekoffer im Haus auftauchte, war er zu einem stetigen Streitobjekt zwischen seinen Eltern geworden, ein Krieg entbrannte um ihn.

Erst später hatte er begriffen: Für seinen Vater war der Koffer ein Traum, der nie wahr geworden war. Der Traum, *aufzubrechen,* allein zu leben, abgeschieden isoliert. Wenn er auf seinem Stuhl in dem Zellengang bei seinen Gefangenen saß, war er glücklich. Aus-sich-selber-heraus-Leben war zu seinem Lebensideal geworden. Für seine Mutter war das große, schwarze Ungetüm der Teufel, das Böse selbst, das, was ihren Mann von ihr fortzog, ihn ihr entfremdete, eine Kluft aufbrechen ließ, die nie dagewesen war oder die sie nie gesehen hatte. Denn seine Mutter war das genaue Gegenteil, der Gegenpol zu dem Vater. Sie brauchte Freunde, Geselligkeit – für sie war Gemeinsamkeit alles! „Weißt du“, hörte er sie sagen, „weil meine Eltern sich getrennt haben, möchte ich immer alles zusammenbringen, *Paare machen:* zwei Lampen, zwei Bäume vor dem Haus...“

Jetzt, da Martin sich daran erinnerte, da er es zum erstenmal in dieser Klarheit sah, verstand er auch: Sie waren beide in ihm, Vater und Mutter, beide Pole. Bis jetzt hatte er sich nie entscheiden können, welchem Ideal er die Oberhand gönnte... Würde Zimra dies verstehen? Konnte er es ihr verständlich machen?

Der Gedanke an sie ließ ihn in die Gegenwart zurückkehren. Er faltete die Meldung zusammen und steckte sie zu sich. Er stand auf und ging zu einem der Fenster. Er suchte nach den Schnüren, um den Vorhang zur Seite zu ziehen. Sie waren so schwer, als hätte er einen leblosen Körper zu bewegen. Es war immer noch dunkle Nacht. Nebel hing über dem Fluß, so dicht, daß er nicht ausmachen konnte, wo die Brücke war. Er beschloß, nicht länger zu warten.

Der Mann aus Saragossa war plötzlich erwacht. Als Martin sich umwandte, hatte er das Licht angeknipst und saß aufrecht in seinem Bett. Sein Morgenmantel lag am Fußende, er griff danach. Als er aufstand und zum Badezimmer ging, schien er Martin überhaupt nicht zu bemerken, als wandle er im Schlaf. Erst auf dem Rückweg blieb er vor dem zweiten, unbenutzten Bett stehen.

„Sie sind noch auf? Wie spät ist es?“ Er nahm seine Brille von dem Nachttisch und blickte auf die Uhr. „Zwei... Sie sollten sich lieber schlafen legen. Das wird ein langer Tag morgen.“

Ein langer Tag und eine lange Nacht, dachte Martin. Wieder fühlte er sich gut, als er es dachte.

„Was hält Sie wach?“ Der andere lag wieder in seinem Bett.

Eine Telefonnummer in Prag, eine Meldung, ein Babysitter, der mich überwacht, Erinnerungen... Martin spürte die Versuchung, zu dem fremden Mann darüber zu reden. Er malte sich dessen Überraschung aus, dessen Erstaunen. Martin spielte mit dem Gedanken, weil er sicher war, daß er der Versuchung nicht unterliegen würde.

„Schlafen Sie weiter.“

Der Lehrer nahm seine Brille ab und löschte das Licht. Er schlief sofort wieder ein. Er machte seltsame Geräusche im Schlaf, kein eigentliches Gelächter, dachte Martin, als er leise an dem Bett vorbeiging auf dem Weg zur Tür, aber etwas schien ihn außerordentlich zu amüsieren.

2

Für das sechste Stockwerk des „Vlatana“ war nichts mehr an Großartigkeit übriggeblieben. Zwei schwache, von der Decke offen herabhängende Glühbirnen beleuchteten den engen, schmalen Gang notdürftig. Er wurde noch enger durch die grauen Spinde, die vermutlich die Kleider enthielten, die in den Dienstbotenzimmern rechts und links von dem Gang keinen Platz mehr gefunden hatten. Es war stickig heiß hier oben von den offen liegenden Leitungen der Heizung. Das Wasser, das gluckernd durch die Rohre lief, war das einzige Geräusch.

Er wußte nicht, welches das Zimmer von Nemozcek war. Er würde versucht haben, einen Raum am Anfang oder am Ende des Ganges zu bekommen, keinen zwischen zwei anderen, um die Gefahr zu vermindern, daß jemand auf seine nächtlichen Signale aufmerksam wurde. Martin bewegte sich langsam wegen der Hitze und weil er die Türen beobachtete. Es standen keine Namen dort.

Jemand hustete im Schlaf, das erste Zeichen, daß die Räume wirklich bewohnt waren. Unter einer Türe kam ein schwacher Lichtschein hervor, ein Zimmer in der Mitte. Martin ging weiter, fühlte, wie er unter den Armen zu schwitzen begann. Am Ende des Ganges, vor dem kleinen schrägen Dachfenster, drehte er sich um, blickte zurück. Der graue Spind rechts von ihm hatte kein Hängeschloß. Er öffnete ihn, und da er nichts sah, streckte er die Hand aus; fühlte sich so ein oft gewaschener Staubmantel an?

Die Türe vor dem Spind öffnete sich. Er nahm seine Hand von dem Stoff des Mantels weg. Er sah den Umriß von Nemozceks Gestalt. Eine blasse Stimme, so unsicher, wie seine auch geklungen haben würde, sagte: „Sind Sie das, Martin?“

„Ich habe eine Meldung.“

Nemozcek starrte ihn an wie ein Taubstummer, dem nur seine Augen zur Verständigung zur Verfügung standen. „Nicht hier, bitte. Kommen Sie herein!“

Der Raum war so eng und schmal, wie Martin ihn sich vorgestellt hatte. Er sah wie das überfüllte Lager eines kleinen Buchladens aus, überall gab es nur Bücher, Stapel von alten Magazinen und Zeitschriften. Die anderen Dinge bemerkte Martin erst später: ein von Büchergestellen umbautes schmales Bett; einen Tisch in der Dachschräge des Fensters; einen kleinen Fernseher, dessen Antenne durch den Rahmen des Fensters nach draußen ging. Er hielt Ausschau nach dem W 12,6-Funkgerät, das Nemozcek vermutlich benutzte, aber er konnte es nirgends entdecken.

„Sie haben es also herausbekommen? Wann? Als ich Ihnen heute abend zu der Pension folgte?“ Der *Guide* trug über dem Pyjama einen seidenen Morgenmantel mit einer wappenähnlichen Stickerei auf der Brust und ein seidenes Halstuch. Ohne seine normalen Kleider wirkte er viel schmächtiger und viel älter.

„Ja.“ Er wollte hinzufügen: „Es war nicht schwer“, aber es war überflüssig. Außerdem verstieß er gegen die Regeln, daß er sich überhaupt mit ihm unterhielt. „Sie sitzen mir von Anfang an im Rücken? Mein Babysitter?“

„Ja, ich paß auf das Baby auf.“ Nemozcek wiederholte es, als höre er den Ausdruck das erstemal und als gefalle er ihm. Er versuchte zu lächeln. Es war immer noch das Lächeln eines Taubstummen. „Sie fühlen sich nicht – hintergangen?“

„Nicht wirklich, nein. Jetzt nicht mehr jedenfalls. Was genau sollten Sie tun?“ Wieder wußte Martin, daß er eine solche Frage nicht zu stellen hatte.

„Nur da sein, wie Sie sagten, aufpassen, achtgeben.“

„Und berichten?“

„Ja, natürlich.“

„Der erste Abend im ‚Teheran‘ – das war Ihre Idee?“ Sie standen noch immer; es gab keinen freien Stuhl.

„Ich bringe alle meine Gruppen dorthin.“

„Sie wußten, daß die Steffin an diesem Abend da sein würde?“

„*Sie* wurden ungeduldig, wollten, daß ich nachhelfe. Aber ich hatte einfach Glück.“ Er band sein Halstuch neu. „Wissen Sie, ich hab' eigentlich nie etwas *getan*. Nichts von dem, was Sie tun. Babysitting ja, die Signale – für etwas anderes hätte ich nicht die Nerven. Nicht mehr.“ Nun beschäftigte er sich mit dem Gürtel seines Morgenmantels. „Aber man kann nicht aufhören, kann man? Es ist wie ein alter Gaul, er geht im Geschirr, bis er stirbt. Und dann das Geld natürlich...“ Selbst das Taubstummenlächeln verlor sich. „Sie sagten etwas von einer Meldung?“

„Warum habe ich keine Antwort auf mein Signal bekommen?“

Der Guide senkte den Kopf. Strähnen seines grauen Haars fielen ihm ins Gesicht. „Sie hat mir den Laufpaß gegeben. Ich mußte aus der Wohnung.“

„Die Nummer war also nicht mehr besetzt!?"

„Ich hätte es melden müssen, ich weiß. Aber sie war nur für Notfälle. Und ich hatte natürlich die Hoffnung, sie würde mich wieder aufnehmen. Vor zwei Tagen..." Er schien sich zu besinnen. „Wieso kamen Sie darauf, daß es meine Nummer war?"

„Mir ist der Name eingefallen, Movina."

„Haben Sie mit ihr gesprochen?"

Martin hielt es nicht für nötig, die Frage zu beantworten. „Sie geben ihr immer noch Geld?"

„Ja. Es tut mir leid. Ich werde es sofort melden, ich meine, daß die Nummer nicht mehr existiert."

„Wegen mir nicht. Für mich ist der Fall abgeschlossen – mit dieser Meldung." Er reichte ihm das Papier. „Es ist leider sehr lang geworden." Nemozcek tat ihm plötzlich leid. „Vernichten Sie das Papier hinterher."

„Ich bin kein Narr", sagte Nemozcek mit verletztem Stolz, „nicht in diesen Dingen."

„Dann also bis morgen." Martin, auf dem Weg zur Tür, wandte sich noch einmal um. „Irgend jemand sonst noch? Jemand in Ihrem Rücken? Jemand, der einspringt, wenn Sie – ausfallen?"

„Ein zweiter Babysitter?" Wieder schien Nemozcek mit seinem verletzten Stolz zu kämpfen. „Nein", sagte er dann, „jedenfalls weiß ich nichts davon. Das ist die Wahrheit."

Martin zögerte an der Türe. „Sie haben gemeldet, daß ich in dieser Pension ein Zimmer genommen habe?"

„Ich mußte es."

Martin fragte sich, wie Carow das aufnehmen würde. Er hörte, wie Nemozcek sagte: „Nur die Tatsache, nichts sonst, obwohl ich mir natürlich meine Gedanken darüber gemacht habe." Der alte Guide war plötzlich hellwach, gerissen. Das schlaue Lächeln in seinen blaßblauen Augen korrigierte den Eindruck, daß er nur ein alter, harmloser Narr war. „Es wird Ihnen nichts nützen." Da Martin schwieg, fügte er hinzu: „Es hat keinen Sinn, sich gegen sie zu stellen, in die Räder der Maschine greifen zu wollen. Manchmal denkt man, es ist möglich. Aber man verliert immer."

Wenn er später an Nemozcek dachte, so waren es diese beiden Dinge, an die er sich erinnerte: Der alte *Guide*, der am Abend nach dem Besuch in der Bar des „Teheran" in seinem langen, offenen Staubmantel die Treppe hinuntertanzte, glücklich darüber, daß er das Treffen mit Zimra „arrangiert“ hatte; und dann Nemozcek in dem engen, stickigen Raum im sechsten Stockwerk des „Vlatana“, seine warnenden Worte.

Ja, du hattest recht, sollte er dann denken; niemand stellt sich ungestraft gegen sie. Aber manchmal hat man keine andere Wahl: Du kennst die Gesetze dieses Spiels, du weißt, es hat keinen Sinn, deine eigene Geschicklichkeit gegen die Geschicklichkeit der Maschine zu stellen, gegen das Prinzip zu handeln, würde Zimra sagen. Alle Gesetze sprechen dagegen, Erfahrung, Wahrscheinlichkeit. Aber einige werden immer wieder der Versuchung erliegen, ihrem Glück mehr zu vertrauen als dem Gesetz.

XXX. Kapitel

Es sah aus wie ein Picknick: der Tisch voller leerer Flaschen, Papiertassen und -teller, Plastikbesteck, der Rest des Brotes und des Proviants, die Asche und Stummel von Zigaretten auf einem der Teller. Auch die entspannte Stimmung war die eines Picknicks, vier Männer, die sich nach einem langen Fußmarsch zum Essen und Trinken niedergelassen hatten.

Geißler, die Ärmel aufgekrempelt, sein Gesicht rot vom Alkohol und der Freude, der Gastgeber von C. zu sein, sagte gerade: „Und erinnert ihr euch an die Tage in Naumburg, April 1945, als wir ein paar Tage mit dem Archiv dort festsaßen, an den Wein, die Fässer Wein! Drei Tage ist der Rotwein den Berg hinuntergelaufen..."

Es war C., der damit begonnen hatte. Wenn Carow nicht immer noch so auf der Hut gewesen wäre, dann hätte er vielleicht selber geglaubt, das Thema hätte sich ganz natürlich ergeben, vier Männer, die von Anbeginn dabei gewesen waren. Aber Carow bemerkte genau, daß C. die Unterhaltung immer wieder auf die „alten Zeiten" zurücksteuerte, wenn das Gespräch einmal eine andere Richtung zu nehmen schien.

Neben C. hatte Geißler das meiste zu der Unterhaltung beigetragen. Wie jemand, der zu lange im Schatten gelebt hatte, badete er sich in C.s Sonne. Der Faun hatte sich wie immer im Hintergrund gehalten, wenig gesagt, C. mit seinen kalten Fruchtsäften versorgt und sie bedient. Aber es war der Faun, der nun den Tisch aufzuräumen begann und zu C. hin sagte: „Es war ein langer Tag."

C. blickte in die Runde. „Eine gute Idee, hierherzukommen; hat mir wirklich Spaß gemacht. Ich weiß, daß man mir den Vorwurf macht, ich klebte zu sehr an meinem Schreibtisch, sei zu sehr ein Aktenmensch, kümmerte mich nicht genug um die Arbeit, die draußen vor sich geht. Nun, man ist nie zu alt, um nicht dazuzulernen." Er blickte Carow lächelnd an. „Wir ziehen sowieso alle an einem Strang."

Er ist wie ein alter gerissener Politiker, dachte Carow, der sich reihum Freunde macht, weil er weiß, daß eine wichtige Ämterwahl bevorsteht. C. hatte nichts mehr zu seinem Veto gesagt, es einfach hingenommen, und es war nicht seine Art, so etwas im Raume stehen zu lassen. Aber zu Carows Überraschung sagte C. nun: „Der Faun hat recht. Es war ein langer Tag für uns alle. Ich kann etwas Schlaf gebrauchen. Sie fahren uns, Geißler?“

Es ist also entschieden, dachte Carow. Er hat es akzeptiert, er hat seine Absolution erteilt. Er selbst hätte sich damit zufriedengeben können. Er, Carow, traf hier schließlich die Entscheidung. Er konnte diese Operation wie abgesprochen beenden. Normalerweise hätte er geschwiegen, denn auch er war müde. Vor allem: Er hatte viele dieser Kämpfe mit C. im letzten Augenblick noch verloren, als sie schon gewonnen schienen. Und doch fühlte Carow, er sollte dies ganz klarmachen, auch vor den anderen.

„Es ist also endgültig“, sagte er. „Wir beenden diese Operation entsprechend dem Kontrakt, den wir mit dem Agenten haben!“ Er erinnerte sich an die Bemerkung von C. über das letzte Signal und fügte hinzu: „Nur, um es auch in den Akten zu haben.“

C. lächelte nicht darüber. Carow, auf einen letzten Widerstand von C. vorbereitet – deshalb hatte er seine Antipathie den ganzen Abend wachgehalten – dachte: Er sieht aus wie eine Frau, die sich betrogen fühlt. Aber er wußte, er hatte recht gehabt; C. hatte noch nicht aufgegeben, als der sich an die Runde wandte: „Wie ich sagte, wir ziehen alle an demselben Strang. Wir wollen alle dasselbe, denke ich. Wir haben die gleiche Verpflichtung, Persönliches zurückzustellen. Deshalb, denke ich, sollten wir das Ganze noch einmal gründlich...“

Das grüne Telefon, leise gestellt, begann zu läuten, ein Ton wie von einem Tier, das leise Gurren einer Lachtaube. Carow blickte auf die Uhr, merkte sich die Zeit: 2.38 Uhr.

„Das ist Prag“, sagte Geißler und bedeckte seinen Mund wegen dieser überflüssigen Bemerkung. C., schon am Beginn seiner Rede unterbrochen, schien sich erst wieder zurechtfinden zu müssen. „Du erwartest etwas?“ Es klang unsicher.

Carow schüttelte den Kopf. Er nahm den Hörer ab. Geißler setzte sich neben ihn an den Schreibtisch, nickte zum Zeichen, daß er bereit war. Carow begann, das chiffrierte Signal zu wiederholen. Er vergaß C. ganz, wunderte sich über die Länge des Textes. Er hatte ein Gefühl von Unheil, von einem Desaster, das sich ereignet haben mußte.

Seine Gedanken waren so sehr bei Martin und der Steffin, daß seine erste Reaktion Erleichterung war, als er die Meldung des Babysitters zu entschlüsseln begann. Er fuhr fort damit, so auf den Code und das einzelne Wort konzentriert, daß ihm der ganze Zusammenhang noch entging. Es war Geißler, der ihm die erste Vorstellung von der Bedeutung der Nachricht gab – von dem Schlag, der ihre Operation getroffen hatte; er schluckte und sagte: „Verdammt, sie haben uns das Ganze untergeschoben! Von Anfang an!“

Carow las die Meldung noch einmal. Als er sich von seinem Tisch erhob, stand C. immer noch an derselben Stelle mit demselben Ausdruck auf dem Gesicht. Als Carow ihm die Meldung hinhielt, nahm er das Papier nicht, schien es gar nicht zu sehen. Es war der Faun, der es Carow aus der Hand nahm. Er las es für sich, stumm, bewegte nur die Lippen, und dann noch einmal für C. mit einer tonlosen Stimme ohne irgendwelche Anzeichen, daß er erstaunt oder beunruhigt war.

Am Ende nahm C. das Papier, las selber. Nichts in seinem Gesicht veränderte sich. Dann schüttelte er den Kopf. „Was soll das – will dein Agent sich einen Orden verdienen?“

Die anderen sahen sich an, zweifelnd, ungläubig, richteten dann ihre Blicke schnell woandershin, weil keiner zugeben wollte, daß sie alle dasselbe dachten in diesem einen Augenblick: C., der alte König, der Chef, der der Wahrheit auswich, der den Zusammenbruch seiner Operation nicht eingestehen wollte!

Zu Carows Überraschung war es der Faun, der sich als erster äußerte, der Martin verteidigte. Er sagte trocken und nüchtern: „Er ist am Schauplatz.“

C. erwachte plötzlich. „Ich habe befohlen – er soll sich absolut still verhalten.“ Er suchte nach Worten, konnte sich nur wiederholen: „Absolut still verhalten! Hab’ ich das gesagt oder nicht... Was will er? Wir haben die Bänder! Es gibt keine Zweifel an den Bändern. Alle haben es gesagt. Sie sind echt. Zum Teufel, ich kenne Zentner! Ich kenne ihn seit dreißig Jahren – was wollt ihr mir einreden? Daß ein lausiger Agent ihn besser durchschaut als ich? Seit wann stellen Agenten Spekulationen an? Es ist Mist, sage ich euch, reiner Bockmist.“

„Siehst du nicht, was die Meldung wert ist?“ sagte Carow. „Wir würden mit einem lauten Bums auf dem Bauch landen, wenn wir losmarschiert wären.“

Wieder war es der Faun, der ihn unterstützte. „Das war die Gefahr, nicht wahr, von Anfang an."

„Was soll das wieder heißen?"

„Daß ihr beide euch so durch und durch kennt, Zentner und du."

„Ich sage dir, die Bänder..."

„Niemand zweifelt die Echtheit der Bänder an. Auch nicht der Agent", nahm der Faun das Wort. „Aber du kannst die Möglichkeit nicht abstreiten, daß Zentner deine Pläne durchschaut hat. Sieh die Sache von seiner Seite. Er steht mit dem Rücken zur Wand. Was tut er? Was kann er tun? Er *lädt dich* ein – komm, vorwärts, schick deine Leute. Er kennt dich, weiß, das ist eine große Versuchung für dich... Als Blumenschein sein Kriegsgeschrei anstimmte: ‚Krach, bumm, laß die Zone explodieren', da habe ich gewarnt! Tu das, und er läßt seine Falle zuschnappen. Es ist Zentners einzige und seine beste Chance. Es lenkt von seinen Problemen ab. Er zeigt der Weltpresse deine Provokateure vor – es müssen nicht einmal alle von dir sein –, er findet genug, um ein großes Geschrei anzuheben: ‚Seht her, das ist der Westen! Das sind seine Agenten und Provokateure.' Die eigenen Leute werden ihm glauben, ich meine die einfachen Leute auf der Straße, zerknirscht, aber sie werden es glauben und sich solidarisieren! Den Rest – den kann er kontrollieren, unterdrücken..."

Carow betrachtete den Faun mit wachsender Verwunderung. Hatte er sich wirklich in der Sitzung so geäußert? Nach seiner Erinnerung hatte der Faun wie immer sich jeden Kommentars enthalten. Wenn Carow nicht gewußt hätte, wie nahe dieses Paar sich stand, hätte er das Gefühl gehabt, daß der Faun diesen Augenblick, in dem er C. bei einem tiefen Fall beobachten konnte, fast genoß.

C. schüttelte den Kopf. „Dieser Bastard. Und ich hatte ihn fast."

„Es ist *seine* Handschrift, gib es zu!"

Dieses letzte Argument des Fauns schien den Sturz endgültig herbeizuführen. Carow fühlte, wie seine alte Loyalität C. gegenüber erwachte. „Warum warten wir nicht, bis Martin und die Steffin draußen sind? Vielleicht haben sie weitere Informationen."

Für eine Weile sprach niemand. Dann war es Geißler, der wieder sagte: „Sie müssen es von Anfang an so geplant haben. Der Agent,

Cichosz, den wir an der Grenze verloren haben, der uns die Nachricht von dem Geheimtreffen brachte – entweder haben sie ihn umgedreht vorher oder sie haben ihn mit der Nachricht laufen lassen, weil sie wollten, daß wir sie bekommen."

C., immer noch die Meldung in den Händen, blickte sich um, als habe er Mühe, sich zu besinnen, wo er war. Sicher, dachte Carow, vermißt er sein Büro, seinen Schreibtisch. Ob dort alles anders verlaufen wäre? Schließlich wandte sich C. an den Faun. „Laß uns zurückgehen."

„Zurückfliegen?"

„Jaja."

„Ich müßte die Besatzung aus den Betten holen."

„Zum Teufel, dann tu es." Er händigte das Papier Carow aus. „Gib es zu den Akten. Ich sehe keine weiteren Aktionen, Heiner." Er wollte sich abwenden, aber Carow hielt ihn zurück. „Wie war es möglich, daß Borchers ihnen diese Information geben konnte, trotz der Überwachung?"

„Welche Information?" Es war die müde Stimme eines alten Mannes, der in Ruhe gelassen werden wollte.

Carow ersparte ihm die Details, aber er sagte: „Du läßt ihn besser sofort einkassieren!"

„Ja, morgen. Heute, meine ich, ja."

Sie hörten den Faun in den Geschäftsräumen telefonieren. C. sah plötzlich erleichtert aus, als ob allein der Gedanke, daß er in einer Stunde zu Hause sein würde, seine Lebensgeister erweckte. „Wenn die beiden draußen sind, Heiner, sorg dafür, daß sie nicht reden. Der Gedanke ist mir unbehaglich – ein Agent, der so viel von einer Operation weiß."

„Martin ist nicht der geschwätzige Typ."

„Jaja. Du kennst ihn soviel besser als ich..." C. zögerte. „Das Zimmer in der Pension, das steht jetzt in einem anderen Licht, nicht wahr? Du kennst ihn wirklich. Was, meinst du, wird er tun? Kommt er auf unserem Weg? Ehrlich, was ist dein Gefühl?"

Carow mußte erst die Worte finden. „Er ist in einer schwierigen Lage. Wir haben ihm nichts von den Babysittern gesagt."

„Es sind zwei?" unterbrach C. überrascht.

Carow überging es als unwichtig, als seine Angelegenheit. „Er wird das verstehen, er weiß, das sind Spielregeln. Heikler ist die Sache mit dem ‚Schläfer', die Tatsache, daß wir ihm verschwiegen haben, daß da ein Gefahrenmoment besteht."

„Wir hatten es unter Kontrolle."

„Er wird das Gefühl haben, daß wir ihm nicht voll vertrauen oder daß wir leichtsinnig waren, was gleich schlimm ist. Vor allem aber – er weiß nicht, woher ihm die meiste Gefahr droht, wieviel die anderen wirklich wissen. Nicht einmal wir können es ihm sagen. So kann er schon in Versuchung kommen, scinen eigenen Weg zu kommen – wenn er einen vorbereitet hat." Carow schien seinen eigenen Gedanken nachzuhängen. „Aber dann natürlich würde er es nie sicher wissen..."

„Was wissen?"

„Ob er recht hatte, uns *nicht* zu trauen."

„Moment! Du meinst, er würde sich unter Umständen in Gefahr begeben, um das herauszufinden?"

„Die Gefahr hindert ihn nicht, nein." Wieder brauchte Carow Zeit, um seine Gedanken zu formulieren. „Ich denke, er wird seine Entscheidung im letzten möglichen Moment treffen. Jede Kleinigkeit kann den Ausschlag geben. Vielleicht trifft er nicht einmal selbst die Entscheidung und überläßt es dem Zufall: eine Karte für diesen, eine Karte für den anderen Weg, die höhere gewinnt... So sind viele Agenten. So ist er. Ich kann deine Frage deshalb nicht beantworten."

„Sein Weg – was könnte es sein?"

„Ich habe dir auf die Frage schon geantwortet – ich weiß es nicht." Carow hatte nicht das Gefühl, daß er log, weil er C. den Bericht verschwieg, der im Safe lag, nicht bei den Akten: Der Mann, der Martin auf dem Weg nach Wien im Zug beschattet hatte; seine Meldung über einen anscheinend harmlosen Kontakt; routinemäßige Feststellung der Personalien noch in der gleichen Nacht bei Rückreise an der Grenzstation: Da allerdings hatte die Sache weniger harmlos ausgesehen: Miro Szesc. ATAW-Airlines, ein Mann, der früher Flüchtlinge aus der Tschechoslowakei ausgeflogen hatte. Ein Zufall?

„Er würde dazu Hilfe von außen brauchen?"

C.s Frage war ganz normal, logisch, sagte sich Carow, keineswegs Gedankenleserei. „Ja, vermutlich."

„Er hat seine Beschatter an seinem ersten Tag in München abgehängt – ist da was zu finden?"

In Carows Bericht über sein erstes Treffen mit Martin hatten vielleicht zwei Zeilen darüber gestanden: C.s Erinnerungsvermögen war also durchaus in Ordnung. „Es war Martins erster Abend. Er wollte beweisen, wie gut er noch ist, und er wußte noch kaum etwas über den Auftrag."

„Und hier?"

„Wir waren die ganze Zeit zusammen." Carow wunderte sich über die Hartnäckigkeit, mit der C. auf diesen Punkt zurückkam. Worauf wollte C. hinaus, was ging in seinem Kopf vor? Carow überlegte, ob er Geißler bitten sollte, über den Report zu schweigen, wenn C. ihn danach fragte. Aber was konnte C. unternehmen? Der Fall war abgeschlossen, tot. Nur das Begräbnis hatte noch stattzufinden: die Zusammenführung der Akten.

„Also nichts, keine Hinweise?"

Der Faun betrat den Raum, ersparte ihm die Antwort. Die Besatzung war verständigt, man konnte aufbrechen. C.s Interesse an dem, was sie eben besprochen hatten, schien zu erlöschen. Geißler kam mit C.s Mantel; er würde C. und den Faun zu ihrem Hubschrauber bringen.

Nachdem sie gegangen waren, setzte sich Carow an den Schreibtisch. Er entwarf verschiedene mögliche Signale für Martin. Die Nachricht, für die er sich schließlich entschied, lautete, bevor er sie in den Code setzte: „Meldung äußerst wertvoll. Routen weiterhin sicher. Schläfer enttarnt."

Er wußte, das Signal war überflüssig. Es zeigte mehr Schwäche als Stärke. Martin brauchte in diesem Augenblick keine billige Ermunterung. Aber vielleicht brauchte Carow diese selbst, und so gab er nach einigem Zögern nach und sendete das Signal.

XXXI. Kapitel

„Martin! Martin!“

Er erwachte, und der Traum, den er gehabt hatte, zog sich sofort zurück, blieb bei dem Schlafenden, als könne er der wachen Person nicht anvertraut werden. Martin erinnerte sich nur, daß der Traum etwas mit Wasser zu tun gehabt hatte: weite überschwemmte Wiesenflächen; nur die Spitzen der Zäune waren zu sehen.

„Wir sind zurück. Wir legen gleich an. Haben Sie überhaupt irgend etwas gesehen?“

Er fröstelte, obgleich er, als er die Augen öffnete, Elsas Kopf in einer Sonnengloriole sah, das blonde Haar durchscheinend und kräuselig, die abstehenden Ohrläppchen gerötet und durchleuchtet von dem Licht.

„Ich hab' das ganze Schiff nach Ihnen abgesucht. Plötzlich waren Sie verschwunden.“

Er richtete sich auf, steif vom Liegen. Jetzt erst sah er, wo er eingeschlafen war: auf einer der weißgestrichenen Holzbänke auf dem Achterdeck des Raddampfers. Plötzlich waren auch die entsprechenden Geräusche vorhanden: die der Maschinen und die des Wassers, das durch die mächtigen breiten Radkästen des Ausflugsdampfers lief.

„Ein Jammer, was Sie alles verpaßt haben. Schlafen können Sie morgen!“ Elsas Gesicht war rot und heiß von der Sonne.

Morgen, dachte er, nun wirklich wach. Er sagte: „Sie werden heute abend einen schönen Sonnenbrand haben.“

„Sie sollten mich erst im Sommer sehen: Rot wie ein Krebs.“

War dieses Wetter gut für Szesc oder schlecht? Das Fliegen würde leichter sein bei gutem Wetter; aber vielleicht zog er eine tiefe Wolkendecke und Regen vor? Für sie jedenfalls war er gut, dieser sonnige, trockene Altweibersommertag, nicht so kalt in den frühen Morgenstunden.

„Gefallen Ihnen braungebrannte Frauen? Die meisten Männer mögen das, nicht wahr!? Ich beneide immer alle Frauen, die leicht braun werden.“ Sie lachte. „Aber dann beneide ich jede Frau, die schön ist.“

„Was ist schön?“

Sie antwortete ohne jedes Zögern. „Groß, dunkelhaarig, blauäugig, braungebrannt. Alles, was ich nicht bin.“

„Sie haben blaue Augen.“

„In meinem Paß steht graublau.“

„Es ist immer falsch in den Pässen.“

„Vielleicht – aber es ist die Kombination... Wollen wir beim Anlegen zuschauen?“

An der Reling auf der Steuerbordseite drängte sich die Masse der anderen Kongreßteilnehmer. Man hatte einen guten Blick auf die Stadt. Kameraverschlüsse klickten. Auf dem Wasser zog ein graues Boot der Polizei vorbei. Ein alter Mann und eine Frau in einem orangefarbenen Kajak suchten dem Heckwasser des Raddampfers auszuweichen. Vor ihnen tauchte eine Brücke auf, gleich dahinter kamen sie zu der Anlegestelle an dem breiten Boulevard Engels.

„Halten Sie mich!“ Elsa stieg auf einen der Stühle, um besser über die Köpfe der anderen hinwegsehen zu können. Er ergriff ihre ausgestreckte Hand.

Sie würde die erste sein, die bemerken würde, daß er nicht im Zug war. Was würde sie tun? Zu dem Zeitpunkt sollte es nicht mehr von Wichtigkeit sein. Dennoch versuchte Martin, sich die Szene auf dem Bahnhof vorzustellen: Die verzögerte Abfahrt des Zuges, die geschlossenen Türen, Männer in Uniformen mit Wachhunden auf beiden Seiten des Zuges. Die Beamten in den Wagen, die Fragen stellten. Aus den Fragen würden die anderen ihre Schlüsse ziehen können. Martin sah ihre Gesichter, hörte ihre Bemerkungen: Was für eine schäbige Art den Gastgebern gegenüber, die wirklich alles für sie getan hatten, bis zum letzten Augenblick...

„Morgen um diese Zeit sind wir alle nicht mehr zusammen!“ Was hatte Martin nur zu der Bemerkung bewogen? Sentimentalität war etwas, was er sich jetzt am wenigsten leisten konnte.

Elsa blickte zu ihm herunter. „Haben Sie Ihre Geschenke schon?“

Vor dem Ausflug waren sie noch einmal in die Stadt geführt worden. Irgend jemand hatte die Idee aufgebracht: man sollte ihre Gastgeber, die *Guides,* die Übersetzer, die Leute von der Čedok mit Abschiedsgeschenken bedenken. Sie sollten heute abend bei der großen Feier im „Vlatana“ überreicht werden.

„Nein. Und Sie?“
„Nur für Nemozcek.“
„Was kriegt er?“
„Ein Paar Manschettenknöpfe.“
Auf dem Weg zu den Läden hatte Nemozcek ihm eine Nachricht von Carow überbracht. Der Inhalt hatte Martin mehr beunruhigt als beruhigt.
Der Dampfer stoppte seine Fahrt, kam fast zum Stillstand. Der lange, schmale Schornstein wurde heruntergekippt. Elsa stieg von ihrem Stuhl, als das Schiff in den Schatten der Brücke eintauchte. Man hörte den Verkehr auf der Brücke.
„Ich habe Sie nie Manschettenknöpfe tragen sehen.“
„Ich hab’ so viele verloren, daß ich eines Tages damit aufhörte.“
„Gehen Sie von Wien aus sofort zurück? Zu all den Spanierinnen?“
„Nicht direkt, nein.“
„Sie machen noch Urlaub?“
„Eine Woche vielleicht.“ Carow in seiner Gründlichkeit würde sicher eine Woche mit ihnen in einem „sicheren Haus“ verbringen. Er mußte wieder an die Nachricht denken. *Meldung äußerst wertvoll.* So, wie Martin es verstand, hieß das vermutlich, daß er mit seiner Nachricht ihre Aktion in den Tod befördert hatte.
„Und Sie – Sie gehen zurück zu Ihrer Braunkohle und Ihren Kindern?“
„Ich bin im Augenblick suspendiert.“
„Warum?“ Martin erinnerte sich nur dunkel.
„Ich gefährde unsere Jugend. Setze ihnen alle möglichen gefährlichen Gedanken in die Köpfe. Dabei ist das einzige, was ich will, daß sie auch mal an etwas anderes denken als an Mopeds und Schallplatten und wo man den Abend verbringt und wie man das Geld für einen Joint auftreibt.“
Der Dampfer näherte sich nun dem Ufer. Männer mit schweren Tauen standen dort bereit.
„Was sind gefährliche Gedanken?“
„Brecht zum Beispiel. Das war meine letzte Deutschstunde; eine Diskussion über seine Forderung: ‚Sorgt, daß ihr, die Welt verlassend, nicht nur gut wart, sondern verlaßt eine gute Welt.‘“
Er mußte an Zimra denken. Hatte sie Angst vor der Nacht, vor morgen? Wahrscheinlich konzentrierte sie sich darauf, was sie heute zu tun hatte.

„Vielleicht sollten Sie aufhören, den Kindern solche Sachen beizubringen."

„Die Hoffnung auf eine gute Welt? Sie glauben, so etwas gäbe es nicht – eine gute Welt?"

„Ich bin zufrieden, wenn ich morgen lebe."

„Das ist nicht genug."

Es ist genug, dachte er, für mich ist es genug, wenn ich morgen den BellJet-Ranger am Himmel auftauchen sehe. Ich werde ihn zuerst hören. Oder vielmehr, er würde die Wildenten hören, die aufflogen, aufgeschreckt von dem seltsamen großen Vogel über ihnen. Szesc würde tief fliegen, besonders dort, jenseits der Grenze. Am Ende der Lichtung, auf der sie verabredet waren, gab es ein Gehölz. Dort würde er den Helikopter zuerst sehen, ganz knapp über den Spitzen der hohen Pappeln, die sich unter den Windstößen der Rotoren niederbiegen würden...

„Sie wären nicht hier, wenn Sie wirklich dächten, es wäre genug; Sie wären bei Ihren sonnengebräunten Frauen geblieben und nicht hierhergekommen."

Auf kuriose Art hatte sie natürlich recht; obgleich ihm die Motive, die er damals gehabt hatte, im Augenblick fern und verschwommen erschienen. Er war gekommen, um sich etwas zu beweisen – aber was?

Die großen Schaufeln des Dampfers bewegten sich plötzlich rückwärts, stoppten. Das Schiff schlingerte, stieß gegen einen Widerstand. Elsa verlor ihr Gleichgewicht. Er fing sie auf, hielt sie.

Sie befreite sich aus seinen Armen. Sie hatte zwei Gesichter plötzlich, eines ernst, streng, bitter, nahe den Tränen, die andere Hälfte schien sich ungeheuer zu amüsieren, war nahe einem Lachkrampf. Es war diese zweite Hälfte, die schließlich die Oberhand gewann. „Ich hoffe, Sie tanzen heute abend ausgiebig mit mir."

Er erinnerte sich an den Abend im „Teheran": Als die Ostdeutschen in die Bar gekommen waren, hatte Elsa plötzlich zu tanzen aufgehört, den Kopf von seiner Schulter gehoben; auch da hatte sie dieses Gesicht gehabt.

„Wissen Sie", sagte er, „es gab Augenblicke, da dachte ich, daß Sie mir eine Rolle vorspielen."

„Welche Rolle?"

„Die naive Mitläuferin... die etwas närrische, exaltierte Lehrerin, die alle diese überspannten Bemerkungen macht von der freien

Liebe im Osten und von in Hotelzimmern verborgenen Mikrophonen..."

„Die in Wirklichkeit – was ist?"

„Eine Art... nun... Spionin."

„Oh, Martin! Martin!" Sie legte ihren Kopf an seine Schulter, nur einen Moment, in dem er ihr Gesicht nicht sehen konnte. „Sie meinen das ernst?"

„Es gab einen zweiten Augenblick..."

„Eine Spionin... eine Mata Hari... die Herzen der Männer brechend und so? Das ist das Netteste, was ein Mann mir je gesagt hat. Ich liebe Sie dafür. Wirklich, Sie sind so nett."

„Sie denken, Spione sind nett?"

Sie blickte ihn an, erstaunt. Dann sagte sie: „Es muß einige Nette darunter geben, denken Sie nicht?"

Die Menschen vor ihnen begannen, das Boot zu verlassen. Die hinter ihnen begannen zu drücken und zu schieben. Sie waren plötzlich mitten in dem Strom, bewegten sich mit ihm in kleinen Schritten.

Am Ufer waren Meßlatten angebracht. Martin bemerkte, wie tief der Wasserstand der Moldau war. Die Wiesen in den Niederungen der Moldau – davon also mußte er geträumt haben! – würden nicht überschwemmt sein wie oft im September nach einer Periode langen Regens.

Daß er so viel daran dachte – hieß es, er hatte seine Entscheidung bereits getroffen, endgültig?

XXXII. Kapitel

Auf dem großen Konferenztisch stand nur der schwarze Uher-Recorder. Die Stimme vom Band füllte den Raum. Sie hatte kaum einen Akzent, nichts besonders Ausgeprägtes; und doch bekam man einen Eindruck von dem Mann, der da sprach: groß, ein Koloß, leicht asthmatisch von zuviel Gewicht und zu vielem Rauchen.

Zuerst hatte C. von seinem Schreibtisch aus zugehört. Als eine Seite abgelaufen war, hatte er sich näher gesetzt. Es war, dachte der Faun, als hielten sie beide ein Zwiegespräch, der eine gegenwärtig und schweigend, der andere abwesend, aber redend.

Seit C. – gegen seine Gewohnheit sehr spät – in sein Büro gekommen war, hatte er nichts anderes getan, als sich das Band immer wieder anzuhören, einen speziellen Zusammenschnitt von Zentners Part, den man für ihn hergestellt hatte. Er empfing niemanden, unterschrieb keine Briefe, ließ Pauly Termine absagen. Zweimal hatte der Hauptdrachen den Faun herausgebeten und um seine Unterstützung nachgesucht; aber C. winkte ab. Das Licht über der Tür zu seinen Räumen blieb auf Rot geschaltet.

„Willst du irgend etwas? Es ist fast drei Uhr. Du hast nicht zu Mittag gegessen."

C. nahm seinen Blick nicht von dem sich vor seinen Augen drehenden Band. Der Faun war der Stimme müde, war müde, mitansehen zu müssen, wie C. sich in irgendwelche Gedanken verbiß, an ihnen innerlich verbrannte.

„Vergiß es! Was willst du noch!? Mach nicht den Fehler so vieler, die nicht im richtigen Moment aufhören können. Du warst lange genug der König in deinem Reich."

C. blickte auf, zum erstenmal. „Und verliere es, weil ein Nagel fehlte..." Er versuchte zu lächeln. Es war kein sehr gutes Lächeln. „Es ist eine Ballade." Er beugte sich vor, stoppte das Band, begann zu rezitieren: „Weil ein Nagel fehlte, ging das Eisen verloren / Weil das Eisen fehlte, ging das Pferd verloren / Weil das Pferd fehlte, ging der König verloren / Weil der König fehlte, ging die Schlacht verloren / Weil die Schlacht verlorenging, ging das Königreich verloren / Und alles, weil ein Nagel am Eisen des Pferdes fehlte..."

Der Faun starrte C. an, nicht beruhigter als zuvor. Wenigstens lief das Band nicht mehr. Der Raum hatte wieder seine alte Stille, die bekannten Geräusche waren da: das Summen des Getränkeautomaten und der Eismaschine. Irgendwo draußen im Gelände war ein Bulldozer dabei, den Grund für einen Neubau der „Organisation“ auszuheben.

„Nach außen hin wird niemand auf die Idee kommen, diese Schlacht sei verloren worden.“

„Aber du denkst, sie ist verloren!“

„Ich meine, es gibt keinen Gewinner und keinen Verlierer in dieser Sache. Es ist ein Unentschieden, wenn du es richtig betrachtest. Nach außen hin wird es sogar wie ein Erfolg aussehen.“

C. deutete um sich, auf die leeren Stühle um den Konferenztisch. „Der Fehler begann hier in diesem Raum bei der ersten Sitzung. Ziegler hatte recht, wir hatten alles, was wir brauchten. Ich hätte nicht auf Carow hören sollen. Agenten, Agenten, Agenten... Der Agent war unnötig! Wir hatten alles hier auf dem Tisch in den Akten.“ Er machte eine Pause, überlegte. „Glaubst du, sie haben ihn umgedreht?“

„Wen?“

„Martin. Sie wußten, daß er kommt, wie sich jetzt herausstellt. Sie kassieren ihn und drehen ihn um mit Hilfe dieser Frau. Sie geben ihm die Bänder als Beweis, daß er noch auf unserer Seite steht. Dann lassen sie ihn diese letzte Meldung machen: Sie wissen, das wird unserer Aktion den Atem ausblasen.“

Mein Gott, dachte der Faun, werde ich froh sein, wenn all das vorbei ist! Spiel und Doppelspiel. Tricks, um die Tricks der anderen auszutricksen. Keiner, der keinem traut. Ein Irrgarten, den man selber angelegt hat, in dem man sich verläuft.

„Das beste ist, du vergißt, daß es je eine Operation ‚Umarmung‘ gegeben hat.“

Eines der Telefone begann zu läuten. C. winkte ab. Der Faun ging hinüber zum Schreibtisch, um das Gespräch entgegenzunehmen.

„Es ist Pauly, sie hat Geißler am Apparat. Er sagt...“ Zu seiner Überraschung erhob sich C. sofort.

„Ja, das ist für mich.“ Er nahm dem Faun den Hörer aus der Hand. „Geißler... gut... sehr gut. Eine Sekunde.“ Er bedeckte die Sprechmuschel mit seiner Handfläche und blickte den Faun an.

„Sagtest du etwas von einem Mittagessen!?“ Er setzte sich hinter seinen Schreibtisch, nahm einen Block und einen der spitzen Bleistifte.

Der Faun bekam nichts von dem Gespräch mit, während er in der kleinen Küche für C. den Lunch bereitete: überbackenen Toast mit Käse, Kaffee, Vanilleeis als Nachtisch. Als er damit zurückkam, war C. immer noch am Telefon. Der Faun hörte ihn sagen: „Ja, das hilft mir weiter. Und, Geißler, keine Gewissensbisse wegen Carow. Es gibt nur eine Loyalität – die der ‚Organisation‘ gegenüber... Nein, das geschieht von hier. Ende.“

Der Faun servierte C. das Essen, breitete zuerst eine weiße Serviette auf dem Schreibtisch aus, stellte dann die Sachen hin. C. begann sofort zu essen, mit großem Appetit. Zwischendurch blickte er immer wieder auf den Block, den er neben sich hingelegt hatte und der mit Notizen in seiner mikroskopisch kleinen Handschrift gefüllt war. „Das Vanilleeis ist wirklich hervorragend“, sagte er schließlich.

„Willst du noch mehr?“

„Bitte, wenn noch da ist. Und dann geh für mich ins Archiv. Sieh dir die Listen aller freiberuflichen Flieger durch.“ Er konsultierte seine Notizen. „Ein Mann namens Miro Szešc, hat eine eigene Fluggesellschaft, ATAW-Airlines... Ich schreib’ dir das auf. Vermutlich haben wir etwas über ihn.“

Der Faun brachte die zweite Portion Eiscreme. „Pauly hat ein paar wichtige Sachen. Bonn möchte eine Erläuterung zu einem bestimmten Punkt deines Memorandums, und Ziegler...“

„Nein, nicht jetzt! Ich brauche Kurella, sofort. Und vielleicht später Borchers.“

„Das ‚Lamm‘?“

„Ich weiß noch nicht. Es ist vielleicht besser, es kommt nicht von mir.“ Ihm fiel etwas ein. „Hat Kurella rausgefunden, wie Borchers an die Informationen über den Agenten herankommen konnte?“

„Nicht direkt, aber wahrscheinlich ist die Erklärung ganz einfach. Das ‚Lamm‘ hat im Giftbuch gesehen, daß Carow das Quellenbuch von Martin nicht zurückgegeben hat, und daraus seine Schlüsse gezogen.“

„Carow... Weißt du, ich hatte ihn immer als meinen Nachfolger im Auge. Aber er hat viele Fehler in dieser Sache gemacht.“ Einen Augenblick waren C.s Gedanken abgeschweift. „Aber keinen Beweis, ich meine gegen Borchers?“

„Pfefferminz erinnert sich nur, daß über einen Agenten gesprochen wurde, aber es war anscheinend der Mann, den wir an der Grenze verloren haben, und das fällt durchaus in Borchers' Zuständigkeit."

„Wo ist das ‚Lamm' jetzt? Sie lassen ihn nicht aus den Augen?"

„In seinem Büro. Hast du dich schon entschlossen, wann er verhaftet werden soll?"

„Keine harten Beweise, weißt du, was das heißt, Faun!? Der Fall zieht sich vor dem Gericht hin, die Verfassungsschutzleute schalten sich ein, werden hier rumschnüffeln. Das gefällt mir nicht. Aber ich glaube, ich habe die Lösung. Borchers wird Verdacht schöpfen. Aber vielleicht ist es eine zu große Versuchung für ihn." C. schrieb etwas auf einen leeren Bogen, reichte ihn dem Faun. „Bring mir die Akte über diesen Flieger." Er begann, seine zweite Portion Eis zu löffeln.

Der Faun zögerte vor dem Schreibtisch. „Hat es irgend etwas mit unserem – Fall zu tun?"

C. blickte auf, sprach mit vollem Munde. „Wieso kann es das? Du hast selber gesagt, der Fall ist tot, die Schlacht verloren... Wirklich gut, dieses Vanilleeis, wirklich ausgezeichnet."

Seine Stimmung war völlig umgeschlagen. Der fehlende Schlaf der vergangenen Nacht zeigte sich noch immer auf seinem Gesicht, seine Augen waren wäßrig, die Haut darunter hing schlaff herab. Aber das Gesicht regenerierte sich zusehends wie durch eine geheimnisvolle Substanz. Das veränderte Lächeln war freudig erwartungsvoll; ein Kind, dachte der Faun, dem man ein neues Spielzeug für das zerbrochene gegeben hat.

XXXIII. Kapitel

Es war 18.30 Uhr in Prag, als die große Abschiedsfeier mit einem Cocktail im „Vlatana“ begann, der nur für die im Hotel wohnenden Teilnehmer des Kongresses gedacht war. Die Busse würden die anderen später von ihren Hotels herbringen; jene, die es näher hatten, würden den Weg entlang der Moldau zu Fuß machen, es war ein milder Abend.

„Der Minister für Kultur wird teilnehmen“, wußte Elsa zu berichten, „und mit allen Reden und Toasts, die auszubringen sind, wird das Diner allein bis elf Uhr dauern. Das jedenfalls sagt Nemozcek.“

„Wo ist er?“ Martin blickte um sich. Es waren weit über hundert Leute, die in der Halle eng gedrängt herumstanden. Die Kellner hatten Mühe, ihre Drinks zu servieren.

„Er muß irgendwo hier sein, oder?“ Elsa trug ihr geblümtes Tapetenmusterkleid zusätzlich mit einer künstlichen Blume im Ausschnitt. Sie hatte auch wieder den *Salon de Beauté* des Hotels aufgesucht mit ziemlich demselbem vernichtenden Resultat.

„Haben Sie ihm die Manschettenknöpfe gegeben?“

„Die Geschenke dürfen erst nach dem Diner geöffnet werden.“

„Warum?“

„So wurde es beschlossen. Vielleicht, damit alle ihre Freude daran haben.“

„Vielleicht teilen sie die Geschenke auf – im Kommunismus soll jeder dasselbe bekommen!“

Sie sah ihn von der Seite an, beunruhigt, mißbilligend. „Was ist los mit Ihnen? Das war keine sehr nette Bemerkung. Nicht so schlimm wie die bei unserer letzten Aussprache; das war wirklich der Höhepunkt.“

Diese „letzte Aussprache“ war plötzlich anberaumt worden. Es stand nur ein Punkt auf der Tagesordnung: Wer sollte stellvertretend für alle die Dankbarkeit der Kongreßteilnehmer gegenüber ihrem Gastgeber zum Ausdruck bringen? Es hatte nicht enden wollende Diskussionen gegeben, zuerst darüber, was die Rede alles enthalten mußte, dann, wer der Sprecher sein sollte. Sie hatten sich schon fast auf einen Kandidaten, einen Deutschen – Ost – geeinigt, als die Deutschen – West – ihr Veto dagegen einlegten. So war es weitergegangen, und deshalb hatte er die Bemerkung gemacht: „Warum lassen Sie nicht jede Delegation einen Satz der Rede sprechen?", zu Elsa hin und mehr zufällig in einem der wenigen Augenblicke der Stille.

Martin stellte sein Glas auf eines der von einem Kellner hingestreckten Tabletts. „Ich werde mich umsehen, ob ich Nemozcek finde."

„Er wird schon kommen. Warum so nervös? Vielleicht sollten Sie etwas anderes trinken als nur Tomatensaft."

Martin drängte sich an die Seite der Halle. Er wußte, für ihn würde sich der Abend unendlich lang hinziehen, an seinen Nerven zerren. Er würde an Zimra denken, überlegen, wann sie ihr Hotel verließ, sich vorstellen, wie sie in der Pension eintraf – und den Morgen danach natürlich. Es waren unnütze Gedanken. Sie schwächten ihn nur. So hatte er sich entschlossen, abzuschalten, sich an diesem Abend auf eines zu konzentrieren: den alten *Guide* im Auge zu behalten!

Es gab dafür noch einen anderen Grund: Wenn eine unmittelbare Gefahr bestand, dann würde ihr Schlag zuerst den schwächsten Punkt treffen: Sie würden Nemozcek verhaften, wegbringen und verhören, bis sie aus ihm herausgefragt hatten, was er wußte.

„Schauen Sie sich den Saal an! Die haben sich wirklich selbst übertroffen!"

Sie waren bei den hohen, noch geschlossenen Türen zum Speisesaal angekommen. Er hatte die Größe eines Theaters, Stuck- und Goldverzierungen. Flaggen hingen in Bögen entlang den Wänden und von den Lüstern herunter. Die Flaggen waren überall, und Martin sah, daß die Blumendekorationen auf den weißgedeckten Tischen wieder die verschiedenen Nationalflaggen darstellten. Auf der rechten Seite befand sich eine große Bühne, ein roter Vorhang zeigte das Motto des Abends: „Viele Stimmen – ein Glaube."

„Das Orchester wird nachher dort spielen", Elsa zeigte zu der Bühne hinüber, „nach dem Essen. Ein zweites Orchester spielt in der Bar. Sie haben für das Hotel die Polizeistunde verlängert. Einige werden überhaupt nicht ins Bett gehen, sondern direkt von der Feier zum Zug... Beim letzten Kongreß hier, das habe ich von Nemozcek, gab es eine Verspätung von zwei Stunden, weil man eine Gruppe von Gewerkschaftern nicht auffinden konnte..."

Martin versuchte, sich vorzustellen, wie Elsa in ihre Kleinstadt zurückkehrte. Hatte sie Freunde? Freunde, mit denen sie über diese Reise sprechen konnte? Oder würden ihre Erinnerungen daran nur ihr selber gehören – von Zeit zu Zeit hervorgeholt und abgespielt wie eine alte Schallplatte... Er konnte sich ihr Leben über diesen Abend hinaus nicht vorstellen; aber dann hatte er auch keine Vorstellungen von seiner eigenen Rückkehr...

„Haben Sie für Nemozcek noch ein Geschenk gefunden?"

„Wie? Ja." Er war immer noch auf der Suche nach dem blassen, wächsernen Gesicht des Guide in der animierten Menge. Es war ihm keine bessere Idee gekommen, als dem Guide das Geld, das er nicht mehr brauchte, zu überlassen. Er hatte den Betrag, den er selber benötigte – für die Fahrkarten oder für Vlatko und den Wagen, eine kleine Reserve – abgezählt und in die Taschen des Anzugs gesteckt, den er tragen würde, zusammen mit seinem Paß, dem Kartenspiel und den Haarspangen. Der Rest des Geldes steckte in einem Kuvert, das er bei sich trug.

„Sie wollen es mir nicht verraten?"

Er sah Nemozcek auf sie zusteuern, bleich, wächsern. Eine weiße Nelke steckte am Revers seines hellen Anzugs. Die belgische Lehrerin, Gabrielle, war an seiner Seite. Martin atmete plötzlich leichter.

Der *Guide* machte sich mit den Ellenbogen den Weg frei. Er sah, daß Martin kein Glas in der Hand hatte, er winkte einem der Kellner. „Champagner für meine Freunde."

Als sie ihre Drinks hatten, sprach er den Toast aus: „Auf den freien Austausch von Liebe!" Einen Augenblick herrschte betretenes Schweigen; sie hatten plötzlich viel Platz um sich. Dann begann jemand zu lachen – Elsa? – andere fielen ein, weil allen plötzlich klar war, daß Nemozcek ziemlich getrunken haben mußte.

„Er ist wild, ein wirklich wilder Mann!" Gabrielle lachte. Sie trug keine Brille, was sie veränderte. „Stellt euch vor, er hat um mich angehalten! Verwünscht, er will mich heiraten, wirklich und wahrhaftig! Und wißt ihr, was er sagte, ich meine, wie er sich ausdrückte? Er sagte: ‚Du und ich, laß uns mit einer Stimme sprechen und an eine Liebe glauben.' Er ist natürlich betrunken."

Sie fuhr fort, jedermann in der näheren Umgebung von Nemozceks Antrag zu erzählen. Martin konnte ihn schließlich beiseite ziehen. Er überreichte ihm das schmale, längliche Kuvert. Einen Augenblick mußte der *Guide* etwas mißverstanden haben, denn er zuckte zurück, starrte auf das Kuvert in Martins Händen.

Dann erst verstand Martin, daß der Guide meinte, es müsse eine Meldung sein oder etwas Ähnliches. Er steckte ihm das Kuvert in die ausgebeulte Seitentasche seines Anzugs. „Ein Geschenk für Sie, zum Abschied."

„Von Ihnen – persönlich?"

„Ja." Er beobachtete, wie Nemozcek das Geld von der Außen- in die Innentasche beförderte.

Natürlich ist es Geld der „Organisation", dachte Martin. Sie werden von mir eine Abrechnung verlangen. Die Leute von der Rechnungsstelle sind penibel, peinlich genau. „Abschiedsgeschenk für den Babysitter" – *das* werden sie sicher nicht anerkennen. Sie werden darauf bestehen, daß ich meine Ausgaben bis ins kleinste belege. „Oder wir müssen es Ihnen von Ihrem Sold abziehen." – Man konnte ihnen nicht abgewöhnen, von Sold zu sprechen...

Es war eine Szene, die Martin klar und lebhaft vor sich sah. Sie erschien ihm völlig real – viel wirklicher als jeder seiner Gedanken, der sich mit seiner Rückkehr beschäftigt hatte – etwas, das sich in diesem Moment ereignete... Der Gedanke machte ihm Spaß, aber er wußte nicht, daß er gelacht hatte, bis er Nemozceks erstauntes Gesicht bemerkte.

„Sie genießen diesen Abend?" fragte der *Guide*.

Er brauchte nicht zu antworten. In dem großen Saal erstrahlten die Lüster, und die Flügeltüren wurden aufgestoßen. Der große Festabend hatte begonnen.

XXXIV. Kapitel

1

Um acht Uhr saß Borchers noch an seinem Schreibtisch im Hauptquartier der „Organisation". Solange er dort sitzenblieb, fühlte er sich sicher. Die Gefahr wartete draußen. Vielleicht war sie ganz nah, und sie verhafteten ihn noch auf dem Gelände der „Organisation". Vielleicht ließen sie ihn zuerst nach Hause gehen wegen seiner Mutter. Er war auf alles vorbereitet. Was er haßte, war, daß sie die Entscheidung darüber ihm zugeschoben hatten; es war, als zwinge man einen Mann, sich sein eigenes Grab auszuheben!

Er nahm die gerahmte Fotografie seiner Mutter von seinem Schreibtisch, öffnete die Klammern auf der Rückseite und entfernte den Karton. Er nahm die Meldung, die er vorbereitet hatte, ein visitenkartengroßes Stück Papier, und legte sie zwischen Fotografie und Karton. Kurella würde erwarten, daß er seine Meldung in einen toten Briefkasten ablegen würde, und er würde sie in dem Glauben bestärken. Darauf, daß er die Meldung bei sich zu Hause deponierte, darauf würden sie, so hoffte er jedenfalls, nicht kommen. Daß er seine Mutter ohne ihr Wissen benützte, war eine Ironie, die ihm gefiel.

Dennoch war das Ganze irgendwie sinnlos: Entweder hatten sie ihm die Nachricht *zugespielt,* um ihn aus seinem Schlaf zu locken, dann würden sie ihn in jedem Fall verhaften; oder was?

Es war diese Frage, die ihn quälte, die Entscheidung so schwer machte: War die Nachricht falsch, eine gezinkte Karte? Ein Agent der „Organisation" mußte wegen einer Notsituation über die tschechoslowakische Grenze gebracht werden. Der Fall war in einer extra anberaumten Sitzung besprochen worden. Die Codenummer des Agenten war A 7 Z 115. Die Ausschleusung sollte morgen früh erfolgen mit Helikopter... Just in diesem Moment war Kurella in der Sitzung aufgetaucht, und die Unterbrechung war dazu benützt worden, ihn aus der Sitzung wegzurufen.

Nur ein Vorwand? Das Ganze eine Panne, eine Nachlässigkeit? Auf der einen Seite konnte Borchers es sich nicht vorstellen. Noch weniger aber konnte er sich vorstellen, daß sie seinetwegen das Leben eines Agenten gefährdeten! Also mußte die Nachricht echt sein! Also mußte er sie weitergeben!

Borchers hatte von seinen „Freunden“ totale Stille erwartet, als er ihnen mit seiner letzten Nachricht mitteilte, daß er fortan alle Kontakte einstelle. Statt dessen hatte ihn die Aufforderung erreicht: „Jede Kleinigkeit über A 7 Z 115 äußerst dringend!“ Natürlich war das ein unmöglicher Auftrag, und sie wußten es. Für Borchers war es ein Zeichen, daß auch sie ihn abgeschrieben hatten. Er hatte keine Freunde mehr da draußen! Er war zu lange in diesem Geschäft, um nicht zu wissen: Ein Agent, der versagt, der zu alt und zu müde wird, um seinen Job zu tun, verliert sein Gesicht, man kennt ihn nicht mehr.

Der Gedanke führte ihm sein Problem erneut vor Augen. Er griff nach dem Telefon. Er war auf eine lange Wartezeit vorbereitet, aber seine Mutter meldete sich sofort.

„Ich werde mich zum Abendessen verspäten.“

„Was heißt das, du wirst dich verspäten? Du bist schon verspätet. Was glaubst du, was ich tue, hier allein?! Du hättest wenigstens vorher anrufen können!“

Weil er müde war und eigentlich hoffnungslos, wollte er heftig reagieren, aber dann dachte er an den Mann, der das Gespräch mitanhörte, oder das Band, das mitlief. „Ruf Schwester Karin an, daß sie zu dir kommt.“

„Sie anrufen! Wie, denkst du, komme ich ans Telefon...“ Als ihr klarwurde, was sie sagte, fuhr sie fort: „Gut, ich rufe sie an.“

„Paß auf dich auf!“

„Was ist los? Ist etwas nicht in Ordnung? Ärger im Büro?“

„Ich versuche, daß es nicht zu spät wird.“

Borchers erhob sich von seinem Schreibtisch. Die Entscheidung war gefallen. Sie wußten nun, daß er versuchen würde, seine Nachricht abzuliefern. Er zog seinen Lodenmantel an. Die gerahmte Fotografie hatte gut Platz in der Tasche. In der anderen fühlte er das schmale Päckchen, das er ebenfalls vorbereitet hatte und das nichts enthielt als leeres Papier.

An der Tür blickte er ein letztes Mal zurück in den Raum. Er sah aufgeräumt aus, so wie immer. Er konnte morgen früh in den Raum zurückkehren oder nicht. Er erinnerte sich, daß morgen Sonntag war – also dann am Montag. Es war eigentlich nicht mehr wichtig. Selbst seine Mutter war in diesem Augenblick nicht wichtig. Auch das Kapitel hatte er innerlich abgeschlossen: Sie würde jemanden anders finden, an dem sie ihre Stärke erproben konnte.

Er mußte seine Sache zu Ende führen, das war alles. Schwierig war nur, daß er bis jetzt immer an das geglaubt hatte, was er tat, daß er auf sein „Handwerk" stolz war, auch wenn er sich dann und wann eingestand, daß es schmutzig war. So hatte er eben gelebt. Ein Fisch, der in einem von Abwässern verseuchten Fluß geboren wurde, würde dennoch leben und atmen. Er kannte nichts anderes als diesen Fluß; und auch der, so fühlte er, begann nun auszutrocknen.

2

Borchers war nicht sicher, ob er sie abgeschüttelt hatte, als er das Taxi verließ, das ihn in der Nähe des Schlosses absetzte. Er hatte sich viel Zeit gelassen, über zwei Stunden, bevor er seinen „Freunden" von einer öffentlichen Telefonzelle aus die Nachricht signalisierte.

Er hatte den Park betreten, schnell und eilig, ohne darauf zu achten, ob jemand ihm folgte. Der Park war unbeleuchtet, aber es war eine klare Nacht. Die Statuen rechts und links des Hauptweges wirkten lebendiger als am Tag. Neben den Sockeln lagen bereits die Holzteile, mit denen sie über den Herbst und Winter verkleidet werden würden; Ende September, also morgen, endete die offizielle Saison.

Er wechselte auf die linke Seite, die Statuen zählend. Er kam an eine Figur, der die Arme fehlten und deren Gesicht von Verwitterung zerstört war. Er schob das Päckchen in die Hohlstelle hinter den Füßen der Figur.

Er wartete, daß seine Beschatter auftauchten. Aber nichts geschah. Fast gleichgültig jetzt machte das „Lamm" sich auf den Rückweg. Das große Rondell vor dem Schloß lag verlassen da. Weiter weg, auf der rechten Seite des Kanals, befand sich ein Restaurant, strahlend hell erleuchtet.

Ein Mann kam ihm auf dem Fußweg entgegen. Er hatte seinen Mantelkragen hochgestellt. Er führte seinen Hund aus. Der Mann nickte Borchers zu, lächelte freundlich, als sie aneinander vorbeigingen. Borchers konnte an ihm nichts Verdächtiges finden; dieses war eine der besseren Wohngegenden der Stadt – teuer auf jeden Fall – und die Leute, die hier lebten und am späten Abend noch ihre Hunde ausführten, erwarteten, daß sie sich bei diesen Preisen nachts auf der Straße sicher fühlen konnten.

Sie waren da, als er sein Zuhause erreichte. Er hatte seinen Wagen am Morgen auf der Straße stehenlassen, und jetzt parkten zwei gleichartige Limousinen vor und hinter dem Wagen. Er sah niemanden durch die dunklen Scheiben, aber er *wußte,* sie waren da.

Was würden sie tun? Sicher wäre es ihnen lieber, er hätte seinen Wagen benutzt; in der Tiefgarage konnte die Verhaftung unauffällig geschehen. Aber auf offener Straße? Vielleicht zögerten sie deshalb? Auch dies war eine respektable Gegend. Nicht ganz so exklusiv. Dennoch respektabel – viertausend Mark der Quadratmeter Wohnung – respektabel. Auch die Leute, die hier lebten, hatten ein Anrecht darauf, nichts von angezapften Telefonleitungen zu wissen, von heimlich geöffneten Briefen, geschweige denn, daß sie Zeuge davon werden wollten, wie ein respektabler Nachbar von ihnen – ein Mann, der sich rührend um seine Mutter kümmerte – auf offener Straße von Männern abgeführt wurde.

Das „Lamm“ verstand ihr Dilemma. Er kannte die Gehälter, die die „Organisation“ Männern wie ihnen bezahlte; kein Gedanke daran, daß es genug war, um hier zu leben. Nein, er würde es ihnen nicht schwerer als nötig machen. Borchers ging auf den ersten der beiden Wagen zu.

Sie waren zu zweit. Er kannte beide nicht. Sie kannten ihn, und doch sagte einer von den beiden: „Borchers? Wir müssen Sie leider bitten, mit uns zu kommen.“ Es klang wirklich wie eine Entschuldigung.

„Natürlich. Ich bin bereit.“

Die beiden sahen sich an, zögernd. Der Ältere mit einer Brille, die seine Augen unnatürlich vergrößerte, zeigte auf das Haus. „Sie können einige Sachen zusammenpacken, das geht in Ordnung. Einer von uns muß Sie natürlich begleiten.“

Borchers blickte hinüber zu dem Haus. Die Vorhänge im Wintergarten waren nicht zugezogen. Er sah für einen Augenblick die Schwester; sie nahm etwas, was er aus der Entfernung nicht erkennen konnte, von dem Tisch im Eßzimmer auf und ging damit zurück in den Wohnraum. Ein Buch, aus dem sie seiner Mutter vorlesen würde?

„Das ist nicht nötig." Borchers holte die Wagenschlüssel aus seiner Tasche. „In meinem Wagen ist eine Tasche mit den Sachen, die ich brauche. Wenn Sie die für mich holen, können wir gehen."

„Sie wollen sich von Ihrer Mutter nicht verabschieden?" Es war wieder der Ältere.

Sie kannten natürlich seine Geschichte. Es war das, worauf Borchers seinen Plan aufgebaut hatte; obgleich es ihm in diesem Augenblick mehr als zweifelhaft erschien, daß sie darauf hereinfallen würden.

„Es ist besser so für meine Mutter, glauben Sie mir. Ich habe nur eine Bitte." Er nahm die gerahmte Fotografie aus seiner Manteltasche. „Das hier stand die ganzen Jahre auf meinem Schreibtisch. Würden Sie es meiner Mutter geben, damit sie es für mich aufhebt? Ich meine, bis ich..." Er ließ den Satz unvollendet. Er wagte nicht, in die Gesichter vor ihm zu blicken.

Zu seiner Überraschung hörte er den Älteren sagen: „Komm, bring es ihr." Der andere, ein sehr viel jüngerer Mann mit überlangen, dichten Koteletten, nahm die Fotografie entgegen. Er hatte schon ein paar Schritte getan, als der Ältere ihm nachrief: „Sei freundlich!"

„Vielen Dank!" Borchers dachte an den Bericht, den der Ältere machen mußte – wenn nicht sogar ein an ihm verborgenes Mikrophon jedes gesprochene Wort aufnahm. Und weil das Bild des getreuen, fürsorgenden Sohnes vielleicht das einzige sein würde, das in dem bevorstehenden Prozeß für ihn sprach, fügte das „Lamm" noch hinzu: „Es ist sowieso alles schon schlimm genug. Weil sie mich wirklich braucht, verstehen Sie!"

Es stand kein wirkliches Gefühl dahinter. Das einzige Gefühl in ihm, das echt war, unter dem er litt, war, daß er am Ende allein dastand, ohne Freunde. So daß, als sie schließlich mit ihm wegfuhren, das einzige Zusammengehörigkeitsgefühl, das Borchers noch hatte, wiederum jenem Mann gehörte, an den er mit Handschellen angeschlossen war.

XXXV. Kapitel

Eine Stunde vom neuen Tag war vergangen, als Martin die Pension Racek betrat. Er hatte einen langen engen Gang vor sich. Das einzige Licht kam von einem Aquarium in einem Durchbruch zu einem Frühstücksraum. Es schwammen keine Fische in dem grünlichen Wasser, auch keine Sauerstoffblasen stiegen auf. In der Aquariumbeleuchtung sah man nur das Gestein am Boden und ein paar Pflanzen in dem nicht allzu klaren Wasser.

Derselbe Mann, von dem er das Zimmer gemietet hatte, schlief in einem Stuhl vor dem Schlüsselbord. Sein Mund stand offen, und er atmete heftig. Er trug eine Kappe aus schwarzem Leder, und obwohl er schlief, gab sie ihm seltsamerweise ein arbeitsames Aussehen.

Er schreckte auf, als Martin schon auf der ersten Stufe der schmalen Holztreppe war, die neben seiner Loge steil nach oben führte. „Was ist!?“ Er griff nach seiner Kappe, die er zu verlieren drohte, bugsierte sie zurück auf seinen Schädel. Er knipste die Lampe an, die vor ihm auf der Holztheke stand.

„Nummer siebzehn“, sagte Martin.

Racek, wenn er es war, drehte das Licht so, daß es voll auf Martins Gesicht schien. Er ließ es eine Weile so, schweigend. Dann sagte er: „Sie lassen ein Mädchen ziemlich lange warten.“

„Tut mir leid, daß ich Sie aufgeweckt habe. Ich dachte, ich wäre leiser gewesen.“ Er deutete in den schmalen Gang. „Was ist mit den Fischen passiert?“

„Ich weiß es auch nicht.“ Der Mann nahm das Licht von Martins Gesicht. „Man sagt, man braucht dazu eine glückliche Hand. Ich weiß wirklich nicht, woran es liegt. Ich hab’ das Aquarium dieses Jahr schon dreimal neu besetzt. Sie sind trotzdem eingegangen. Vielleicht ist es der Geruch hier... Na ja. Lassen Sie sie nicht länger warten.“ Er löschte das Licht vollends und machte es sich wieder auf seinem Stuhl bequem.

Der Geruch war schwer und süßlich; er hatte etwas von Räucherkerzen an sich, nur daß er klebriger, tierischer war. Er nahm kaum ab, als Martin in das zweite Stockwerk hinaufstieg. Zimmer

17 lag auf der linken Seite. Er hatte sich bereits am Tag zuvor nach Notausgängen umgesehen; es gab keine, man mußte immer an dem Mann unten vorbei, der vierundzwanzig Stunden in seinem Stuhl zu verbringen schien.

Er klopfte. Als er keine Antwort bekam, sagte er seinen Namen. Er erwartete, wenn sie öffnete, Angst in ihren Augen zu sehen. Aber das lange Warten hatte die Furcht aus ihrem Gesicht aufgesaugt, es war vollkommen ohne jeden Ausdruck. Die Angst war in ihrer Stimme, als sie sagte: „Es war schrecklich, dieses lange Warten auf dich."

Er nahm sie in die Arme. Er fühlte, wie kalt sie war und wie zart. „Seit wann bist du hier?"

„Seit Ewigkeiten." Dann fügte sie hinzu: „Ich weiß, es waren nur zwei Stunden."

Er hielt sie weiter in den Armen. „Das ist normal. Ich meine, es ist völlig in Ordnung, in diesem Zimmer hier allein sich zu ängstigen." Je normaler ich mich benehme, dachte er, desto besser. Es war im Grund das einzige, womit er ihr helfen konnte.

„Ich bin froh, daß du da bist."

Er inspizierte den Raum mit den Augen; die zwei Betten, den dunklen, nackten Fußboden, die grauen, nackten Wände. Die alten Vorhänge – eigenartigerweise aus einer geklöppelten Spitze – waren voller Stockflecken, zerrissen, und einige Ringe fehlten. Es gab kein fließendes Wasser, nur eine braune Kommode mit Waschschüssel und einem Krug mit Wasser. Auf einem der Betten hatte sie die Dinge ausgebreitet, die sie gekauft hatte – die Sachen lagen dort akkurat und genau, so, wie ein Soldat seine Ausrüstung herrichten würde.

„Ist alles gutgegangen?" Er untersuchte die Tasche und den kleinen Wanderrucksack.

„In der Thermosflasche ist Kaffee", sagte sie in seinem Rücken, „und einige belegte Brote sind da, wenn du etwas willst."

„Ich komme von einem Bankett, das fast vier Stunden gedauert hat."

„Vielleicht am Morgen..."

„Ja, in der Frühe wird der Kaffee uns guttun. Was ist mit dem Wagen?"

„Vlatko wird uns fahren – wenn wir wollen. Er wartet auf einen Anruf."

Er packte die Tasche und den Rucksack und stellte beide auf den Boden neben die Türe. Ihm wurde klar, daß er ihr bisher verschwiegen hatte, daß es für sie eine andere Möglichkeit gab, das Land zu verlassen. Sie deutete sein Schweigen richtig, denn sie sagte: „Ist irgend etwas?"

Er erklärte ihr die von Carow vorbereiteten Fluchtwege, nüchtern, sozusagen ohne seine eigene Stellungnahme. Wieder verstand sie ihn ohne Worte.

„Du traust deinen eigenen Leuten nicht?" Ihr Gesicht war ohne jeden Ausdruck, fast abwesend.

„Das ist zuviel gesagt." Er zögerte, suchte nach Worten, um Gefühle auszudrücken, die er sich selber bisher nicht klargemacht hatte. „Es gibt Gründe: Die Tatsache des ‚Schläfers', die vielen Leute, die daran beteiligt sind, die vielen Stationen, ein Mann, der dich übernimmt, die Fahrt zum Flughafen, das Einchecken... Vor allem aber, daß wir uns trennen müßten... Wie denkst du darüber? Was ist dein Gefühl?"

Sie schüttelte den Kopf. „Ich bin keine große Hilfe. Ich fühle mich – tot, ausgelaugt, unsicher. Ich fühle, ich verlasse mein Land – und das ist immer noch ein erschreckender Gedanke. Ich fühle, ich verrate meine Vergangenheit, und ich bin nicht sicher, was für eine Zukunft ich dagegen eintausche." Ein trauriges Lächeln kam auf ihr Gesicht. „Bring mich raus, vielleicht kann ich dir dann sagen, was ich wirklich fühle."

Er fühlte ein Zucken in seinen Händen, die Versuchung, das Paket Spielkarten aus seiner Tasche zu nehmen und zwei Karten zu ziehen. Wenn er allein gewesen wäre, hätte er vermutlich genau das getan. So sagte er: „Wir müßten gegen fünf Uhr Prag verlassen; wenn wir den Wagen nehmen, in vier Stunden. Im anderen Fall müßten wir noch mal drei Stunden länger warten. Drei Stunden länger in der Stadt..."

„Das Warten macht mir nichts aus." Das Lächeln vertiefte sich, veränderte sich. „Wir sind das erstemal wieder zusammen, in einem Zimmer."

„Kein besonderes Zimmer."

„Aber ein Zimmer... Hast du den Geruch bemerkt?"

„Ja."

„Was ist das?"

„Pferdefleisch, gekochtes Pferdefleisch. Im Hinterhof gibt es eine Pferdeschlachterei. Der Mann unten sagte, seine Fische sterben davon."

„Es macht mir nichts aus. Ich meine, der Raum, der Geruch." Sie legte die Arme um ihn.

„Warte!" Er bewegte sich von ihr weg, löschte das Licht. Er trat an das Fenster. Auch die Straße war schmal und eng. Es war zu dunkel, um wirklich etwas zu sehen, aber er starrte lange Zeit hinunter. Als er sich umwandte, sagte er: „Ich glaube, wir sollten hier weggehen."

„Jetzt, sofort? Aber..."

„Wir suchen eine andere Pension."

„Wenn es wegen des Geruchs ist, es macht mir wirklich nichts aus." Dann verstand sie. „Aber niemand weiß, daß wir hier sind."

„Außer Nemozcek."

„Er ist einer von euren Leuten."

Martin nahm das Kartenspiel aus der Tasche. Zimra sagte nichts, als er zwei Karten zog, beobachtete es schweigend, ohne daß ihr anzumerken war, ob es die beunruhigte oder nicht.

„Wir gehen", sagte er. Er reichte ihr die Tasche und nahm selber den Rucksack.

Erst später, in dem anderen Zimmer – das dem ersten glich, als seien sie noch in demselben Haus – fragte er sich, was ihn wirklich veranlaßt hatte, die Pension zu wechseln. Eine reine Vorsichtsmaßnahme? Ein sechster Sinn, dem Instinkt eines Tieres ähnlicher als dem eines Menschen? Er suchte keine Erklärung dafür. Es genügte, daß er sich besser fühlte, als er die Türe des anderen Raumes hinter sich schloß.

Er wußte, auch die andere Entscheidung war gefallen. „Ich werde Vlatko anrufen, einverstanden?"

„Natürlich."

Es gab ein Wandtelefon im ersten Stock, in dem das Zimmer lag. Während er den Anruf machte, fiel ihm noch ein anderer Grund ein, weshalb er *seinen* Weg vorzog: Er führte ihn in das Land seiner Kindheit zurück.

Als sein Vater starb, war er vierzehn Jahre gewesen. Geld war nicht da, nur Schulden und das Haus. Es war öffentlich versteigert worden, und er erinnerte sich lebhaft an die Auktion unter freiem Himmel, an die wenigen Interessenten, den Auktionator, seine

Mutter und sich; und er erinnerte sich an den brennenden Schmerz, den er gespürt hatte. Er war später noch einmal dorthin zurückgekommen mit seiner Mutter, aber das zählte nicht: Entscheidend waren jene vierzehn Jahre, die er dort verbracht hatte.

Irgendwie erschien es ihm nun, als hätte sein ganzes Leben danach jenen Jahren nichts hinzugefügt: Alles, was er vom Leben wußte, hatte er dort an der Grenze erfahren, und indem er dorthin zurückkehrte, würde er jene wichtigen Erfahrungen wiederfinden. Vielleicht auch, weil er dort vierzehn Jahre lang glücklich gewesen war und er sich von dieser Tatsache versprach, daß auch dieser ihnen bevorstehende Morgen unter einem günstigen Stern stehen würde...

Ich muß es ihr sagen, dachte er, ich muß es ihr erklären, damit sie beruhigt ist. Aber als er wieder bei ihr war in dem Zimmer, dessen Ähnlichkeit mit dem anderen Raum ihn wieder erstaunte, sagte er nur: „Er wird um Punkt fünf Uhr hier sein. Wir können noch drei Stunden schlafen."

Sie blickte ihn fassungslos an. „Du glaubst wirklich, daß ich schlafen kann?"

„Warum nicht? Sicher. Wir haben einen langen Morgen vor uns und einen langen Fußmarsch."

Aber als sie zusammen im Bett lagen, er seinen Arm um sie, beide noch in ihren Kleidern, fühlte er, wie kalt sie war und daß sie zitterte. „Keine Sorge", sagte er wieder, „alles wird gut werden." Er drückte ihren Kopf gegen seine Brust.

Er sagte es, obgleich ihm klar war, daß sie ihre Angst nicht so schnell überwinden würde. Dazu brauchte es mehr als Worte, mehr als eine Umarmung. Er erinnerte sich, wie viele Jahre er gebraucht hatte, um sich von dieser Krankheit zu heilen. Im Grund hatte sein Körper sie nie ausgeschieden; sie war selbst in diesem Augenblick da, ein Bazillus, gegen den noch kein Serum erfunden worden war. Die Angst blieb da, virulent. Sie würde auch in ihrem Körper bleiben.

In einem Jahr, in Jahren noch würde sie nachts zitternd aufwachen und diesen Raum sehen und glauben, daß alles noch vor ihr lag! Es würde den Raum immer geben, jeder Gegenstand darin geprägt von ihrer Angst. – Wir lassen ihn hinter uns zurück, wollte er sagen, zu müde dazu, nicht wach, nicht schlafend; in einem hellhörigen Halbschlaf wachte er über die Frau in seinen Armen.

Und mit alldem war er glücklich. Er fühlte das Gewicht ihres Kopfes auf seiner Brust, ihren Körper, plötzlich überraschend schwer. Selbst mit den Kleidern hatten ihre beiden Körper eine Intimität, wie er sie lange nicht mehr mit einer Frau gespürt hatte. Daneben fühlte er sich sicher, als ob darin schon die Garantie für das Gelingen ihrer Flucht lag: mit ihr in diesem Halbschlaf vereinigt zu sein.

XXXVI. Kapitel

Carow war durch Geißlers Trinken eigentlich nie beunruhigt – ja, wenn Geißler eine Flasche Kognak vor sich stehen hatte, wurde er sozusagen ein besserer Mensch. In nüchternem Zustand war er verkrampft, und er neigte dazu, seine Gehemmtheit durch schroffe Forschheit zu überspielen. Wenn er dagegen trank, wurde er auf angenehme Art beredt, steckte voller guter Geschichten. Aber in dieser Nacht war alles anders, und als die Flasche Kognak leer war und Geißler aufstand, um eine neue zu holen, griff Carow nach seinem Arm. „Hör auf damit! Geh wieder schlafen! Mach einen Spaziergang. Mach irgend etwas. Aber hör auf mit dem Trinken."

Geißler schüttelte sich los, trat an das einzige Fenster des Raumes und starrte schweigend auf den Innenhof hinaus. Er hatte bis Mitternacht geschlafen, unruhig, nervös, dann zu trinken begonnen. Er hatte seit über einer Stunde nichts mehr geredet, hatte nur dagesessen, für sich abgeschlossen in seinem Kognaktrip. Manchmal hatte er einen der Steine des Backgammonspiels verschoben, aber jede Aufforderung Carows zu einem Spiel mit einem Kopfschütteln abgelehnt.

Carow hätte gern gespielt. Die Konzentration, die das Spiel erforderte, hätte ihn auf andere Gedanken gebracht, etwas, was das Buch, in dem er las, nicht konnte.

„Laß uns eine Partie spielen. Das Trinken bekommt dir heute abend nicht."

Carow mußte an seine Abschiedsfeier im Hauptquartier denken, an das Trinken innerhalb der „Organisation" überhaupt; mancher Schreibtisch dort war wie eine gutassortierte Bar. Gründe fanden sich immer: Geburtstage, das bevorstehende Wochenende, eine Aktion, die gut abgeschlossen worden war, eine, die schiefgegangen war. Der wirkliche Grund, so hatte Carow es immer empfunden, war ein anderer: Das Trinken miteinander war ein Ritus, in dem harter Alkohol – statt Wein und Brot – in Freundschaft und Vertrauen umgewandelt werden sollte.

Carow setzte die Steine in die Felder. „Was frißt an dir?" Er hatte die Frage in anderer Form schon mehrmals an diesem Abend gestellt, ohne Antwort zu erhalten. Diesmal wandte sich Geißler abrupt um. Sein Hemd hatte sich über seinem hängenden Bauch geöffnet. Er versuchte, es in die Hose zurückzustopfen mit heftigen, wilden Bewegungen.

„Du weißt mal wieder alles, wie!? Guter alter Papa Carow. Nährt seine Agenten an seiner Brust... Du und dein goldenes Herz... Verdammter Klugscheißer, du!“ Es war eine solche Explosion von Worten, daß Geißlers Gesicht sich dabei verzerrte. „Mir fehlt nichts, außer daß mir dreißig Jahre in diesem unerquicklichen Gewerbe genug sind. Laß mich in Frieden...“

Er schwankte, als er die Flasche aus dem Schrank holte, sie mit beiden Händen gegen die Brust preßte und ins Schlafzimmer stolperte. Wenig später hörte Carow das helle Klirren des Flaschenhalses gegen das Glas, als Geißler versuchte, sich einzuschenken.

Wann hat er damit begonnen? dachte Carow, als könne ihm das helfen, Geißlers Zustand auf den Grund zu kommen. Am frühen Abend die ersten Anzeichen; Kurellas Anruf – Geißler hatte ihn entgegengenommen – die kurze Mitteilung, daß man Borchers verhaftet hatte. Carows Hand, die einen der Backgammonsteine hin und her schob, erstarrte wie gelähmt. Sein ganzer Körper schien davon erfaßt zu werden, das einzige Bewegliche war ein Gedanke, der durch seinen Kopf raste: *Sie haben irgend etwas getan!* Es war wie ein mechanisches Werk, das in seinem Kopf abschnurrte und nicht abzustellen war: Sie haben irgend etwas getan. Sie haben...

Geißler lag angezogen auf dem Bett. Carow nahm ihm das Glas aus den Händen, stellte es weg, ohne daß Geißler protestierte. Er lächelte Carow zu, aber es war ein Lächeln von einer solchen Ausweglosigkeit, daß es Carow war, als hätte er den Alkohol getrunken. Er setzte sich an den Rand des Bettes. „Was ist passiert?“

Geißler hob die Hand. Sie fiel auf seinen Bauch zurück. „Hör auf, mich zu bemuttern!“

„Sie haben irgend etwas getan, nicht wahr?“

Geißler stemmte sich in seinem Bett hoch, geschüttelt von einem Lachen. Carow hielt ihn an den Schultern fest, bis das Lachen aufhörte und Geißler auf das Bett zurücksank.

„Ich weiß nicht, was dahintersteckt“, sagte er schließlich. „C. fing gestern nacht damit an, als ich ihn zum Helikopter brachte. Fing an, mich zu bearbeiten... Wie bringt er das fertig, Heiner?

Sag mir, wie macht er das, daß du diese Dinge tust? *Wir* sind Freunde, nicht wahr, wirklich alte Freunde... O verdammt, gib mir einen Schluck." Er rollte sich zur Seite, streckte die Hand nach der Flasche aus, aber er unterschätzte die Entfernung.

Carow stand auf, stellte die Flasche außer Reichweite. „Wie macht er was?"

„Warum kannst du einen Mann nicht in Frieden lassen? Wie spät ist es?"

„Drei Uhr."

„Drei Uhr. Du bist wahnsinnig, mir um drei Uhr solche Fragen zu stellen." Er setzte die Beine auf den Boden, stützte sich links und rechts auf das Bett. „Er hat dir dieselben Fragen gestellt, erinnerst du dich, darüber, was dein Agent plant. Du mußt dich erinnern. Es ist dein verdammter Agent." Auf Geißlers Gesicht stand einen Moment Erleichterung, Hoffnung; sie war wie hingemalt, aber die Farbe hielt nicht lange. „C. hat es aus mir rausgebracht – der Report über diesen tschechischen Flieger."

„Du meinst den Bericht über Miro Szešc und sein Zusammentreffen mit Martin im Zug."

„Gestern nacht hast du auf C.s Fragen hin den Bericht im Safe verschwiegen. C. hat gebohrt und gebohrt, und nichts ist über deine Lippen gekommen. Mir war klar, daß du deine Gründe haben mußtest zu schweigen. Aber C. hat es aus mir rausgebracht, ich weiß nicht, wie... Verdammt, laß mich unter die Dusche." Er machte Anstalten, auf die Beine zu kommen, schaffte es nicht.

Einen Augenblick lang fühlte Carow sich erleichtert: Es war drei Uhr morgens, er war übermüdet, überreizt. Er hatte sechs Tage und Nächte hinter sich mit einem Agenten im Block, den heil herauszubringen er sich geschworen hatte. Seine Phantasie lief Amok, ließ ihn Dinge sehen, die gar nicht existierten. In wenigen Stunden war alles vorbei.

„Ist das alles?" fragte Carow, sich an seine Hoffnung klammernd.

Geißler starrte ihn an, und wieder begann er zu lachen, wurde von diesem gräßlichen Lachen geschüttelt, bis es ebenso abrupt abbrach. „Es macht dir also gar nichts aus!? Ich trinke mir einen Affen an, und du sagst: *Ist das alles?* Genau wie er! Du verrätst deinen Freund, und C. bringt es fertig, daß du das alles als ganz harmlos empfindest. Bis er anfängt und mit seiner Loyalität kommt und daß es ‚nicht nötig' ist, daß ich dir davon was sage."

„Es geht doch um den Bericht über Miro Szesc?"

„Und verdammt beschissen kam ich mir dabei plötzlich vor..."

„Sonst nichts? Aber das kennst du von ihm. Du kennst es von mir. Wir alle tun es, wir alle halten vor den anderen Dinge geheim. Es ist ein Prinzip, ohne das es nicht geht."

Geißler schüttelte den Kopf. „Warum kann ich dir nicht trauen? Warum kannst du mir nicht trauen? Ja, es ist alles! Dein faules Prinzip dreht mir den Magen um."

„Warum war es so wichtig für C.? Hat er einen Grund genannt?"

„Seit wann muß C. was begründen? Aber ich kenn' den Grund. Sie haben daraus eine gezinkte Karte für das „Lamm" gemacht, haben sie unter sein Blatt gemischt. Sie wollte einen Beweis, wenn sie ihn einkassieren. Das war *seine* Idee."

Das mechanische Werk in Carows Kopf begann, wieder zu arbeiten. „Das hat er dir gesagt?"

„Du weißt, daß er das nie tun würde. Es rutschte Kurella raus, als er hier anrief."

„Borchers hatte das Material bei sich, als sie ihn verhafteten?"

„Was weiß ich... Ich nehme es an... Du denkst doch nicht etwa?"

Irgendwo begann ein Telefon zu läuten.

Geißler kam auf die Beine, sein Oberkörper schwankte. „Hör zu, Heiner, *davon* hatte ich keine Ahnung... Ist das das Telefon?"

„Ich gehe schon." Carow überlegte, ob er die Flasche mitnehmen sollte, aber dann tat er es nicht. Der Alkohol war sicher weniger selbstzerstörerisch als Geißlers Gedanken. Er selbst fühlte, daß er dringend ein Darvon brauchte. Er war auf dem Weg, um sich ein Glas Wasser zu holen, als ihm klarwurde, daß das klingende Telefon dic direkte Leitung zum Horchdienst war.

„Carow."

„Wir haben ein Signal für Sie."

So sehr Carow die anderen Nächte gewartet hatte, zu dieser Stunde sollte nichts mehr kommen. „Von wem?"

„PAU / 37. Sind Sie bereit?"

„Geben Sie mir eine Sekunde." Also nicht Nemozcek! Carow nahm zwei Darvon. Er fand den Block und einen Bleistift nicht sofort. Er wollte nach Geißler rufen, als er hörte, daß im Badezimmer aus der Dusche Wasser rauschte. Er fand ein Stück Papier und etwas zum Schreiben. Er blickte auf seine Uhr und notierte die Zeit: 3.16 Uhr.

„Ich bin bereit."

Er saß immer noch an dem Schreibtisch, die kurze dechiffrierte Meldung vor sich, als Geißler in den Raum kam. Der war nackt unter dem Bademantel, von seinen Füßen tropfte Wasser, und er rieb sich mit einem Handtuch die Haare trocken. Er schien etwas ausgenüchtert, aber es tat ihm keineswegs gut. Sein Gesicht war eine Katastrophe. Carow dachte, daß seines vermutlich nicht anders aussah. Er nahm das Papier vom Schreibtisch, hielt es Geißler hin.

Geißler schüttelte den Kopf. Es war nicht klar, ob es bedeutete, daß er nichts mehr davon hören und wissen wollte, oder ob er nur das Wasser aus seinen Ohren schüttelte.

„Nemozcek?" Er hatte schließlich die Meldung genommen und versuchte, sie zu lesen. „Es ist der Kognak. Ich bin dann wie blind."

Carow wartete, bis sein Schweigen Geißler veranlaßte, von dem Papier aufzusehen.

„Sie haben ihn!"

„Nemozcek?"

„Vor einer Stunde."

Geißler ließ sich auf einen Stuhl fallen. Der Bademantel öffnete sich. Er bemerkte es, wurde rot und bedeckte seine Blöße. „Er wird sie zu Martin führen."

„Er kann ihnen nur sagen, was er weiß." Vielleicht, dachte Carow, bin ich blind auf dem Auge. Vielleicht waren es die Darvon, die ihre Wirkung taten, aber er sah Martin durch Nemozceks Verhaftung nicht in Gefahr.

„Nemozcek weiß von der Pension."

„Ich kann es mir nicht vorstellen, daß Martin es nicht bemerkt haben soll. Nemozcek sollte ihn im Auge behalten, beim offiziellen Programm. Für das andere ist er nicht gut genug. Und wenn Martin es wußte..."

„Konnte er mit Nemozceks Verhaftung rechnen?"

„Ein Agent im Block muß mit allem rechnen." Der Gedanke an Martin beruhigte Carow so wie das Medikament. Ja, er fühlte gerade in diesem Augenblick Stolz auf ihn, ganz wie – Geißler hatte recht – ein Vater auf seinen Sohn stolz war. Oder machte er sich nur etwas vor? War es, weil er wieder an das Ultimatum dachte, das er sich gestellt hatte, und daß er wußte, daß die Zeit dafür ablief?

Sie schwiegen eine Weile. Dann sagte Geißler: „Du hattest also einen zweiten Babysitter?"

„Für alle Fälle. Eine harmlose, nette Person, Elsa. Eine Lehrerin."

„Als Tarnung?"

„Nein, sie ist wirklich eine Lehrerin, ich meine, sie war es. Noch ein Wickelkind, Nachwuchs, aber ein großes Talent." Carow blickte auf. „Natürlich habe ich dir davon nichts gesagt, aus Prinzip."

„Die große Bruderschaft!" sagte Geißler, aber es klang jetzt nicht mehr aggressiv, sondern nur resigniert. „Verstehst du, was ich meinte? Wie schizophren dieses Ganze ist?" Er stand auf und ging zum Fernschreiber. Er klemmte das Papier hinter den Halter. „Was jetzt?"

„Wie lange wird Nemozcek ihr Verhör aushalten? Du kennst ihn persönlich."

„Nicht lange genug. Nicht bis zum Morgen. Und wir wissen nicht, was *sie* wissen."

„Ist dir klar", sagte Carow, „daß, wenn Nemozcek redet, der andere Weg Martins einzige Chance ist?"

„Kurella hat mir wirklich nicht mehr gesagt! Sie haben dem ‚Lamm' die Information zugespielt, um ihn ‚heiß' zu erwischen. Himmel, sie wissen, was sie tun!"

„Wann müßte Szèsc starten?"

„Das habe ich vergessen, dir zu sagen. C. beauftragte mich, herauszufinden, wo sein BellJet-Ranger steht und ob ein Flug für heute geplant ist..."

„Und?"

„Szèsc hat einen Start von München nach Zermatt angemeldet, aber natürlich kann er sein wahres Ziel nicht angeben. Sein Start ist um 7 Uhr vorgesehen."

„Wie lange würde er brauchen?"

„Zur Grenze? Wir kennen den Treffpunkt nicht."

Carow erhob sich. Er trat an den eingebauten Schrank. Er nahm sein Jackett heraus und seinen Mantel. „Ein BellJet-Ranger – kann er damit die Strecke hin- und zurückfliegen?"

„Das hängt wieder von dem Treffpunkt ab, davon, ob ihn etwas

aufhält, ob er sie sofort findet. Normalerweise reicht der Treibstoff... Du glaubst, sie versuchen beide, auf diesem Weg zu kommen?"
„Martin läßt sie nicht zurück."
„Szešc wird auf jeden Fall versuchen, deutsches Gebiet zu erreichen. In Österreich komplizieren sich die Dinge für ihn."
„Kannst du ein paar Männer auftreiben? Postier sie an möglichen Orten entlang der Grenze. Wenn sie wirklich rauskommen, möchte ich nicht, daß irgendein Polizeiwachtmeister sich große Meriten erwerben will... Dies ist mein Fall, so lange, bis er abgeschlossen ist."
„Und was hast du vor?"
Carow hatte seinen Mantel angezogen. Er fühlte nach dem Autoschlüssel und der Waffe, beides war da. „Ich muß herausfinden, was sich wirklich mit dem ‚Lamm' abgespielt hat... Bist du okay?"
„Es geht."
„Laß mich wissen, wenn sich hier was ereignet. Ruf meinen Wagen, das Hauptquartier, oder versuch es bei mir zu Hause. Also..."
Sie standen sich einen Augenblick gegenüber. Beide suchten nach Worten. Beide wußten, es gab nichts mehr zu sagen, oder was ihnen einfallen würde, würde keinem von ihnen helfen. Geißler begleitete Carow zur Türe, und dort, im letzten Moment, sagte er: „Sei vorsichtig."
Erst als er in seinem schwarzen Porsche über die fast leere Autobahn durch die Dunkelheit raste, begann sich Carow über diese letzte Bemerkung von Geißler zu wundern. In dem Augenblick an der Tür schien es eine etwas absonderliche, aber im Grund doch normale Bemerkung zu sein, aus Verlegenheit gemacht, um den Moment ihres Abschieds zu überbrücken: *Sei vorsichtig.* Jetzt, allein in seinem Wagen, klang es für Carow plötzlich wie eine Warnung, die man einem Freund mit auf den Weg gab, der dabei war, sich auf feindliches Gebiet zu begeben.

XXXVII. Kapitel

1

Die Straße wurde immer noch schlechter; im Rückteil des ratternden Wagens mit seinen durchgeschlagenen Stoßdämpfern spürte man es. Sie saßen am Boden, hielten sich an allem fest, was gerade in Reichweite war: an den Wänden aus Wellblech, an den Metallrippen am Boden, an den Kisten, die zwischen ihnen hin und her rutschten, wenn der Wagen in eine Kurve ging.

Von Zeit zu Zeit signalisierte Vlatko ihnen durch einen Schlag an die Trennwand, daß alles in Ordnung war und er sich anhand der Karte, auf der Martin ihm den Weg eingezeichnet hatte, weiterhin zurechtfand. Sein Bruder war Hundezüchter und brauchte den Wagen sonst dafür, Hunde zwischen seinen Zwingern auf dem Land und der Stadt zu transportieren. Für Martin hatte der Geruch, der sie umgab, eine ganz besondere Bedeutung.

Bisher hatten sie in vollkommener Dunkelheit gesessen. Nun erschien vor ihren Augen eine schmale rechteckige Form, noch immer kein Fenster, dafür war es noch nicht hell genug, aber zum erstenmal, seitdem sie in die dunkle Nacht aufgebrochen waren, hatte Martin das Gefühl, daß auch diese Fahrt ein Ende haben würde.

„Alles in Ordnung?" Er suchte mit einer Hand nach Zimra, die nur ein Schatten in der Dunkelheit war.

„Wann wird es hell?"

Er fand ihre Hand; sie war schmal genug, um sie mit seiner Hand zu umschließen. „Mein Vater sagte, dies sei die schlimmste Stunde in einem Gefängnis, für die Gefangenen wie für die Wärter, die wirkliche Stunde der Sühne – das war das Wort, das er gebrauchte: Ein neuer Morgen, aber du weißt, er ist nicht für dich."

„Du hast nie von deinem Vater erzählt, nur von deiner Mutter."

„Weil meine Mutter so liebenswert war, so leicht zu verstehen. Vater war anders. Ich hatte nie das Gefühl, daß ich ihn wirklich kannte. Er hatte etwas... da war etwas Desperates und Geheimnisvolles um ihn. Er brachte mir eine Menge Dinge bei – alles Dinge, die meine Mutter erschreckten."

„Schon eigenartig – von Beruf Gefängniswärter zu sein."

„Ich weiß nicht, wie er das empfand. Er war von Beruf Polizist, ein kleiner Provinzpolizist. Nach dem Einmarsch haben die Deutschen ihn seines Amtes enthoben. Die Arbeit als Wärter war die einzige Arbeit, die er finden konnte, die noch entfernt mit seinem Beruf zu tun hatte."

„Das war alles hier?"

„Wir kommen durch den Ort, später. Viel zu sehen gibt es nicht mehr, er liegt zu nahe an der Grenze... Wir waren Grenzleute, für uns war die Grenze alles, das Gute und das Böse. Für uns Kinder war sie der Platz, wo wir alle Vergnügungen fanden, wo uns gruselte. Und manche Jungen verdienten dort für ihre Eltern den Lebensunterhalt. Wenn ein Junge clever war und mutig und einen Vater hatte, der ihm alles beibrachte, dann konnte er in einer Nacht vielleicht mehr Geld nach Hause bringen, als sein Vater in einem ganzen Monat verdiente."

„Du auch?"

„Das konnte schon passieren."

Der Wagen fuhr langsamer, blieb fast stehen, als die Räder sich leer drehten. „Es kann nicht mehr weit sein", sagte er.

„Erzähl. Es ist besser als die Dunkelheit und die Stille."

„Von dem Leben dort? Das erste, was Kinder dort hören, kommt von den Alten – bei mir war es der Vater meiner Mutter – die von Plätzen an der Grenze erzählen, die ‚Teufelsquelle' und ‚Entenschnabel' und ‚der goldene Baum' heißen. Du hörst zu, hörst zu und willst mehr wissen und willst alles selber sehen. Und eines Tages, wenn du lange genug darum gebettelt hast, nimmt dein Großvater dich mit: zum Fischen, zum Kaninchenjagen und Biberfallen aufstellen; es gibt viele davon in der Niederung. Du lernst, wo alle die Plätze sind, von denen erzählt wurde, und wie man dorthin kommt und daß Landkarten nutzlos sind. Du lernst alle die Geräusche der Niederung und der Wälder, die am Tag und die in der Nacht, und wie die Tiere reagieren... Das ist der große Spielplatz, der Himmel auf Erden..."

„Und das Schmuggeln?"

„Bringen einem die Väter bei. Stell dir vor, du bist in deinem Haus, nachts, und du wirst ausgezogen und wirst in Meter und Meter von Spitzen eingerollt, bis du wie eine Mumie bist und mit dem Hemd darüber dich kaum noch bewegen kannst. Bis dahin kennst du längst alle die Wege über die Grenze. Du weißt, welche du wählen kannst und welche unter allen Umständen zu vermeiden sind, und du weißt, welche Stunden gut sind und welche schlecht; am Schluß wird es zum Instinkt."

„Du tust das ganz allein?"

„Nicht immer. Manchmal ist man auch zu zehn, fünfzehn Jungen, ganze Banden. Wir schmuggeln alles, Kaffee, Lebensmittel, Zigaretten, Seidenstrümpfe, Menschen manchmal. Es wechselt und ändert sich mit der Zeit; die Zeit bestimmt, was man nach drüben bringt und womit man zurückkommt. Und wenn man morgens zurückkommt, ist man erschöpft und sehr stolz und sehr glücklich."

„So hast du deinen Beruf – eigentlich dort gelernt?"

Er hatte nie auf diese Art daran gedacht. Aber vielleicht hatte sie recht, daß er nie davon losgekommen war. „Schon möglich."

„Was sonst noch?"

„Was ich sonst noch lernte?" Er zögerte, davon zu sprechen. Aber dann sagte er: „Wie man Gefangene einfängt." Er spürte, wie ihre Hand zuckte, trotzdem sprach er weiter:

„Von Zeit zu Zeit fliehen Gefangene aus dem Gefängnis. Sie glauben, sie hätten eine gute Chance, es sei leicht wegen der dichten Wälder, der vielen Flußverzweigungen, der nahen Grenze... Es gibt ein Team von Spezialisten, um sie wieder einzufangen, und dein Vater gehört diesem Team an, weil er hier geboren ist, weil er jede Flußbiegung, jeden Hohlweg kennt, die verschlungenen Pfade, jede Waldarbeiterhütte, alle die möglichen Verstecke, praktisch jeden Baum in der Gegend. Und weil er die Geräusche und Spuren ‚lesen' kann; an dem Bruch eines Zweiges kann er erkennen, wieviel Vorsprung der Flüchtende noch hat: Ein frischer Bruch hat fast keine Verfärbung, ein älterer ist bräunlich.

Und da sind die Hunde – sie werden in offenen Wagen herbeigebracht, speziell trainierte Spürhunde, und dein Vater erlaubt dir, sie an der Leine zu führen. Du lernst, daß an Tagen, wenn es geregnet hat, der Flüchtende keine Chance gegen sie hat, denn der Regen macht alle Gerüche frisch und neu; daß trockenes Wetter aber ein Glücksfall für den Flüchtenden ist, denn die Trockenheit mischt die Gerüche zusammen, macht es den Hunden schwerer, sie auseinanderzuhalten... Trockenes, sonniges Wetter, wie wir es die letzten Tage hatten."

„Ist vielen die Flucht gelungen?"

„Nicht vielen, nein. Keine Chance gegen die Hunde, gegen Männer wie meinen Vater. Ich weiß, wie viele den Versuch wagten; aber mein Vater sagte, es seien nicht mehr als zwei oder drei gewesen, die man nicht wieder eingefangen hatte in der ganzen Zeit, seitdem das Gefängnis gebaut wurde, und das war gegen Ende des vorigen Jahrhunderts. Niemand ist entkommen, solange er dort war. Ich erinnere mich, er bewunderte Gefangene, die länger als vierundzwanzig Stunden aushielten..."

Die graue rechteckige Form war nun klar als ein Fenster zu erkennen, verkrustet vom Staub der Straße.

„Meine Erinnerungen sind ganz anders", sagte sie. „Eine Stadt ist etwas ganz anderes; ich meine, in einer Stadt ist man ganz anders arm als auf dem Land."

„Meine Mutter sagte etwas Ähnliches und wollte deshalb nie dort weg."

„Du mußt dir eine jämmerlich winzige Wohnung vorstellen, eine Küche, einen zweiten Raum, keine Sonne, nicht eine wirkliche Wohnung, sondern ein Geräusche ausstoßender Schüttelrost; du liegst in deinem Bett – nicht wirklich ‚dein' Bett, denn du teilst es mit zwei Geschwistern – und es bewegt sich und rüttelt unter dir bei jedem vor dem Fenster vorbeifahrenden Zug der Stadtbahn."

„In Posen?"

„Dort zuerst, dann in Berlin... Da wie dort riecht es immer nach frischer Farbe: Deine Mutter hat einen Bruder, der in einer Fabrik arbeitet, die Farben herstellt; er hat das Lager unter sich und stiehlt Büchsen. So ist Mutter immer dabei, irgend etwas in der Wohnung zu streichen in der verzweifelten Hoffnung, daß sie dadurch heller und freundlicher wird: die Fensterrahmen, die Türen, den Schrank in der Küche, die Wände, selbst die Böden; in den Farben, die gerade zur Verfügung stehen, so daß wir grüne und blaue und gelbe Wohnungen hatten. Es war eine Form von Wahnsinn, dieses Anstreichen. Wenn ich frische Farbe rieche, kann mir heute noch schlecht werden... Der Morgen bringt dann die Erlösung. Es ist die Stunde der Hoffnung – wo du allem entfliehen kannst: Du hast plötzlich eine riesige Wohnung voller Sonne und Licht: die ganze Stadt! Natürlich kannst du nicht schmuggeln..."

Lächelte sie dabei? fragte er sich.

„...aber du hast andere Möglichkeiten. Gehörst du zu den Schwachen, kannst du betteln. Du läufst nur fünf Minuten, und du findest einen kleinen Milchladen, in dem es einen Mann gibt, der dir nicht widerstehen kann, wenn du ihn anlächelst – du mußt nur den Moment abpassen, wenn seine Frau nicht da ist... Gehörst du zu den Starken, stiehlst du! Nicht wirklich aus Hunger. Wenn du so jung bist, macht es dir nichts aus, hungrig zu sein oder zu frieren – in dem Alter gibt es schlimmere Dinge, als abends hungrig im Bett zu liegen. Dein Vater, wenn er einmal da ist, sagt dir, daß du damit unrecht hast. Er sieht dich an, sehr ernst, und sagt: ‚Brot haben oder nicht haben, das ist es, was Geschichte macht!' So redet dein Vater mit allen; daß du nur ein Kind von sieben Jahren bist, läßt er nicht gelten. Du verstehst ihn zwar nicht – aber du spürst, er meint es todernst. Deine Mutter, die zuhört – sie steht auf einer Leiter, hat einen Kopfschutz aus Zeitungspapier und streicht die Decke – lacht nur bitter dazu. Und du wirst beides nie vergessen: die Ernsthaftigkeit und die Überzeugung, mit der dein Vater spricht, und die Bitterkeit, mit der deine Mutter lacht..."

Sie konnte nicht weitersprechen. Der Wagen hielt plötzlich. Sie warteten, hielten den Atem an, bis sie Vlatko dreimal gegen die Zwischenwand schlagen hörten, das Signal, daß alles in Ordnung war.

2

Es war noch vollkommen dunkel, als sie ausstiegen, so, als hätte ihnen das Rückfenster etwas Falsches vorgespiegelt.

„Ich hoffe, das ist die Stelle?" Vlatko hatte die Karte in der Hand.

Einen Augenblick war Martin irritiert: Die Straße, an deren Beginn sie standen, hätte breiter sein sollen. Dann bemerkte er, daß es die alte Straße war, nur war das Unkraut von den Rändern so weit in sie hineingewuchert, daß sie wie ein Pfad wirkte. Er bückte sich und sah, daß selbst der Asphaltbelag von einzelnen Pflanzen durchbrochen worden war.

„Wir sind richtig."

Vlatko deutete mit der Karte. „Dort sollte eine Ortschaft sein."

Am Himmel standen kein Mond und keine Sterne, und das weite flache Land vor ihnen war ebenfalls ohne Lichter; es erstreckte sich vor ihnen wie ein zweiter toter Himmel. In der Ferne, etwas nördlich, hatte der Horizont eine dunklere Färbung, nur ein dickerer Strich; dort, dachte Martin, begannen die dichten Wälder der Rejt. Es ging ein leichter Westwind, und für Martin brachte er den Geruch von stehendem Wasser mit sich.

„Alles perfekt. Wie spät haben wir?"

„Fünf Minuten nach sechs. Ich hab' mich nicht ganz an die Zeit gehalten. Ich wußte nicht, daß die Straßen so schlecht sind."

„Wir haben noch eine Stunde Dunkelheit und eine halbe Stunde Dämmerung – das reicht."

Es war kälter, als Martin erwartet hatte. Zimra trat auf der Stelle, schlug die Arme um sich, um sich zu wärmen und die Steifheit aus ihren Gliedern zu bekommen. Martin holte den kleinen Rucksack aus dem Wagen und half ihr, ihn anzulegen. Er selbst hängte sich die Tasche über die Schulter.

„Sie fahren jetzt besser zurück, Vlatko."

Vlatko bemerkte das Geld in Martins Hand nicht, weil er Zimra ansah: „Du bist also wirklich entschlossen zu gehen?"

„Ja, Vlatko", sagte sie, „ja, ich gehe."

„Ich könnte hier warten, ein, zwei Stunden, mit dem Wagen."

Martin trat zur Seite; er fühlte, das war etwas, was die beiden allein anging. In der Stadt hatten sie nicht miteinander sprechen können, dort war der Aufbruch schnell und hektisch gewesen. Er hörte Vlatko sagen:

„Glaubst du, dein Vater fände das richtig?"

„Bitte, Vlatko! Bitte, geh. Nimm das Geld – für das Benzin. Und vielen Dank!"

„Du glaubst also, er würde dem zustimmen?"

„Bitte!"

Er reichte ihr die Hand, wandte sich dann Martin zu mit demselben alterslosen Gesicht, das Martin zum erstenmal im Foyer des „Kulturpalastes" gesehen hatte. Er hielt ihm die Karte hin, aber Martin sagte: „Von hier aus brauche ich keine Karte mehr. Werfen Sie sie unterwegs weg – später, nicht hier in der Nähe."

Sie traten zurück, während Vlatko den Wagen wendete. Er hatte die Fenster geschlossen, und so sahen sie nichts von ihm, als er an ihnen vorbeifuhr. Es waren nur wenige Meter bis zur Straßenkreuzung. Sie warteten, bis das Motorengeräusch verstummte und die roten Rücklichter verwaschen wurden.

„Was hätte ich ihm antworten können?“ fragte Zimra schließlich.

„Wir müssen gehen.“

Sie gingen schweigend die Straße hinunter gegen Westen. Sie hatten gerade so viel Platz, daß sie nebeneinander gehen konnten, alles andere war wucherndes Unkraut und hohe Gräser.

„Du hast sehr an ihm gehangen?“ Es war nicht nötig, daß Martin mehr sagte; es war klar, wer gemeint war.

„Es war komplizierter als das. Am Anfang, glaube ich, war ich einfach unglücklich. Weil er mir diesen Namen gab, weil er meine Mutter unglücklich machte; ich war sozusagen als Kind die kleinere Ausgabe des Unglücks meiner Mutter. Vater hätte als Beruf ‚Held‘ angeben können. Er kämpfte sein halbes Leben lang gegen jede Diktatur, die andere Zeit saß er im Gefängnis und ruinierte seine Gesundheit. Er stürzte uns in Not mit den Dingen, die ihm heilig waren. Er hatte sein Utopia im Kopf, während meine Mutter an die Kohlen für den Winter dachte...

Später natürlich habe ich ihn gerade deshalb geliebt, für diesen unabänderlichen Glauben. Ich fand andere Dinge heraus, unerfreuliche: Er war ein Despot, er trank, er hatte Affären mit anderen Frauen, aber es war nicht mehr wichtig für mich, ich liebte ihn ja für ganz andere Dinge. Denn in einem änderte er sich in seinem Leben nie, in seinem Glauben an eine bessere Zukunft.“

„Warum brachte er sich um?“

„Er fiel in Ungnade, ich meine nicht das erstemal zu Stalins Zeiten, dies war später. ‚Die Diktatur der Funktionäre‘ – der Ausspruch und andere Dinge kosteten ihn seine Stelle, seine Ämter in der Partei. Er verbrachte zwei weitere Jahre im Gefängnis... Dann wurde er entlassen, ich erinnere mich, wie meine Mutter mich anrief, ganz aufgeregt; ob nicht ich ihn abholen könnte, sie fühlte sich dem einfach nicht gewachsen...

Es war grausam. Mein Vater war zeit seines Lebens ein kräftiger Mann – ich habe den Körper meiner Mutter. Er war der Sohn eines Schmieds, und er hatte dasselbe Handwerk gelernt; das stand in seinem Paß: Schmied, nicht Funktionär, darauf bestand er, es blieb in allen seinen vielen verschiedenen Pässen, *Grobschmied,* um ganz genau zu sein...

Aber jetzt war er nur mehr ein Nichts. Meine Mutter, immer auf praktische Dinge bedacht, sagte, er könnte nicht mal mehr einen Hammer in der Hand halten. Kranke Nieren, Rheumatismus, geschwollene Füße, Schlaflosigkeit. Er mußte liegen. Nach acht Tagen, an einem Sonntag, rief er uns zu sich, Mutter, mich, einige wenige Freunde. Er habe uns etwas Wichtiges mitzuteilen...

Über eine Stunde lang – meine Mutter bettelte nur immer: ‚Bitte, bitte, schon dich' – hielt er uns eine Rede, sprach über seinen Glauben, darüber, was vor uns lag, daß wir nicht vergessen sollten, daß sie in Reichweite sei, die bessere Welt, daß es nur galt, die ‚Mühen der Ebenen' zu überwinden... Verrückt natürlich, aber nicht für ihn. Dann schickte er uns aus dem Zimmer und erschoß sich, und weil er so schwach war, mußte er die Pistole mit beiden Händen halten...

Ein halbes Jahr später starb meine Mutter. Sie ließ sich verbrennen, das hatte sie extra verfügt, obwohl es ein Punkt war, über den sie oft mit meinem Vater stritt, katholisch, wie sie war. Sie lagen in einem Grab zusammen, aber als er rehabilitiert wurde, erst vor drei Jahren, wurden sie wieder getrennt. Er bekam ein Grab auf dem Zentralfriedhof, der ‚Gedenkstätte der Sozialisten'. Ein pompöser Grabstein, der ihm mißfallen hätte, aber natürlich wäre er stolz gewesen, so nahe den Gräbern von Rosa Luxemburg und Karl Liebknecht zu sein...

Und um das noch zu sagen: Eigenartigerweise ist mein Vater seit seinem Tod für mich noch wichtiger geworden. Ich sehe, daß seine Art zu leben – die Welt mit dieser Verklärung zu sehen – zum Untergang führen muß, zumindest in tiefe Einsamkeit. Aber sein Prinzip ist richtig. Ich weiß, ich fühle es, daß ich ihn in diesem Augenblick im Stich lasse. Ich kann und will nicht mehr zurück. Aber Vlatko hatte recht, mein Vater würde mir nicht zustimmen..."

Sie marschierten weiter, schweigend jetzt. Martin gab das Tempo an. In ihrem Rücken war am Horizont ein zarter, dünner Lichtstreifen, aber da sie gegen Westen gingen und sich nie umwandten, bemerkten sie ihn nicht. Nach einer halben Stunde nahm der Geruch von Wasser zu. Einmal schimmerte ein grauer Wasserarm durch ein ausgedünntes Waldstück. Einmal teilte sich die Straße, und Martin wählte die Abzweigung nach links ohne jedes Zögern, beschleunigte nur das Tempo. Plötzlich gab es Zäune und Vieh auf einer Weide, im Gras liegend, wiederkäuend. Es gab einige offene Scheunen, Kesselwagen mit Wasser, aber keine Häuser. Dann blieb Martin plötzlich stehen, blickte sich um, ging noch ein paar Schritte weiter bis zu einem größeren, von Unkraut und Gras überwucherten Ziegelhaufen.

„Ist es hier?"

Er erinnerte sich, daß seine Mutter damals dasselbe gesagt hatte.

„Ja." Er blickte auf den Ziegelhaufen, der sich den Grundriß eines Hauses bewahrt hatte. In dem ersten schwachen Dämmerlicht des Morgens hatte er wirklich das Gefühl, er stünde vor ihrem Haus: Dort war die Eingangstür, dort mußte die Bank gestanden haben, auf der sein Großvater gesessen und ihm die ersten Geschichten erzählt hatte.

„Wann haben sie das gemacht, alles niedergerissen?"

Er antwortete nicht; er hatte wirklich das Gefühl, daß er sich irrte, daß die Landschaft, der Ort, die einzelnen Häuser nur ein makabres Versteckspiel mit ihm trieben, daß sie sich vor ihm nur tot stellten; er mußte nur lange genug warten, sich in Geduld fassen, dann würden die Häuser sich wieder erheben, langsam, Stein für Stein auferstehen wie in einem Film, der in Zeitlupe rückwärts vor seinen Augen ablief...

„Martin, sieh doch!"

Er wandte sich um, zögernd, sah Zimra einen Augenblick fast mit Verwunderung, sah, daß sie auf etwas in der Ferne zeigte. Sie hatte während des Marsches in ihrem Mantel geschwitzt, aber jetzt fröstelte sie wieder in der Kühle des Morgens.

„Was sind das? Wachttürme?"

Wieder hatte sie dieses Gesicht, das fast ohne Ausdruck war, weil Anspannung und Angst alle Gefühle beanspruchten. Es gab ihr, dachte er, eine besondere Schönheit; wirklich lag ihm diese dumme, simple Phrase auf der Zunge: „Dein Gesicht, es ist besonders schön jetzt", obwohl er wußte, daß, wenn er in die Richtung blicken würde, in die sie mit ausgestreckten Armen deutete, auch er die Wachttürme sehen würde.

Es kostete ihn Anstrengung, den Blick von ihrem Gesicht zu nehmen. Das Licht hatte sich verändert. Die hölzernen Wachttürme standen in weiten Abständen in dem toten Land. Für Martin hatten sie nichts Drohendes, sie waren für ihn staksige Hochsitze, Hinterlassenschaften der Jäger, die sie einmal für die Hasenjagd errichtet hatten. Im Hochsommer vor der Jagdsaison hatte er manchen Tag auf einem solchen Hochsitz verschlafen, warm und sicher unter dem Dach aus Stämmen und Borken.

„Alles in Ordnung." Es wird zur Phrase, dachte er. „Ich wußte, daß sie da sind."

„Aber wohin gehen wir?"

Er nahm ihre Hand. „Es wird nicht vor einer halben Stunde hell sein, und bis dahin sind wir am Wasser, verborgen in unserem Versteck. Komm weiter jetzt. Dort können wir ausruhen..."

XXXVIII. Kapitel

Es war fast Tag, als der schwarze Porsche in die Sackgasse einbog. Carow sah niemanden. Selbst an Werktagen war dies eine stille Straße; ihre Bewohner konnten es sich leisten, dem Hauptverkehr am Morgen auszuweichen, und die ersten Wagen, die man am Morgen sah, waren die Zweitwagen der Frauen, die ihre Kinder zur Schule brachten. Aber heute war Sonntag. Er war genau elf Tage weg gewesen.

Vor der Doppelgarage seines Hauses parkte ein VW-Kabriolett. Es war schwarz wie sein Porsche mit einem hellen Stoffdach. Er kannte niemanden, der ein solches Modell fuhr. Er stellte seinen Wagen daneben ab und betrat das Grundstück durch einen Seiteneingang.

Der See am Ende der leicht abfallenden Rasenfläche war stahlgrau. Das Gras schimmerte feucht und naß, und an einigen Stellen war es weiß von Rauhreif. Einige Vögel sangen. Als er die Haustüre mit seinem Schlüssel aufschloß, fühlte er sich wie ein Eindringlich, der eigentlich hätte läuten müssen.

In der Halle stand Gepäck, zwei Samsonite-Koffer und der schwarzweiß karierte Golfsack seiner Frau. An den Griffen hingen noch die Etiketten der Fluglinie. Er hatte von Isabelle nichts mehr gehört seit seinem Anruf in Johannesburg. Hatte sie ihm gesagt, wann sie von dort zurückkehren würde? Er konnte sich nicht mehr erinnern; alle Dinge außerhalb der Außenstation hatten ihre Bedeutung verloren. Sie mußte vermutlich gestern nacht eingetroffen sein.

Er zögerte in der Halle, fragte sich, ob er den Mantel ausziehen sollte oder nicht, fragte sich, warum er überhaupt hier war. Als er nach einer halben Stunde Fahrt mit dem Porsche auf einem einsamen Parkplatz der Autobahn kurz anhalten mußte, da hatte sich allein durch die dreißig Minuten hinter dem Steuer ein Großteil seiner angestauten Erregung gelegt. Was für einen Sinn hatte es, C. in dieser Morgenstunde zu überfallen? Was hatte er wirklich in der Hand? Daß Carow überhaupt weiterfuhr und nicht umkehrte, entsprang weniger einer klaren Vorstellung von dem, was er beabsichtigt hatte, als daß er einfach einem vagen Gefühl folgte. Aber als er dann vor C.s Villa ankam – so auffällig bewacht, so in das weiße Licht der Scheinwerfer getaucht – war es ihm einfach zuviel gewesen: sich bei der Wache anzumelden, C. aus dem Bett holen zu lassen, über das Haustelefon zu erklären, was er wollte... So hatte er sich entschlossen, hierher zu fahren...

Durch die offene Tür zum Wohnzimmer hörte er das schwere Atmen des Pointers. Er schlief auf seiner Sauschwarte, als Carow den Raum betrat, zwischen den Vorderläufen ein Stück Stoff; es war eine Angewohnheit, die der Pointer erst mit dem Alter und mit seiner Krankheit angenommen hatte, dieses Bedürfnis, sich im Schlaf an irgend etwas anzuklammern.

Es war dunkler im Haus als draußen; in dem grauen Licht sah der Raum, dessen auf Effekt bedachte Pracht Carow immer gestört hatte, abgenutzt aus.

Der Pointer wachte auf, hob den Kopf. Carow ging zu ihm. Ein fauler Geruch stieg von den zahlreichen offenen Wunden auf. Es kostete Carow Überwindung, sich herabzubeugen und dem Hund seine Hand auf den Kopf zu legen. „Okay", sagte er, „laß uns nach draußen gehen; du und ich, wir machen einen Spaziergang."

Er öffnete eine der Flügeltüren, um dem Pointer den Weg über die glatten Fliesen der Halle zu ersparen. Der Hund erhob sich, stemmte sich mühsam hoch, stand dort, zitternd von der Anstrengung, die es ihn gekostet hatte, dann ruhig. Er war mit dem Hund auf der Terrasse, als er jemand die Treppen vom ersten Stockwerk herunterkommen hörte.

„Bist das du, Heiner?"

Isabelle trug einen langen Morgenrock aus Frottee. Sie mußte ihren Mann gehört haben, als er seinen Wagen vor der Garage abstellte, denn sie war sorgfältig gekämmt und ebenso sorgfältig geschminkt. Dennoch, dachte Carow, war es erstaunlich, wie frisch sie aussah; vermutlich gab es wenige Frauen von neunundvierzig Jahren, die das fertigbrachten: nach einem ermüdenden Zwölfstundenflug, nach nur ein paar Stunden Schlaf so vollkommen ausgeruht auszusehen.

„Du kommst aus der Klinik?"

Es erschien ihm unsinnig, mit diesem Versteckspiel weiterzumachen, aber aus der Gewohnheit so vieler Jahre heraus sagte er: „Ja. Wann bist du zurückgekommen?"

Sie ging an ihm vorbei und schloß die Türe. Der Pointer blieb draußen stehen, irritiert, hilflos.

„Hättest du nicht vorher anrufen können?"

Wo hätte ich anrufen sollen? dachte er, aber er sagte: „Tut mir leid, daß ich dich aufgeweckt habe." Er sah den Hund durch die Scheiben, und er bedauerte, ihn warten lassen zu müssen. „Ich habe eine lange Fahrt hinter mir, ich brauche einen Kaffee." Er hoffte, daß sie ihn allein lassen würde, aber sie folgte ihm in die Küche. Sie saß dort und wartete schweigend, während er den Kaffee machte.

„Willst du einen Tee?"

„Nein, danke; es ist noch zu früh für mich."

Er trug seinen Kaffee an den Tisch. Ihr roter Morgenmantel stand offen. Sie trug keinen Slip. Ihre nackten Beine waren gebräunt, und man sah ihnen die regelmäßigen, langen Wege auf einem Golfkurs an. Als ihre Beine sich teilten, sah er für einen Augenblick ihre Schamhaare, bevor sie die Knie übereinanderschlug; das einzige, was es in ihm auslöste, war, daß er an Geißler denken mußte, wie der sich an diesem Morgen bedeckt hatte.

„Erlauben sie dir, deinen Kaffee so schwarz zu trinken?"

Er sah ihr Lächeln, einstudiert, mehr Tarnung als irgend etwas anderes. Er war plötzlich angeekelt von allen Tarnungen, Maskierungen, müde aller Beschönigungen und Ausflüchte. „Wessen schwarzer Wagen ist das?"

Als lese sie seine Gedanken, sagte sie: „Schön, hören wir damit auf, uns etwas vorzumachen. Es ist an der Zeit, daß wir den Tatsachen ins Auge sehen. Wir hätten es schon lange tun sollen."

„Wessen Wagen?"

Sie versteifte. „Bitte, red nicht so mit mir!"

„Fehling?" Er trank seinen Kaffee. Er versuchte, etwas zu sagen. Etwas, was einen Sinn ergab. Aber er hatte schon Mühe zu realisieren, worum es überhaupt ging: Ein Ehepaar, jeder mit den besten Absichten, nur daß aus Liebe die schlechte Angewohnheit geworden war, sich gegenseitig zu verletzen. Zu einem anderen Zeitpunkt hätte er vielleicht versucht, einzulenken, die Dinge zu überbrücken, aber so stand er auf und sagte: „Entschuldige mich, ich muß dringend einen Anruf machen."

Er ging in sein Arbeitszimmer. Wieder folgte sie ihm. Er wählte Geißlers Nummer. Der war sofort am Apparat. „Irgend etwas

Neues?“ Es gab nichts. „Der Bell Jet-Ranger ist um 6.55 Uhr gestartet.“ Carow hatte unterwegs den Flughafen angerufen. „Okay, bleib am Telefon. Ich werde gegen 8 Uhr im Hauptquartier sein.“ Er wollte fragen, wie es Geißler ging, aber dann tat er es nicht, weil er nicht allein war; außerdem hatte Geißlers Stimme normal geklungen, hellwach. Er legte den Hörer auf.

„Bist du fertig?“ fragte sie. „Können wir miteinander sprechen? Wie ernsthafte, erwachsene Leute?“

Er sah sie an. „Er ist hier im Haus?“

„Es wird sich einiges ändern. Ich möchte, daß du das verstehst. Und laß mich keine Dinge sagen, die ich wirklich nicht sagen möchte.“

„Dinge wie ‚Dies ist mein Haus‘?“ Er bereute es sofort, als er es gesagt hatte. Es hatte keinen Sinn, damit fortzufahren, sich zu verletzen. „Es tut mir leid. Ich meine es ernst: Laß uns nichts sagen, was wir nicht sagen wollen – okay?“ Er sah den Hund draußen auf der Terrasse in der Kälte zittern. „Ich führe ihn etwas spazieren“, sagte er, „vermutlich hat es in den letzten Tagen niemand getan.“

Er ging in das Wohnzimmer. An der Tür zur Terrasse wandte er sich noch einmal um. „Wie hast du in Johannesburg abgeschnitten?“

„Zweiter Platz – gegen die Konkurrenz, die da war, nicht einmal so schlecht, mit etwas Glück hätte ich das Turnier sogar gewinnen können.“

Er ging nach draußen. Er streckte die Hand nach dem Hund aus, ohne ihn zu berühren. „Komm!“ Er ging langsam, damit der Hund keine Mühe hatte, ihm zu folgen. Es war nun heller Tag. Der Rauhreif war von dem Gras verschwunden. Der See war grün. Es würde ein warmer, sonniger Tag werden. Gutes Wetter zum Fliegen!

Sie waren nun am Ufer des Sees, standen unter einer hohen Buche. Er nahm seine Waffe aus der Manteltasche und entsicherte sie. Er erinnerte sich wieder, daß Sonntag war, und er überlegte: Was fange ich mit dem Hund an, wenn ich ihn erschossen habe? Bei einem Menschen hätte er es gewußt. Aber wen, dachte er, kann ich am Sonntag anrufen, um den Kadaver eines Pointers wegschaffen zu lassen?

XXXIX. Kapitel

Sie sahen sich an, lauschten beide angestrengt. Das Geräusch kam näher, zog sich zurück, zog Kreise, veränderte sich. „Vielleicht", flüstert er – es wurde fremd, heißer, flatternd, jetzt hinter dem Wasserlauf. Er schüttelte den Kopf.

Drei Wildenten, eine in der Mitte vorausfliegend, stießen aus dem Gehölz. Die Füße unter sich weit von sich gestreckt, wasserten sie. Sie ordneten ihre Flügel auf dem Rücken; immer noch in der Formation ihres Fluges wurden sie zu bewegungslosen Objekten auf dem bewegungslosen Wasser.

„Die Enten haben mich getäuscht", sagte sie. „Für einen Augenblick habe ich geglaubt, es müßte der Helikopter sein."

Das Wasser befand sich zu ihrer Rechten. Die Fläche dehnte sich, so weit sie sehen konnten; kein Fluß, kein See, eine graue, bewegungslose Masse um bewaldete Inseln. Der Wasserspiegel war sehr niedrig, was an der helleren, gerippten Erde der Ufer zu sehen war. Sichtbar waren auch die Zeichen der Kraft, die das Wasser nach Regenfällen haben mußte: Überall lagen die entwurzelten Bäume, die Wurzelstöcke noch an die Erde geklammert, die Stämme und Äste von grauem Schlamm überzogen, halb im Wasser. In der Dämmerung hatte es ausgesehen wie eine Urweltlandschaft, die noch kein Fuß betreten hatte; selbst jetzt im vollen Sonnenlicht wirkte die Stelle einsam und menschenleer.

Martin blickte auf die Uhr. Es war Zimras Armbanduhr; das Band war zu schmal, als daß er sie hätte an seinem Handgelenk tragen können.

„Noch zehn Minuten. Er wird versuchen, auf die Minute pünktlich zu sein – nicht zu früh, nicht zu spät."

„Wie kann er das?"

„Er ist einer von diesen Burschen! Du wirst ihn mögen."

„Und wie ich ihn mögen werde!"

Es war ihm schwergefallen, etwas zu sagen, und die meiste Zeit hatten sie geschwiegen, seitdem sie die Stelle erreicht hatten. Sie saßen unter dichten Haselnußbüschen, die sie gegen jede Sicht aus der Luft schützten. Direkt vor ihnen lag ein grasbewachsener

Hang, etwa zwanzig Meter breit, und dahinter begann die Wiese, auf der Szesc landen würde, ein grünes Viereck, überwuchert von Gras und großblättrigem Huflattich; ein Streifen Schilf begrenzte den Landeplatz gegen den Wasserlauf. Auf der linken Seite der Wiese standen Reihen neuangepflanzter Pappeln. Sie hatten ihre Blätter bereits verloren, und man sah durch die schlanken Stämme und Äste hindurch auf eine andere Wiese mit zwei verfallenen Hütten.

Als sie die Gegend erreicht hatten, noch in der Dämmerung, hatte Martin eine ganze Zeit gebraucht, um die Wiese zu finden. Zuviel hatte sich verändert in den vielen Jahren; Waldstücke waren abgeholzt, Wasserarme schienen sich andere Wege gesucht zu haben, eine Wiese hatte wie die andere ausgesehen.

Er schraubte den Verschluß der Thermosflasche auf. Nur ein Rest Kaffee war vorhanden, und der war kalt. Zimra schüttelte den Kopf, und er goß den Rest weg. Er blickte wieder auf die Uhr. „Okay", sagte er, „du ziehst jetzt besser deinen Mantel aus." Sie sah ihn fragend an. „Ohne Mantel kannst du schneller laufen." Er zeigte ihr noch einmal die Stelle. „Sobald ich dir das Zeichen gebe, rennst du los."

„Und du?"

„Ich bin direkt hinter dir. Aber schau dich nicht um, schau nirgendwohin, nur auf die offene Tür des Hubschraubers; renn, und nichts wie rein!"

Kniend, weil die Sträucher über ihnen ihm nicht mehr Platz ließen, half er ihr aus dem Mantel. Er hängte ihn lose um ihre Schultern. Es war immer noch kalt, und sie hielt den Stoff an den Aufschlägen, schloß ihn über ihrer Brust.

Er war dabei, seinen Mantel auszuziehen, als er das dunkle whopp-whopp-whopp eines Helikoptermotors hörte. Das Geräusch näherte sich nicht langsam, wurde nicht lauter und intensiver, sondern es war von einem Moment auf den anderen da, ein heiseres, dunkles Klatschen: whopp-whopp-whopp. Martin fühlte das Geräusch wie einen Schmerz in den Ohren, wirklich, als würde er geschlagen.

Er war nur halb aus seinem Mantel heraus, konnte sich plötzlich nicht mehr bewegen, als stecke er in einer Zwangsjacke. Ein dunkles, schwarzes Gebilde warf einen Schatten über ihn, drückte ihn auf den Boden. Die Sekunde, da beides da war und auf ihm lastete

– das Geräusch und der Schatten – schien endlos, aber dann verschwand beides so überraschend, wie es aufgetaucht war. Ein dunkler Schatten huschte über die Wiese – ein leichtfüßiges Tier – während der Militärhelikopter, der in der Luft hing, bullig und gewaltig war. Das whopp-whopp-whopp, mit dem er sich entfernte, klang fast freundlich.

„Was war das?“ Zimra lag auf dem Rücken, starrte in den Himmel. Er entledigte sich seines Mantels und half ihr auf. Eine Astspitze hatte sie an der Schläfe getroffen und dort einen Kratzer hinterlassen, der sich rot färbte. „Nicht unser Hubschrauber?“

Er legte ihr den Mantel um die Schultern. „Einer von ihnen.“ Er fühlte, daß seine Handflächen feucht waren. „Sie patrouillieren die Grenze routinemäßig.“ Er fügte hinzu: „Es wird nur einer sein, und es ist besser, daß er jetzt kam.“ Er blickte in die Richtung, in der der Helikopter verschwunden war. Er bemerkte, daß die drei Wildenten nicht mehr da waren. Alles wirkte erneut einsam und friedlich.

Er wandte sich ihr zu. Sie hatte das Gesicht, das er so besonders liebte. Er berührte mit seinen Lippen die Stelle, wo der Kratzer war. Der einzige Wunsch, den er in diesem Augenblick spürte, war, hierzubleiben für immer; daß – selbst wenn der BellJet-Ranger kam, um sie aufzunehmen – er lieber hier mit ihr unter dem Haselnußstrauch bleiben würde, als seinen Schutz zu verlassen und über den Hang und die Wiese zu ihm hinzurennen. Er fühlte sich nicht fähig, in Worten auszudrücken, was er spürte. Er zog sie an sich. Er bemerkte, daß an ihrem Scheitel das nachwachsende Haar grau war, ein schmaler, silberner Streifen. Es erinnerte ihn an die Haarspangen, die er gekauft hatte. Er holte das kleine Päckchen aus der Tasche seines Mantels.

„Für mich?“

Er nickte. Sie löste die Schnur, riß das Papier herunter und hob den Deckel von der kleinen Schachtel. Wieder wurde die Stille von dem whopp-whopp-whopp eines Helikopters unterbrochen. Es gab nicht einmal einen Moment der Hoffnung, daß es der BellJet-Ranger war, auf den sie warteten; es war wieder der Militärkopter. Sie verlor die Schachtel, und die Haarspangen fielen heraus, als Martin Zimra hastig an sich zog. Der schwere Helikopter nahm den ganzen Himmel ein, hing tief über ihnen mit schaukelnden Bewegungen, eine unheimliche Riesengondel. Sie tauchte nach links weg und hob sich wie an einem Seil und überflog das Pappelgehölz.

Martin behielt ihn im Auge, während Zimra in dem hohen Gras nach der Schachtel zu suchen begann. Er sah, wie das große schwarze Gebilde hinter dem Wäldchen tiefer ging. Für einen Augenblick sah es aus, als würde der Kopter landen. Seine Kufen verschwanden in dem hohen Gras. Er hing dort, schwankend, stieg dann wieder auf und ging auf seinen alten Kurs entlang der Grenze.

„Sie sind wunderschön! Wirklich!"

Sie mußte die Haarspangen gefunden haben, aber Martin blickte noch immer hinüber zu der Stelle, wo der Helikopter den Boden berührt hatte. Er hatte aus dieser Entfernung und durch die Pappelreihen hindurch nichts sehen können; dennoch hatte er eine Vorstellung, sah er ein Bild, das ihn beunruhigte: Männer, die aus der geöffneten Tür eines Helikopters auf die Erde sprangen, Gewehre in den Händen, tschechische Scharfschützen, die der Kopter dort abgesetzt hatte.

„Sie sind aus dem ‚Dům Evropa'? Ich hoffe, du hast nicht zuviel dafür bezahlt."

Er blickte sie an. War sie wirklich so ruhig, oder spielte sie die Ruhe nur? Sie schien zu zögern, ob sie die Haarspangen in ihr Haar stecken sollte oder nicht. Sie legte sie zurück in die Schachtel, verschloß sie. Diesmal blickte sie ihn an, ein sehr direkter, offener Blick. „Haben wir immer noch eine Chance? Es ist neun Uhr vorbei, nicht wahr?"

Es war fünf Minuten nach neun. „Szešc wird kommen", sagte er.

„Wie weit ist es bis zur Grenze?"

„Drei, vier Kilometer Luftlinie."

„Und zu laufen?"

„Mehr, wegen der Wasserarme."

„Vielleicht schaffen wir es. In der Nacht."

Er schüttelte den Kopf, klammerte sich an den Gedanken. „Er wird kommen!" Er hatte eigentlich keine wirkliche Hoffnung mehr, aber er fühlte sich auch nicht mutlos. Er legte den Arm um sie. Wieder breitete sich um sie herum die Stille aus.

XL. Kapitel

Das Hauptquartier der „Organisation“ wirkte an diesem Sonntagmorgen auf Carow verlassener und geheimnisvoller denn je – und trostloser. Es hatte zu regnen begonnen, überraschend und plötzlich aus einem sonnigen Himmel, als habe sich die Jahreszeit geirrt.

Er kam jetzt seit über fünfundzwanzig Jahren hierher; er hatte das Hauptquartier wachsen sehen, nicht geordnet, kontrolliert, sondern eher wie eine Geschwulst, die sich gelegentlich zurückzog, gelegentlich ausbreitete. Aber nicht daran dachte er, als er durch den Regen auf den schmalen, verlassenen Asphaltwegen zu seinem Büro fuhr: Noch immer hatte er ein Gefühl von Sicherheit bekommen, sobald er das Haupttor passiert hatte und sich im Innern des Komplexes befand. Und nicht allein im oberflächlichen Sinne des Wortes – *Sicherheit* – es war mehr als das gewesen, ein fast archaisches Erlebnis, etwas Tierhaftes – wie ein Schmetterling, der die Möglichkeit hatte, in seinen Kokon zurückzukehren.

Nichts davon stellte sich heute bei ihm ein. Das einzige, was er im Augenblick fühlte, waren seine Schmerzen. Wieder fragte er sich, ob es wirklich einen Sinn hatte, C. aufzusuchen.

C. saß hinter seinem Schreibtisch, als Carow den Thronraum betrat. Die rote Lampe hatte gebrannt, aber keine der Sekretärinnen war dagewesen, um ihn aufzuhalten. C. hatte an seinem Schreibtisch das Frühstück eingenommen, der Faun war gerade dabei, es abzutragen.

„Du hast schon gefrühstückt?“ Als Carow nicht antwortete, sondern stumm vor dem Schreibtisch stehenblieb, die Hände in den Manteltaschen, kam Verunsicherung in die Stimme des alten Mannes. „Was ist passiert? Komm, steh nicht dort, zieh deinen Mantel aus.“ Er seufzte angesichts Carows fortgesetztem Schweigen. „Geißler hat also geredet?“

„Ja.“

C. begann, die Dinge auf seinem Schreibtisch, die durch das Frühstück verschoben worden waren, hin und her zu schieben.

Sorgfältig, sich Zeit lassend, stellte er die alte Ordnung wieder her: die vier Telefone, die Blocks mit gelbem Papier, die Schreibtischgarnitur mit der roten Tinte und dem altmodischen Federhalter, die vielen gespitzten Bleistifte.

„Ein besonderer Grund, weshalb du hier auftauchst zu dieser Stunde? Er ist noch nicht draußen, oder?" Der Faun hatte sich in die kleine Küche zurückgezogen.

Carow versuchte, sich zu erinnern, wann ihm die ersten Zweifel an dem Mann, dem er so viele Jahre so treu gedient hatte, gekommen waren. „Warum hast du Borchers diese Information zugespielt?"

„Laß uns bitte nicht die Rollen vertauschen." C.s Stimme klang durchaus freundlich; ein gutgemeinter Rat, den er jemandem erteilte, den er eigentlich sehr mochte. „Wir hatten nichts wirklich Hieb- und Stichfestes gegen Borchers in der Hand. So versuchten wir es damit – um ihn ‚heiß' zu erwischen. Es gab leider eine Panne; es ist ihm gelungen, seine Bewacher abzuschütteln."

„Davon wußte ich nichts."

„Nur, daß Borchers zu schlau sein wollte! Er hinterließ eine leere Meldung in dem toten Briefkasten, hat uns mit der richtigen ausgetrickst. Primitiv, aber fast wäre es ihm gelungen. Aber Kurella kam sofort drauf, als die Männer, die ihn einkassiert hatten, ihren Bericht ablieferten. Das ‚Lamm' hatte die Meldung bei sich zu Hause plaziert... Wir kamen spät, aber nicht zu spät. Im Gegenteil, es wurde ein voller Erfolg, denn wir konnten auch seinen Kontaktmann verhaften, als er bei seiner Mutter auftauchte... Du wußtest nichts davon, sagst du? Um so weniger verstehe ich..."

„Das war ein verdammtes Risiko!"

„Es ist eines von den Dingen, die man nie ganz in der Hand hat."

„Und wenn etwas schiefgegangen wäre?"

„Die Meldung war ziemlich unpräzise. Keine genaue Zeitangabe. Keine Ortsangabe. Außerdem", C. blickte auf, „es war nicht die Route, die wir für Martin und die Steffin vorbereitet haben. Wenn dein Agent sich an deine Anweisungen hält, hat er nichts zu befürchten."

„Sie haben Nemozcek verhaftet."

„Wer ist Nemozcek? Oh, ich verstehe..."

„Bist du sicher, daß Kurellas Leute zur rechten Zeit kamen?"
„Absolut, das sagte ich schon."
C. war immer noch nicht zufrieden mit der Ordnung auf seinem Schreibtisch. Er verschob das gelbe Papier weiter auf die linke Seite, zog die Garnitur näher an sich heran. „Wann traf die Meldung von der Verhaftung ein?"
„Drei Uhr sechzehn."
Diesmal stand Überraschung auf C.s Gesicht. „Ich habe nichts auf meinem Schreibtisch! Warum ist die Meldung nicht weitergegeben worden?"
Die Hände rückten immer noch die Dinge zurecht. Carow sah sie vor sich, und er fühlte plötzlich, hier lag die Antwort, hier entsprang die Quelle der Wahrheit, nach der er gesucht hatte; näher würde er ihr nie kommen: C., der sich über ein Signal, das nicht an ihn weitergeleitet worden war, sorgte, über die Ordnung auf seinem Schreibtisch wie irgendein pedantischer Bürokrat.
„Wenn Ihnen wirklich etwas passiert, Heiner, woran ich nicht glaube, wir werden zu ihnen stehen, das verspreche ich dir!"
Für Carow gab es plötzlich nichts mehr zu sagen.
„Wir werden Martin und die Steffin rausholen, sobald es möglich ist. Es braucht seine Zeit – *sie* werden das ausschlachten wollen. Zentner vor allem. Aber wir werden ihnen ein Angebot machen, das sie nicht ablehnen können. Wir haben genug Agenten, die wir austauschen können... Komm schon, Heiner, wir haben uns am Ende immer verständigen können, wir beide." C.s Stimme hob sich. „Ich verlange nicht, daß du es billigst. Aber ich kann deine Unterordnung verlangen, oder?"
„Er war unser Agent!" Wir sprechen darüber, dachte Carow, als sei es schon geschehen. Hatte C. Nachrichten von Geißler, von denen er nichts wußte?
„Das ist sehr ehrenhaft; ich meine, sie ehrt dich, deine absolute Loyalität gegenüber dem Agenten, aber vergiß bitte nicht..."
Carow unterbrach ihn. „Ich hab' dir gesagt, daß ich dir auf diesem Weg nicht folge. Ich schick' dir mein Entlassungsgesuch." Er drehte sich um, verließ den Raum; C. hielt ihn nicht zurück.
Später, an seinem Schreibtisch, den Bogen schon in der Maschine, war Carow klar, daß das allein nicht ausreichte. Wenn Martin und die Steffin wirklich nicht herauskamen, konnte er sich nicht

mit einem Rücktritt aus der Affäre ziehen. Er hatte zu oft die Ultimaten, die er sich gestellt hatte, überlebt.

Als er seinen Mantel auszog, hatte er die Pistole herausgenommen und auf den Tisch gelegt, so, wie es seine Gewohnheit war. Er nahm die Waffe, öffnete die Kammer und sah die eine fehlende Patrone. Er überlegte, wen er wegen des Hundekadavers fragen konnte. Er zog das Telefon zu sich. Aber er wartete, verschob es aus Sorge, Geißler könnte versuchen, ihn gerade jetzt anzurufen.

Er blickte auf die Uhr. Es war 9.15 Uhr, noch zu früh, als daß Geißler bereits etwas wissen konnte.

XLI. Kapitel

Das schrille Gekreisch hochfliegender Möwen war über ihnen. Die Vögel kamen aus der Richtung, in der ein großer Stausee lag, aufgescheucht von irgend etwas. Sie flogen hoch über den Bäumen; es waren Hunderte, und sie schwebten mit ausgestreckten Schwingen in der Luft, in einer so disziplinierten Formation, wie Martin es nie bei Möwen beobachtet hatte; sie waren auch als Landvögel Einzelgänger, Individualisten.

Er sah sie plötzlich ihren Kurs ändern. Ihre starre Form brach auf, und sie stürzten wild kreischend in alle Richtungen auseinander; es sah aus, als regnete es Federn aus dem Himmel.

Er lauschte intensiv. Er hörte durch das Gekreisch der Tiere ein anderes, helleres Geräusch: den Klang des Turbinenmotors eines Helikopters – nicht dunkel, belfernd diesmal, sondern ein leichtes hohes whiff-whiff-whiff; für Martin klang es wie der hohe Ton, den Zweige machen, wenn man schnell durch einen Wald mit frischem Unterholz läuft.

„Das ist er!" Martin sagte es, noch bevor er etwas sah. Er hatte plötzlich eine Hoffnung, von der er noch eine Sekunde zuvor nicht geglaubt hatte, daß sie vorhanden war, so lange hatten sich die letzten Minuten des Wartens hingezogen.

„Er ist es! Mach dich bereit!"

Komm, dachte er, betete es tatsächlich, *komm, komm, komm!* Das Wunder würde sich ereignen, sie würden durch die Luft entschweben; ein kurzer Lauf von nicht mehr als achtzig Metern über einen Hang und eine Wiese würde jede Minute ihrer Angst auslöschen, die letzte Nacht, die letzten eineinhalb Tage, die letzten sechs Jahre. *Komm, komm, komm!*

Der BellJet-Ranger kam plötzlich über dem Pappelhain in Sicht. Verglichen mit dem anderen Hubschrauber erschien er klein, grazil, fast wie ein Spielzeug. Sein dünner langer Schwanz war wie ein Bleistift. Die langgestreckte Kabine bestand ganz aus Plexiglas, und da die Sonne darauf schien, sah man niemanden im Innern; das Wunderspielzeug flog von ganz allein. Nur das sich steigernde peitschende whiff-whiff-whiff der Turbine war real.

Beide waren aufgestanden, als der Kopter über der Wiese war. Er senkte sich langsam herab. Martin hielt Zimra an den Armen fest. Als er sah, wie das Gras und der Huflattich auf der Wiese von dem Wind der Rotorblätter flach niedergedrückt wurden, als die Kufen nur noch wenige Meter über dem Boden schwebten, ließ er ihre Arme los. „Jetzt!“

Er blieb dicht hinter ihr, als sie den Hang hinunterrannte, vor ihm her über die Wiese. Er sah, daß die Kufen den Boden berührten. *Wir kommen, wir kommen, wir kommen,* dachte er. Die Glaskanzel sprang auf, und für einen Augenblick bildete sich Martin ein, er sehe ein dunkelhäutiges Gesicht, sehe es lachend und grinsend, während alles, was er wirklich sah, eine ausgestreckte Hand war.

Zimra war keine zehn Meter mehr entfernt, als sie plötzlich stehenblieb. Er verstand nicht, warum – warum sie plötzlich wie erstarrt dastand, dann stolperte, dann auf den Boden stürzte. Ihr Kleid verschob sich, rutschte nach oben, entblößte sie auf fast schamlose Weise. Martin konnte wegen der Turbine des Helikopters den Knall der Schüsse aus den Gewehren der Scharfschützen nicht hören. Aber er sah die Wunde an Zimras Bein und das Blut.

Er warf sich neben sie auf den Boden. „Weiter!“ schrie er. „Du mußt weiter! Ich helfe dir!“

Er wußte nun, daß es Scharfschützen waren. Im Fallen hatte er die Geschosse in die Hauptkammer der Turbine des Kopters und in der Nähe des Tanks einschlagen gesehen.

Am Boden waren sie relativ sicher; Martin ahnte, daß die Schüsse mehr dem Helikopter galten als ihnen. Er hob den Kopf. Er sah, daß die ausgestreckte Hand verschwand. Schrie Szesc etwas? Wenn, dann wurde seine Stimme von dem hellen Heulton der Turbine ausgelöscht. Die Kanzel zitterte, schwankte, und plötzlich war Martin klar, daß Szesc nicht länger warten durfte. Das einzige, was er vermutlich jetzt noch für sie tun konnte, war, aufzusteigen und das Feuer der Scharfschützen auf sich zu ziehen. Der Gedanke befreite Martin aus seiner Starre.

Er richtete sich auf und riß Zimra in seine Arme. Er spürte das Gewicht ihres Körpers nicht, als er die letzten Meter durch das Gras auf den Kopter zulief, dessen Tür noch immer offenstand.

Nein, nein, nein – Martin hörte Zimras Protest weniger, als daß er die Worte durch den in seinen Armen sich wehrenden Körper spürte. Aber es schien ohnehin zu spät. Die Kanzel zitterte und schwankte über ihm, zu hoch, unerreichbar. Bis sie plötzlich absackte, einen kurzen Augenblick, den er dazu benützte, Zimra durch die offene Tür in den Hubschrauber hineinzuwerfen.

Er selbst fiel, stürzte auf den Boden, lag dort, niedergedrückt von der Erschöpfung des Laufes, von seiner Angst, von dem Wind der Rotorblätter, als der Kopter über ihm aufstieg; nicht langsam, schwebend, als hätte er eine neue Last an Bord, sondern fast in einem Luftsprung, als sei er im Gegenteil von einer Last befreit.

Er hörte die Turbine über sich, mit einem falschen Ton jetzt, whaff-whaff-whaff, der leiser wurde, sich verdünnte, entfernte, so daß er nun zum erstenmal wirklich die Schüsse aus den Gewehren hörte. Er erhob sich auf die Knie. Für einen Augenblick sah er über dem bewegungslosen Wasserarm zu seiner Rechten und hinter den starren entlaubten Bäumen eine ovale gläserne Kugel, die ein Kabinendach sein konnte, in der sich die Sonne spiegelte.

Er würde sich auch an die Gedanken erinnern, die ihn plötzlich beherrschten: Daß es für ihn besser sei, zu sterben, als zurück ins Gefängnis zu gehen; leichter in jedem Fall, als für viele Jahre an jenen dunklen Ort der Sühne zurückzukehren, wo Haß und Furcht zum Gesetz des Lebens wurden. Und daß dieses Ende sinnlos und absurd war: Zimra, wenn sie lebte, in einer Freiheit, die sie ebenso ängstigen und hassen würde wie er seine Unfreiheit.

Dies kann nicht das Ende sein, dachte Martin.

Er stand auf, richtete sich in der Wiese zu seiner vollen Größe auf. Er war erschöpft, aber ohne jede Angst jetzt. Ja, er fühlte etwas wie Neugier, während er darauf wartete, den Schuß zu hören und den Schmerz zu spüren, der ihn von dem anderen viel schlimmeren Schmerz seiner Gedanken befreien würde. Einen kurzen, heftigen Schmerz, der ihm Ruhe brachte, Frieden, der ihn begnadigte, Absolution erteilte.

Aber der Schuß fiel nicht. Für einen Augenblick war um ihn herum nichts als die Stille der abgeschiedenen Waldwiese, eine Ruhe, so tief, daß er weit in seine Erinnerungen zurückgehen mußte, um etwas Ähnliches zu finden. Und dann setzte wieder das Gekreisch der Möwen ein, und er sah, wie die Männer auf ihn zukamen. In dem hohen Gras waren nur ihre Oberkörper und die Gewehre zu sehen.

XLII. Kapitel

Als das Telefon auf seinem Schreibtisch läutete, notierte Carow die Zeit auf einem Block, noch ehe er den Hörer abhob. Die Schreibmaschine war verschwunden, der Bogen Papier; aber die Waffe war noch da, lag offen vor ihm auf dem Tisch.

„Carow."

„Er hat es geschafft!" Es war Geißlers Stimme, müde, leicht zitternd. „Eine Kugel hat sein linkes Ellbogengelenk zerschmettert, eine Rippe gestreift. Ein anderes Geschoß hat die Hauptbrennkammer des Helikopters getroffen, und ein drittes saß verteufelt nahe am Tank. Er ist mit einem Treibstoffrest für zwei Minuten gelandet..."

„Laß uns dies ordentlich erledigen. Gib mir zuerst die Zeit." Carow fühlte, daß Geißler zögerte, von seinen Worten irritiert war, aber er kam seiner Aufforderung nach.

„Er war um 9.20 Uhr am Treffpunkt, zwanzig Minuten zu spät wegen eines patrouillierenden tschechischen Militärhelikopters, der sich aber entfernte. Alles schien gut abzulaufen. Er war über der Wiese, und er sah die beiden auf sich zurennen. Zehn Meter, ein paar Sekunden, und er hätte sie an Bord gehabt."

Carow notierte die Zeit, 9.20 Uhr, bemerkte nicht, daß er eine Zeichnung anfertigte, primitiv, wie ein Kind einen Helikopter zeichnen würde. „Was ging schief?"

„Tschechische Scharfschützen; schossen aus einem Pappelwäldchen heraus. Die Frau kam bis auf zehn Meter heran, wurde dann getroffen, vermutlich von einem Querschläger. Zur selben Zeit bekam Szeŝc seine Treffer. Gezielte Schüsse. Kein Zweifel, sie wollten den Helikopter haben. Er wußte, er konnte nicht länger warten. Er sagt, er hatte die Absicht, aufzusteigen und das Feuer von ihnen wegzuziehen, als Martin plötzlich reagierte... Er sagt, er weiß selber nicht, wie er es fertigbrachte..."

Der Bleistift in Carows Hand rutschte auf dem Papier aus. „Was soll das heißen?"

„Martin hat die Frau buchstäblich in die Kabine geworfen."

„Heißt das, sie sind draußen?"

„Sie hat eine häßliche Wunde am Oberschenkel, aber es sieht schlimmer aus, als es ist. Und sie hat einen Schock erlitten, was nicht verwunderlich ist..."

Er hatte nichts von Martin gesagt, aber Carow sagte nur: „Berichte weiter."

„Wie ich schon sagte, er ist kurze Zeit über der Wiese in der Luft geblieben, um das Feuer auf sich zu ziehen, hat den Jet-Ranger nur mit einer Hand gesteuert. Es war ihm klar, daß er Martin nicht helfen konnte. Wenn er und die Frau auch nur die geringste Chance haben wollten, rauszukommen, dann sofort. Und da war die Frau: Sie schrie: ‚*Stopp, stopp, stopp*', und er hat das hervorquellende Blut gesehen und nicht gewußt, ob sie ihm nicht verblutete. Er konnte nicht anders, sagt er. Kein Zweifel, daß er recht hatte, seine Chance wahrzunehmen."

„Niemand klagt ihn an."

„Er ist dann zurück über die Grenze nach Österreich gerast. Die beschädigte Turbine hat die doppelte Menge Kerosin geschluckt als normal. Aber er hat es geschafft, ist fünfzehn Kilometer diesseits der Grenze gelandet, sogar noch in unmittelbarer Nähe eines Krankenhauses. Ein verdammt kühler Bursche."

„Du hast mit ihm gesprochen?"

„Bevor er auf den Operationstisch gewandert ist. Er versicherte mir immer wieder, daß keine Chanche bestand, für Martin mehr zu tun. Ich glaube ihm, Heiner..."

„Er weiß nicht, was mit Martin geschehen ist?"

„Tut mir leid, nein. Er weiß es nicht. Er hat ihn am Boden gesehen, das war das letzte. Er weiß nicht, ob er verwundet war oder nicht. Sie kann im Moment noch keine Aussage machen, aber ich denke, bis du kommst..."

„Danke, daß du mich sofort angerufen hast."

„Heiner, daß er am Boden war, heißt noch lange nicht..."

„Natürlich nicht. Vielen Dank."

„Du... kommst gleich hierher?"

„Nein. Ich denke, ich erledige die Sache von diesem Ende aus. Du übernimmst die Verantwortung dort. Du bist noch in der Station?"

„Ich wollte mich nicht auf den Weg machen, ehe ich dir Bericht erstattet hatte."

„Schließ den Fall ab. Du weißt ja Bescheid..."

Carow sah ein Bild vor sich, C. hinter seinem Schreibtisch: Nichts hatte für ihn außerhalb des Thronraumes existiert. Seine Welt hatte sich auf die Fläche seines Schreibtisches verdichtet, auf ein Rechteck von einem mal zwei Meter. Dieser Tisch repräsentierte C.s Macht. Er brauchte nicht mehr, nur die Telefone, sein gelbes Papier, die rote Tinte. Hinter seinem Schreibtisch sitzend, ohne ihn je verlassen zu müssen, konnte C. wie ein Voyeur die geheimsten Dinge in einer menschlichen Existenz betrachten, selber ungesehen. Er konnte, indem er eines dieser bürokratischen Instrumente auf seinem Schreibtisch benutzte, den Ablauf von Ereignissen verändern, Hoffnungen zerstören, Furcht verbreiten. Die Hände eines alten Mannes. Die Stimme eines alten Mannes. Nicht der Exekutor, einfach nur der vorbildliche Bürokrat, der jederzeit für sich in Anspruch nehmen konnte, ein loyaler Diener seines Staates zu sein.

Und Carow sah ein anderes Bild vor sich, er wußte nicht einmal, wieso dieses ihm einfiel: Ein Schlachtfeld in der Antike, viele Tote nach einem Kampf auf einem weiten Feld unter einem strahlend blauen Himmel. Nach einer solchen Schlacht – er mußte das in der Schule gelernt oder später gelesen haben – ging man hin und streute Salz über die Toten. – Was tun wir gegen die Verwesung, dachte er, gegen den Geruch? Wir legen alles zu den Akten, schließen das Dossier...

„Ich hatte gedacht, du würdest die Steffin in jedem Fall selber verhören wollen“, hörte er Geißler sagen.

„Gib ihr Zeit. C. wird anordnen, sie auszupressen... Gib ihr wenigstens Zeit.“ Carow dachte an das Versprechen, das er Martin gegeben hatte wegen des Dossiers. Ein Versprechen mehr, das er nicht gehalten hatte. „Schirm sie ab, solange es geht.“

„Ist alles in Ordnung? – Du hast mit C. gesprochen? Was...“

Carow unterbrach ihn. „Sag mal, weißt du, was man mit einer Hundeleiche anfängt? Mein Pointer... ich mußte ihn heute morgen erschießen und, Himmel, ich weiß nicht, was ich mit dem Kadaver tun soll.“

„Was ist mit dir?“

„Wieso? Du weißt es also auch nicht?“

„Hast du es beim Tierschutzverein versucht?“

„Nein... Ja, das ist vielleicht eine gute Idee. Danke... Laß dich nicht aufhalten. Du machst dich jetzt besser auf den Weg.“

Carow legte den Hörer zurück, stand auf und trat an das Fenster. Es hatte wieder zu regnen begonnen, ein feiner Regen, der aus einem sonnigen Himmel herabfiel, fast wie im Hochsommer; der Asphalt der Wege zwischen den Gebäuden dampfte.

Es war nicht das erstemal, daß er daran dachte, sich zu töten. Es war ihm immer als ein zu theatralischer Akt erschienen, wenn er sich vorstellte, wie er den Lauf seiner Waffe gegen seine Schläfe richtete; ein Akt außerdem, der eine nutzlose Demonstration war, der nichts zu verändern vermochte. Im Grunde dachte er noch immer so, verband sich für ihn keine besondere Hoffnung mit dem Gedanken, als er dort am Fenster stand und den Regen beobachtete.

Sie fanden ihn erst Stunden später. Geißler hatte versucht, ihn zu erreichen, um ihm einen Bericht von seiner ersten persönlichen Einvernahme zu geben; als er keine Verbindung bekam, hatte er Alarm geschlagen.

Carow hatte seine belgische Neunmillimeterpistole gegen die rechte Schläfe gerichtet. Es gab kein persönliches Schreiben. Sein Tod wurde offiziell auf 11.16 Uhr festgesetzt, die Zeit seines letzten Telefongesprächs und wegen des Reports, den man auf seinem Schreibtisch fand: Carow hatte pflichtgemäß seine Notizen über die Operation abgeschlossen – für die Akten.

Epilog

1

Sicher hatte irgend jemand festgehalten, wie oft sie sich insgesamt getroffen hatten; die beiden Rechtsanwälte selbst erinnerten sich nicht mehr. Es gab längere Zeiträume zwischen den Verhandlungen und kürzere; das hing von Faktoren ab, auf die sie keinen Einfluß hatten. Im Laufe der Jahre hatten sich gewisse Gepflogenheiten eingebürgert. Eine davon war, daß, wenn sie ihre „Geschäfte" abgeschlossen hatten, sie am Abend – begleitet von den jeweiligen Ehefrauen – gemeinsam essen gingen. Der Ort wechselte mit ihren Treffen, einmal im westlichen, einmal im östlichen Teil der Stadt.

Die beiden Anwälte verhandelten eine schwierige Sache: Menschen. Sie waren für ihre jeweilige Regierung für den Freikauf und Austausch von Gefangenen zwischen den beiden deutschen Staaten verantwortlich. Sie waren in diesen vielen Jahren nicht gerade Freunde geworden, aber sie behandelten sich gegenseitig höflich, mit Respekt. Selbst wenn sie über Geld sprachen, immer der heikelste Punkt, taten sie es beide mit ausgesprochener Würde.

So daß auch an diesem Septembernachmittag, als sie sich wieder gegenübersaßen – im Westteil der Stadt – und der Kollege aus Ost-Berlin die ordentlich getippte Liste hervorholte und seinem Kollegen aus dem Westen überreichte, er sogleich seiner persönlichen Mißbilligung Ausdruck verlieh: „Ich hab' alles getan, um meine Auftraggeber zu überzeugen, daß dies nicht der richtige Zeitpunkt ist, aber ich fürchte, wir kommen mit den alten Preisen nicht zurecht."

„Das wird Schwierigkeiten machen", sagte der Mann aus dem Westen. „Sie werden verstehen, daß ich Preissteigerungen nicht akzeptieren kann – ohne Rücksprache."

„Ich sagte Ihnen, es würde die Verhandlungen wesentlich verzögern." Er entnahm seiner Tasche eine zweite Liste. Während die erste aus mehreren engbeschriebenen Seiten bestand, handelte es sich hier nur um ein Blatt.

Nur sechs Namen standen darauf, jeweils drei in einer Kolonne.

„Vielleicht können wir dies vorab erledigen. Es sind drei ihrer...", er zögerte, als ob ihm das Wort, das er zu gebrauchen hatte, mißfalle, „Agenten. Kein Geld im Spiel. Wir schlagen einen Austausch vor gegen drei unserer..."

„Agenten?" sagte der Mann aus dem Westen lächelnd.

„Ja. Wir schlagen vor, den Grenzübergang Plauen-Hof zu benützen. Ablauf wie gehabt. Natürlich kann ich persönlich nicht für die Gleichwertigkeit der Betreffenden garantieren."

„Ich fand beide Seiten immer sehr realistisch. Kann ich die Liste sehen?"

Die Namen sagten ihm nichts. Es war nicht einmal Neugier, daß er den unter WEST an erster Stelle aufgeführten Namen nachlas: Martin, vor ziemlich genau sechs Jahren verurteilt; Strafmaß 15 Jahre wegen Spionage und Beihilfe zur Republikflucht. Er vergaß den Namen und die Details sofort.

„Ich sehe keine Schwierigkeiten", sagte er. „Ich werde das sofort an die betreffenden Stellen weiterleiten. Es wird die übliche Bürokratie geben, aber ich glaube, ich kann Ihnen das Okay dazu sehr bald übermitteln." Er legte die Liste beiseite, nahm sich noch einmal die längere vor. „Wie hoch sind die Steigerungen pro Kopf?"

Der Kollege aus Ost-Berlin schrieb eine Zahl nieder, schob das Blatt über den Tisch. „Sollen wir es vertagen? Oder haben Sie einen gewissen Spielraum?" Der Westkollege schrieb selbst eine Zahl auf das Blatt, schob den Zettel zurück. „Ich denke, da ist ein Spielraum."

Sie fuhren fort zu verhandeln, freundlich, höflich, beide im Grunde davon überzeugt, daß man am Ende zu einer Verständigung kommen würde. Schließlich stand auch ihr Abendessen auf dem Spiel, das immer in einer weit entspannteren und gelösteren Atmosphäre ablief, wenn man sich zuvor geeinigt hatte...

2

Als die Liste im Hauptquartier der „Organisation" eintraf – mit der Bitte um Befürwortung oder Ablehnung – bereitete der Name Martin einiges Kopfzerbrechen. Nicht nur, daß der Name den meisten, über deren Tisch die Liste wanderte, nichts sagte; so sehr nach einem Agenten gleichen Namens in den Akten gesucht wurde: Es gab kein Dossier über ihn, kein Quellenbuch, selbst der Computer hatte ihn nicht gespeichert.

Das Datum der Verurteilung immerhin gab einen Hinweis: Der Agent gehörte einer Periode an, in der der legendäre C. noch die „Organisation“ beherrscht hatte. Seitdem hatte es viele Veränderungen gegeben. C. selbst hatte, nach einer nochmaligen Verlängerung um ein Jahr, seinen Dienst quittiert, war in allen Ehren zurückgetreten. Seine Räume im Hauptquartier, sein berühmter Schreibtisch mit den Telefonen, dem gelben Papier, der roten Tinte, der Konferenztisch, die Fotografie von der Mauer – noch drei Jahre nach seinem Rücktritt hatte man den Raum unverändert gelassen, bis Leute vom Rechnungshof dies beanstandet hatten und die Räume anderen Zwecken zugeführt wurden.

Mit C. hatten viele von der „alten Garde“ die „Organisation“ verlassen. Der Faun natürlich immer noch mit ihm zusammen; er teilte den Platz an seiner Seite mit Pauly; ein Mann, den man den „Sterngucker“ nannte, war ein halbes Jahr nach C. gegangen und wieder ein Jahr später Ziegler.

Einige aus der Zeit natürlich waren noch da, hatten auch eine vage Erinnerung an den Fall. Ohne den Namen des Agenten selbst zu kennen, vertraten sie die Ansicht, es sei damals ein bemerkenswerter Erfolg gewesen, würdig, in die Annalen der „Organisation“ einzugehen. Andere erinnerten sich ganz anders: Der Fall sei eine einzige Katastrophe gewesen; ihre Version schien die wahrscheinlichere: Carow, in der Zeit einer der Stellvertreter C.s, hatte sich wegen des Mißerfolges das Leben genommen!

Jetzt gab es plötzlich viele, die es genau wußten: Ja – Carow hatte den Mißerfolg verschuldet: Er hatte den falschen Agenten ausgewählt, hatte aus purer Eitelkeit selber die Aufsicht gespielt! Carow müßte Bescheid wissen. Aber natürlich – ihn konnte man nicht mehr danach fragen!

Aber man konnte C. selber fragen, der noch lebte und dem, so erinnerte man sich jetzt, erlaubt worden war, sein persönliches Dossier, seine gesamten Akten mitzunehmen. – So sandte man ihm die Liste, fragte höflich an, ob er gewillt sei, einen Kommentar zu dem Namen Martin abzugeben; er wurde immer noch mit großem Respekt behandelt, wurde immer noch ein wenig gefürchtet, der „große alte Mann"!

Aber bis die Liste zurückkam – C. hatte mikroskopisch klein nur vier Worte neben den Namen geschrieben: „Nicht in meinen Akten" – bis dahin hatte ein Mann aus der Abrechnungsstelle einen Beweis für die Existenz des Agenten Martin gefunden. Weil die Abrechnung noch offenstand, waren die Unterlagen aufgehoben worden: die Anweisung, unterzeichnet von Carow, über die Höhe des Soldes, der dem Agenten laut Kontrakt zustand; freilich, Martin würde die Summe nicht voll ausbezahlt bekommen; eine Abrechnung von ihm über die Spesen fehlte!

Manche sagen, es sei dies gewesen, was schließlich zu Martins Gunsten ausschlug. Sie übersahen dabei, daß die Liste auf ihrem Rundlauf zuletzt auf dem Schreibtisch von Carows Nachfolger – und einem der beiden Stellvertreter des neuen Chefs der „Organisation", eines Ministerialbeamten aus Bonn – landete und daß auch Karl Geißler schließlich sein Okay gab.

3

Fünf Wochen nach dem ersten Treffen der beiden Anwälte fand der Austausch statt. Es war früher Nachmittag, ein wolkenloser, sonniger Oktobertag.

Die beiden Wagen mit den drei Ostagenten erreichten zuerst die westdeutsche Seite der Grenzstation. Sie waren zu früh gekommen, ein Mißverständnis.

Die Fahrzeuge standen mit geschlossenen Scheiben etwas seitlich der Straße. Es war ein Werktag ohne starken Grenzverkehr. Nach einer Stunde kam die Nachricht, daß man auf der anderen Seite bereit war. Der erste der Agenten verließ den Wagen, zögerte, blickte in die Sonne. Zwei Mann begleiteten ihn, passierten mit ihm den Durchlaß an der Seite des Schlagbaumes. Auf der anderen Seite geschah dasselbe; in der Mitte zwischen den Schlagbäumen würde man sich treffen.

Der Austausch des zweiten Agenten war im Gange, als auf der westdeutschen Seite ein weiterer Wagen eintraf und ziemlich weit von dem Schlagbaum entfernt anhielt. Ein dunkelhäutiger Mann saß am Steuer mit einem etwas steifen, angewinkelten, linken Arm, neben ihm eine schlanke, zarte Frau mit grauen Haaren.

Man hatte Miro Szešc von dem bevorstehenden Austausch unterrichtet; die Steffin nicht. Geißler hatte das angeregt. Szešc hatte die Bitte, Zimra zu verständigen, mit Zögern entgegengenommen. Aber als er sie angerufen hatte – an ihrem Arbeitsplatz als Sekretärin – hatte sie ruhig reagiert, hatte nur nach einem Moment des Schweigens gefragt: „Kann ich mit zur Grenze kommen?"

Er hatte bejaht, sich angeboten, sie zu fahren, und sie hatte in den drei Stunden an seiner Seite zumeist geschwiegen. Wieder hatte ihn vor allem ihre Ruhe überrascht, aber jetzt blickte sie ihn fragend an, zögerte sie auszusteigen. „Kann ich ihm entgegengehen?" fragte sie schließlich.

Er legte seine rechte Hand auf ihren Arm. „Es ist besser, Sie sind darauf vorbereitet. Martin wird sich verändert haben."

„Nicht wirklich. Nicht Martin. Nicht so sehr wie ich."

Sie stieg aus, und er beobachtete, wie sie auf die Grenze zuging, aber dann bald stehenblieb, ziemlich weit entfernt vom Schlagbaum, und dort wartete.

Es hatte Martin nichts ausgemacht, der letzte zu sein, zu warten, bis die beiden anderen die Grenze überschritten hatten, ja, er war dankbar für die Frist. Zwei Männer begleiteten ihn. Er sah, daß auch der andere zwei Begleiter hatte.

Sie trafen sich zwischen den Schlagbäumen. Erst auf den letzten Metern traten ihre Begleiter zur Seite. So gingen sie allein aneinander vorbei, der Mann, der in den Osten ging, und der Mann, der in den Westen ging. Für einen Augenblick trafen sich ihre Blicke.

Martin wunderte sich über den Ausdruck auf dem Gesicht des anderen. Er sah keine Freude, nicht einmal Erwartung, Neugier – eher Ratlosigkeit; ein Mann, der sich nicht ganz sicher war, ob er verstand, was sich hier abspielte. Und Martin fragte sich, ob nicht der andere genau dasselbe von ihm dachte, ob nicht tatsächlich er genauso aussah in diesem Moment, verloren; unsicher, was das Heimkommen bedeutete.

Dann sah er Zimra. Über ein Jahr lang hatte er nicht gewußt, ob sie überhaupt noch lebte. Als man ihm ihre erste Karte ausgehändigt hatte, war er nicht sicher gewesen, ob er damals das Richtige getan hatte an jenem anderen Tag, an jener anderen Grenze.

Er war sich nicht einmal jetzt sicher, als er auf sie zuging. Er blieb vor ihr stehen. Ihr Haar war länger, und es war wieder grau, ein anderes Grau natürlich. Er stand da und wagte nichts zu sagen, wagte nicht, sie zu berühren.

Aus einem dritten Wagen, einem blauen BMW, stieg ein Mann aus, ging auf sie zu. Er blieb neben ihnen stehen, zögerte kurz. Die grauen Haare der Steffin irritierten Geißler; er hatte pechschwarze Haare in Erinnerung, wußte nicht, daß sie damals gefärbt gewesen waren. Er streckte Martin die Hand hin.

„Erinnern Sie sich nicht?"

Martin blickte den Mann an, schlank, drahtig, das graugesprenkelte Haar sehr kurz geschnitten; das einzige, was Martin auffiel, war eine überraschende Ähnlichkeit mit Carow. „Doch... Geißler?"

„Es sind die Pfunde, die ich verloren habe." Geißler lächelte. „Meinen Glückwunsch zur Rückkehr. Wir haben ein paar Fragen..."

„Jetzt?"

„Sie kennen die Regeln. Sie sind ein Agent."

„Aber nicht jetzt gleich!?"

Das Lächeln blieb auf Geißlers Gesicht; es hatte eine Härte, die Martin nie auf dem Gesicht Carows beobachtet hatte. Der Nachfolger sagte: „Wir haben Ihnen neun Jahre erspart – das sollte Ihnen eine Woche wert sein."

Erst jetzt griff Martin nach Zimras Hand. Sie war kalt, und sie zitterte in seiner Hand, als Zimra ihn bis zu Geißlers Wagen begleitete.